සිරිමත් වෙසතුරු දාව

අප භාග්‍යවතුන් වහන්සේ අවසන් වතාවට
පාරමී ධර්මයන් සම්පූර්ණ කළ ආත්මය පිළිබඳව
හද සසළ කරවන අනුවේදනීය කථාව

සිංහල අනුවාදය
පූජ්‍ය කිරිබත්ගොඩ ඤාණානන්ද හිමි

සිරිමත් වෙසතුරු දාව

සිංහල අනුවාදය - පූජ්‍ය කිරිබත්ගොඩ ඤාණානන්ද හිමි

ISBN : 978-955-687-189-0

© සියලුම හිමිකම් ඇවිරිණි.

මුද්‍රණය : ශ්‍රී බුද්ධ වර්ෂ 2563/ ව්‍යවහාරික වර්ෂ 2020

- පරිගණක අකුරු සැකසුම සහ ප්‍රකාශනය -
මහාමේඝ ප්‍රකාශකයෝ
වඩුවාව, යටිගල්ඔළුව, පොල්ගහවෙල.
දුර : (+94) 37 20 53 300, (+94) 76 82 55 703
ඊ-මේල් : mahameghapublishers@gmail.com

- මුද්‍රණය -
තරංජී ප්‍රින්ට්ස් (ප්‍රයිවට්) ලිමිටඩ්,
506, හයිලෙවල් පාර, නාවින්න, මහරගම.
ටෙලි: 011-2801308 / 011-5555265

“ධම්මෝ හි වාසෙට්ඨා, සෙට්ඨෝ ජනේතස්මිං
දිට්ඨේ චේව ධම්මේ, අභිසම්පරායේ ච.”

වාසෙට්ඨයෙනි, මෙලොවෙහි ත්, පරලොවෙහි ත්
ජනයා අතර ධර්මය ම ශ්‍රේෂ්ඨ වෙයි.

- අපගේ ශාස්තෲන් වහන්සේ -

පෙරවදන

මෙයින් සියදහසක් අධික කොටැ අසංඛෙයා සිව් කපකට පෙරැ දීපංකර නමින් සම්මා සම්බුදුරජාණන් වහන්සේ නමක් ලොවැ පහළ වැ සිටියහ. එසඳ අප මහබෝසත් තෙමේ දඹදිව උපත ලැබ සුමේධ නම් ඉර්ධිමත් මහා තවුසෙක් ව හිමාලයෙහි වුසුයේය.

දිනක් සුමේධ තවුස් තෙමේ ඉර්ධියෙන් අහසින් යමින් සිටියදී රම්‍යපුර නම් පෙදෙසෙක මිනිසුන් ඉතා වෙහෙස මහන්සි වී මාවතක් සකසන අයුරු දිට. වහා බිමට බට හේ ඔවුන්ගෙන් මෙසේ විචාළේය.

"භවත්නි, තෙපි කිනම් කරුණකට මේ සා වෙහෙසී මේ මාවත සරසව් ද? රජතුමාණෝ මෙහි සැපත් වෙත් ද? නො එසේ නම් රජු සහිත සේනාවෝ පැමිණෙත් ද?"

"තපස්වීන් වහන්ස, හැයි! නොදන්නා සේක් ද? අපගේ දීපංකර භගවතාණෝ අද අප ගමට වඩනා සේක. අප විසින් මග සරසනු ලබන්නේ එහෙයිනි."

"මැනවි.... මැනවි.... පින්වත්නි, එසේ නම් මා හටත් මේ සරසන මාවතේ කොටසක් දෙව්. ඒ උතුමා වෙනුවෙන් මම් ද මාවත සරසන්නෙමි."

එකල්හි ඔවුහු සැරසීමට දුෂ්කර වූ මඩ වගුරෙන් ගැවැසීගත් කොටසෙක් සුමේධ තවුස් හට දුන්නෝය. එය ඉතා සතුටින් භාරගත් තවුස් තෙමේ 'අහෝ...!

බුද්ධ යන නාමය පවා ඇසීම ලොවෙහි ඉතා දුර්ලභ ය. එබඳු පරම දුලබ ශාස්තෘහු වඩින මාවත යැ මා හට සරසන්ට ලැබුණේ. එහෙයින් මම් ද මා සතු ඉර්ධි බලය නොයොදවා දැතේ වීර්යයෙන් ම මග සැකැසුව මනා යැ' යි සිතා උදැල්ලක් හා පැසක් ඉල්ලාගෙන දහඩිය වගුරුවමින් මග සකසන්ට පටන් ගති.

තවුස් හට තමා භාරගත් මාවත් කොටස නිම කරන්ට ඉඩ නොලැබුණි. දීපංකර බුදුරදාණන් රහත් සඟ ගණ පිරිවරා එමගින් වඩිනයුරු දකින්ට ලැබුණි. තවුස් තෙමේ සැණෙකින් කලබලයට පත්විය. වහා උදැල්ලත් පැසත් පසෙක දැමීයැ. මාවතෙහි මඩ දෙස බලා සිටියේ යැ. 'අහෝ...! මෙය අවසන් කරන්ට මට නොහැකි විය. මම් දැන් කුමක් කෙරෙම් ද! බුදුරදාණෝ දැන් මඩ මතින් වඩනා සේක් ද! නැත... නැත... මෙතුමන්ට මඩ මතින් වඩින්ට දීම අයුත්තෙකි' යි සිතා දීපංකර භාග්‍යවතුන් වහන්සේ වඩිනා මාවත ඉදිරියේ මඩ මතැ මුනින් වැතිරැ ගත්තේය.

"ස්වාමීනී, භාග්‍යවතුන් වහන්ස, මට කමා කළ මැනව. මවිසින් ලබාගත් මාවත් කොටස අවසන් කරගන්ට නොහැකි විය. භාග්‍යවතුන් වහන්ස, මඩ මතට නො වැ මා පිට මත සිරිපතුල් තබා මඩ නොතැවැරී සුවසේ වඩනා සේක්වා!"

එකල්හි එතැනට වැඩි දීපංකර භාග්‍යවතුන් වහන්සේ සඟරුවන අමතා මෙවදන් බිණූ සේක. "බලව් පින්වත් මහණෙනි, මේ තවුසා දෙස! මෙතෙමේ තථාගතයනට දිවි පුදා පා පිස්නා බිස්සෙක් සෙයින් මඩ මතැ මුනින් වැතිරුණේය. මහණෙනි, මෙතෙමේ හුදු ප්‍රකෘති තවුසෙක්

නොවේ. ශූර වීර ධීර ගුණැති මහා ඍද්ධිමත් ඍෂිවරයෙකි. එමතු ද නොවේ; මෙතෙමේ බුද්ධාංකුරයෙකි. මෙතැන් පටන් සාරාසංඛෙය්‍ය කල්ප ලක්ෂයක් ගෙවුන තැන මා සෙයින් මැ බුද්ධත්වයට පත්වන්නේය. ගෞතම නමින් තථාගත අර්හත් සම්මා සම්බුදුවරයෙක් වන්නේය.” යනුවෙන් නියත විවරණ දුන් සේක.

දීපංකර භගවතුන් වදාළ එ වදන් අප මහබෝසත්හුගේ හදෙහි කිඳාබැසගති. ඒ වනාහී බෝසත්හුගේ සාංසාරික ගමනේ අසිරිමත් හැරවුම් ලක්ෂය වී. එතැන් පටන් හේ පාරමී, උප පාරමී, පරමත්ථ පාරමී වශයෙන් දස පාරමී දම් සපුරාගනු වස් සසරෙහි ලද සියලු උපත් කැප කෙළේය. ඒ දස පාරමී දම් මොනවාද යත්;

1. දන් දීම පිළිබඳ පාරමිතාව යැ.
2. සිල් සුරැකීම පිළිබඳ පාරමිතාව යැ.
3. ගිහි ජීවිතය අත්හැරැ පැවිදි වීම පිළිබඳ නෙක්ඛම්ම පාරමිතාව යැ.
4. නුවණින් විමසා ක්‍රියා කිරීම පිළිබඳ ප්‍රඥා පාරමිතාව යැ.
5. ගුණදම් දියුණු කරගැනීමට අධිකව වෙහෙසීම පිළිබඳ වීර්යය පාරමිතාව යැ.
6. අන්‍යයන් විසින් කරනු ලබන ඕනෑම කරදර පීඩාවකදී අකම්පිත වැ ඉවසා සිටීම පිළිබඳ ක්ෂාන්ති පාරමිතාව යැ.
7. බොරුවෙන් කිසිවෙකු හෝ නොරවටා සත්‍යයෙහි පිහිටා සිටීම පිළිබඳ සත්‍ය පාරමිතාව යැ.

8. සිය අධිෂ්ඨානය නොවෙනස් වැ අඛණ්ඩව පවත්වා ගැනීම පිළිබඳ අධිෂ්ඨාන පාරමිතාව යැ.

9. සියලු සත්වයන් කෙරෙහි මෙත් පැතිරැවීම පිළිබඳ මෛත්‍රී පාරමිතාව යැ.

10. හැම කල්හි නොසැලී මධ්‍යස්ථ ව කටයුතු කිරීම පිළිබඳ උපේක්ෂා පාරමිතාව යැ වශයෙනි.

අප මහ බෝසතාණන් හට ශ්‍රී සම්බුද්ධත්වය පිණිස මෙකී පාරමී දම් සපුරා ගැනීමට සාරාසංඛෙය්‍යකුත් කල්ප ලක්ෂයක කාලයක් ගෙවුණේය.

පාරමී දම් පිරීමේදී බෝසත්හට ලොවෙන් බොහෝ විට ලැබුණේ උපකාර නොවේ. බාධා පැමිණවීම් යැ. හිංසා යැ. අනේක ගැරහුම් යැ. කෙණෙහිලි යැ. එසේ නමුදු ඒ සියල්ල ඉවසා දරා පාරමී දම් පිරීමේ ස්වකීය කෘත්‍යය අත්නොහැර පැවැත්වීමට හේ සමත් විය. අප මහබෝසත්හුගේ අවසන් ආත්මභාවය වූයේ වෙසතුරු උපත යි.

වෙසතුරු රජු උපත ලද ප්‍රදේශය පිළිබඳව පැරණි පොතෙකින් උපුටාගත් පහත දැක්වෙන විස්තරය ඉතා අගනේය. ඒ මෙසේය;

සිවි රට

"සිවි රට වනාහී සිවීන්ගේ රාජධානිය යි. මෙය ගන්ධාර දේශයට නොදුරුව තිබුණකි. සිවි රටක් ගැන ජාතක කතා කිහිපයක ම සඳහන් ය. සිවි, උම්මදන්තී, මහාඋම්මග්ග ජාතකවල අරිට්ඨපුරය ද වෙස්සන්තර ජාතකයෙහි ජේතුත්තර (ජයතුරා) නුවර ද එහි ප්‍රධාන නගරය වශයෙන් දැක්වේ.

උෂීණාරගේ පුත්‍ර සිවි කුමරුගේ නමින් මේ රාජ්‍යයට සිවි යන නම ඇති වී යැයි සඳහන් ය. සිවිට වෘහද්ගර්භ, සුවීර, කෛකේය, මද්‍ර යයි පුත්‍රයෝ සිව් දෙනෙක් වූහ. පංජාබ්, සින්ද් යන ප්‍රදේශවල ඔවුන් සිව් දෙනාගේ නමින් හැඳින්වුනු පළාත් සතරක් විය. ස්ත්‍රාබෝ නමැති ග්‍රන්ථ කර්තෘවරයා මල්ල, ශුද්‍රක රාජ්‍යයන්ට උතුරින් සිවි රට පිහිටි බව කියයි. ක්වින්ටස් කර්ටීස් නමැති ඉතිහාසඥයා එය හයිඩ්‍රාඕටස්, අකේසිංස් යන ගංගා එක්වන තැන ඔක්සුඩ්‍රාකි හා මල්ල රාජ්‍යයන්ගෙන් ඔබ්බෙහි පිහිටි බව සඳහන් කරයි. මේ අනුව වත්මන් පාකිස්ථානයෙහි ලාහෝර් සහ මුල්තාන් යන නගර අතර වූ විශාල ප්‍රදේශය සිවි රට විය හැකි යැයි ද සත්ලේජ් ගඟට නැගෙනහිරින් වෙස්සන්තර රජුගේ ජන්මභූමිය වූ සිවිරට තිබූ බවට ජනරාල් කනිංහැම් මහතා කියයි.

සිවි රාජ්‍යයෙහි නම ඇතුලත් බොහෝ ගණනක් පැරණි කාසි චිතෝර් නගරයේ තිබී හමුවූ බැවින් වෙස්සන්තර ජාතකයේ සඳහන් වන ජේතුත්තර නුවර චිතෝර් වශයෙන් හඳුන්වයි. ක්‍රිස්තු වර්ෂ ආරම්භයට පෙර කලකට අයත් ඇතැම් කාසිවල 'මජ්ඣිමිකාය, සිබී ජනපදස' (සිවි ජනපදයේ මැද භාගය) යන පාඨයක් විය. මද්‍ර, කෛකේය ආදීන්ගේ රාජ්‍යයන් ද සිවිරටෙහි ම ඇතුලත් වූ බැවින් ඉන් එක් ප්‍රදේශයක් මැද සිවි රට තිබුණේ යැයි පුරාවිද්‍යාඥයන්ගේ මතය යි.

වෙස්සන්තර ජාතකයෙහි සඳහන් වන සිවි රාජ්‍යයට අයත් භූමි ප්‍රදේශයක් පෝලුෂ නගරය වශයෙන් හියුං සියැං හඳුන්වයි. පුෂ්කරවතී නගරයේ සිට විවිධ දිශා ආශ්‍රිත සිද්ධස්ථාන කීපයක් කරා ගිය හියුං සියැං මෙහි

ළඟා වීමට ලී 355 (සැතපුම් 59 1/6) පමණ දුර ගමන් කළ බව පෙනේ.

නුවර උතුරු දෙස වෙස්සන්තර රජු රටින් නෙරපූ අවස්ථාවෙහි නෑමිතුරන් හා රටවැසියන්ගෙන් වෙන් වී ගිය තැන ගොඩනැංවූ චෛත්‍යයක් ද, ඒ අසළ ස්ථවිරවාදී භික්ෂූන්ගේ ආරාමයක් ද, නැගෙනහිර දොරටුවෙන් පිටත තවත් ආරාමයක් හා අශෝකාධිරාජයන් කරවූ ස්ථූපයක් ද ඊසාන දිග ලී විස්සක් පමණ ගිය තැන දන්තාලෝක පර්වතය හා එහි බෑවුමක වෙසතුරු රජු තපස් රැකි තැන අශෝකාධිරාජයා කරවූ ස්ථූපයක් ද ජූජක බමුණාහුට දරුවන් දන් දුන් තැන කරවූ ස්ථූපයක් ද බමුණා දරු දෙදෙනාට තැලීමෙන් වැගිරුනු ලේ බිංදු වැටුණු බිම් පෙදෙසෙහි වැවී ගිය රත් පැහැ පඳුරු හා ගස් ද වෙසතුරු රජු හා මද්‍රී දේවිය විසූ ගල්ගුහා ද, රජු සක්මන් කළ තැන ද වෙනත් මහලු ඍෂිවරයෙකු විසූ ගුහාවක් ද හියුං සියැංට දකින්ට ලැබී තිබේ.

මේ ප්‍රදේශය ගැන හියුං සියැං කරන විස්තර මෙසේ ය; 'උද්‍යාන දේශයේ අගනුවර සිට ලී පන්සීයක් දුර යෑමෙන් වෙස්සන්තර රජුගේ පර්වතය කරා යා හැක. මේ පර්වත ශිඛරයට ගිනිකොණ දෙස ගල්ගුහාවකි. එය වෙසතුරු රජු වුසූ තැන ය. ඉදිරිපිට පියවර දහයක් ගිය තැන විශාල සතරැස් ගලකි. එය වෙස්සන්තර රජු අසුනක් වශයෙන් ප්‍රයෝජන ගත් තැනකි. එය අසල අශෝකාධිරාජයා කරවූ චෛත්‍යයකි. ඉන් ලී දෙකක් දකුණු දෙස වෙසතුරු රජුගේ පර්ණශාලාව විය. යථෝක්ත ථූපයට ලී එකක් ඊසාන දෙසට ගොස් පියවර පනහක් පහළට ගිය විට

ජාලිය, කෘෂ්ණජිනා දෙදෙනා බමුණා කැටුව නොගොස් ගසක වටේට ගිය ස්ථානය වේ. මේ ගස තවමත් තිබේ. බමුණා ජාලිය, කෘෂ්ණජිනා දෙදෙනාට තැලීමෙන් වැගිරුණු රුධිරයෙන් රත්පැහැ ගත් භූමියෙහි උල්පතක් ඇත. ගල්ගුහාවට ලී තුනක් බටහිර දෙස සක්දෙවිඳු සිංහ වෙසක් ගෙන මද්‍රී දේවියගේ ගමන අවහිර කළ ස්ථානය වේ. එහි ගලක සිංහයෙකුගේ නිය හා ලෝමයන්ගේ සටහන් දකින්ට ලැබේ. මෙය අසල අජිතකූට හෙවත් අච්චුත තවුසාගේ ආශ්‍රමය පිහිටි තැන ද වේ. මෙකී තැන් සිහිවීම සඳහා ස්මාරක ස්ථූප තනා තිබේ.

ගන්ධාරයේ සිට දින විසි එකක් ගමන් කිරීමෙන් පෝලුෂ නගරයට යා හැකිය. එහි සිට ලී එකක් උතුරු දෙස ධවල හස්තියාගේ මාළිගයට අයත් විහාරය වේ. එය ඉදිරිපිට ධවල හස්ති වෘක්ෂය නම් ගසකි. විහාරය ඇතුලේ වෙස්සන්තර රජුගේ ද මද්‍රී දේවියගේ ද ජූජක බමුණාගේ ද දරු දෙදෙනාගේ ද සිතුවම් ඇත. මේවා දකින්නවුන්ට කඳුළු නොවගුරුවා සිටින්ට නුපුළුවන.'

යථෝක්ත චීන භික්ෂුවගේ ගමන් විස්තරයට අනුව පංජාබයෙහි පෙෂාවෝර් දිස්ත්‍රික්කයෙහි මර්දාන් නුවරට සැතපුම් නවයක් ඊසාන දිග මකාම් ගඟබඩ පිහිටි ෂාහබාෂ්ගර්හි (shahbaz garhi) නමැති ගම අවට භූමිය වෙස්සන්තර ජාතකයෙහි හඳුන්වන සිවිරට වශයෙන් පුරාවිද්‍යාඥයෝ පවසත්. ගමට සැතපුම් දෙකක් නැගෙනහිර දෙස කාර්මාර් (karamar) නමැති කඳුවැටියකි. එහි ඊසාන දිගින් පිහිටි විශාල ගුහාවෙහි ද්වාරය පටන් පසුපස දක්වා දිග අඩි විසිපහකි. උස් තැන අඩි නවයහමාරකි. එහි කෙළවරේ තවත් ගුහාවකි. එය

අඩි 19 ක් දිග ය. අඩි 6 ක් පළල ය. ඉතා උස තැන අඩි 6 කි. මේ ගුහා දෙක වෙසතුරු රජු හා මද්‍රී දේවිය විසූ ගුහා වශයෙන් සැලකේ. මේ ග්‍රාමයෙහි නැගෙනහිර දිග පිහිටි ඛෙරේගුණ්ඩයි (kheregundai) සහ බුත්සහරි නමින් හැඳින්වෙන උස් භූමි දෙක නැගෙනහිර දොරටුවෙන් පිටදී හියුං සියැංට දක්නට ලැබුණු සංඝාරාමය හා අශෝක අධිරාජයා කරවූ චෛත්‍යය විය හැකි බවට අනුමාන කෙරෙති. යථෝක්ත උස් භූමි පිහිටියේ නගරයේ නැගෙනහිර දොරටුවෙන් පිටත ය.

ෂාබාෂ්ගර්හි ගමේ උතුරු දිග ගෙල් නමින් හැඳින්වෙන කඳු ඔස්සේ වූ පටුපාරට මඳක් දුරින් පිහිටි උස් භූමිය ධවල හස්තියාගේ මාළිගයට අයත් විහාරය හා ධවල හස්ති වෘක්ෂය පිහිටි තැන විය හැකි යැයි පුරාවිද්‍යාඥයෝ සලකති.

දැනට මේඛසණ්ඩ නමින් හැඳින්වෙන කාර්මාර් කන්දේ නිරිත දිග පිහිටි ශිඛරය දන්තාලෝක පර්වතය වශයෙන් ද එහි උතුරු බෑවුමේ ඇති කුටීර දෙකකින් යුතු ගුහාව වෙස්සන්තර රජු හා මද්‍රී දේවිය විසූ ගල් ලෙන් වශයෙන් ද එහි ඉදිරිපස අදටත් දකින්ට ලැබෙන දිගු පුළුල් අඩි 12 බැගින් හතරැස් ගල වෙසතුරු රජු තපස් රැකි ගල් තලාව වශයෙන් ද සලකනු ලැබේ. මේ ගල දැනට මැදින් ඉරී තලා ගොස් තිබේ. හියුං සියැංගේ ප්‍රකාශයට අනුව ගල් ලෙන තිබුණේ නගරයට සැතපුම් තුනහමාරක් ඊසාන දෙසිනි. මේ ප්‍රදේශයේ රතු පැහැයෙන් යුතු භූමිය ද දුඹුරු පැහැගත් වෘක්ෂ ලතාදිය ද ඇත්තේය.

ධවල හස්තියාගේ මාළිගයට අයත් විහාරය වශයෙන් මෙහි මුලින් සඳහන් කළ ස්ථානයට යාර හයසීයක් ඊසාන

දිගින් ගල්ලෙනට සැතපුම් භාගයක් බටහිරින් පිහිටි උස්බිම සක්දෙවිඳු මෙහෙයවීමෙන් සිංහ ව්‍යාඝ්‍රාදී වෙස් ගත් දෙව්පුතුන් මද්‍රී දේවියගේ ගමනට බාධා කළ තැන බවට අනුමාන කෙරේ.

මේ ප්‍රදේශයෙහි බොහෝ සිද්ධස්ථාන රාශියක නටබුන් තිබෙන නමුත් ඒවා හඳුනාගෙන නැත. මෙහි ගමට සැතපුම් තුන් කාලකට ගිනිකොණ දෙස කඳු පාමුල විශාල ගල් දෙකක අශෝක අධිරාජයාගේ දහතුන්වන ශිලා ලිපිය කොටා තිබේ.

ක්‍රිස්තු වර්ෂ 16 වන සියවසේ මුල් භාගයේදී ඉන්දියාව ආක්‍රමණය කළ බාබර් විසින් මේ ප්‍රදේශයට ෂාබාෂ්ගර්හි යන නම තබන ලදැයි කියති. මෙහි ශරායි, මන්දාත්ප්‍රකායි, බපාර්ධාරා ආදී උස්බිම් කීපයක් ඇත. චීන භික්ෂූන්ගේ ගමන් තොරතුරුවල මෙන්ම රටින් පිටුවහල් කරවනු ලැබූ වෙසතුරු රජු ඇතුලු පිරිස හිමාල වනයෙහි වූ වංකගිරි පර්වතයට ගිය බව බෞද්ධ සාහිත්‍යයෙහි ද සඳහන් ය. මේ ගමනේදී ජේතුත්තර නගරයෙන් පිටත් වූ රජු සහ පිරිස සුවණ්ණගිරිතාලය, කොන්තිමාර ගඟ, නාලික පර්වතය හා මුචලින්ද විල පසු කර ගිය බව සඳහන් ය. චේතිය රටෙහි සිට වංකගිරියට තිස් යොදුන් දුරක් ඇත්තේය. ජේතුත්තර නගරයේ සිට වංකගිරිය තෙක් මුළු දුර සැට යොදුනක් ඇත්තේය. (කි.මී. 600 කි)

වෙසතුරු රජු ඇලිඇතු දන් දුන් තැන

කලිඟු රට වර්ෂාව නැතිවීමෙන් දුර්භික්ෂයක් ඇති විය. එවිට අමාත්‍යයන්ගේ අවවාද පරිදි වෙසතුරු රජුගේ

ඇලි ඇතු ගෙනෙනු පිණිස කලිඟු රජු වේදත්‍රයෙහි නිපුණ බමුණන් අට දෙනෙකු යැවීය. ඔවුහු සිවිරට කරා ගොස් වෙසතුරු රජුට ආශිර්වාද කොට ඇලි ඇතු ඉල්ලා සිටියහ. සොම්නසින් ඉපිල ගිය රජු සර්වාභරණයෙන් ඇතු සරසවා ඇත්වෙදුන් ආදී පරිවාර ජනයන් සහිතව බමුණන්ට දන් දුන්නේය. මේ ස්ථානයෙහි තිබූ අඩි දහසක් පමණ දිග, අඩි සැටක් පළල සංඝාරාමයක නටබුන් පුරාවිද්‍යාඥයන්ට හමුවී තිබේ. මෙය පිහිටා ඇත්තේ පෙෂාවෝර් නුවර සිට සැතපුම් තිස් අටක් දුරින් පිහිටි චනකධේර් නම් ගමේ ය. ප්‍රාකාර, පදනම්, කාමර, බිතු සිතුවම්, මැටි බඳුන් කැබලි, වළලු හා පහන් ආදිය මෙහි තිබී හමු විය. මේ ප්‍රදේශය වත්මන් පාකිස්ථානයට අයත් ය."

(භාරත බෞද්ධ සිද්ධස්ථාන - ඩී. ආර්. සෙනෙවිරත්න)

අප මහබෝසතුන් වෙසතුරු උපතේදී වඩාත් කැප වූයේ දානයට ය. දානය නිසා මැ එතුමන්ට නොයෙක් නින්දා අපහාස ගැරහුම්වලට මුහුණ දෙන්නට සිදුවීම පමණක් නොව සිය රට ද අත්හැර වන වැදී නොයෙක් ගැහැට විඳින්ට ද සිදුවිය. බෝධිසත්වයෙකුගේ පාරමී පිරීම පිළිබඳව තේරුම් ගැනීම එතරම් පහසු කරුණෙක් නොවේ. කෙසේ නමුත් අප මහබෝධිසත්වයෝ සියලු දුෂ්කරතා මැඩ දාන පාරමිතාව මෙන්ම අනෙක් පාරමිතාවන් ද මුදුන්පත් කරගන්ට සමත් වූහ. අසිරියෙකි!

මෙම වෙස්සන්තර ජාතකය වනාහී ඉතා අනුවේදනීය කථාවකි. හද සසළ කරවන්නකි. කඳුළු නොහෙළා, සුසුම් නොහෙළා නොකිව හැකි තරම් යැ. වෙස්සන්තර ආත්මභාවයේදී මහාබෝසතුන් විසින් පරිත්‍යාග කරන

ලද අසාමාන්‍ය අද්භූත දානය පිළිබඳව බොහෝ දෙනෙකු තුළ නිතැතින් ම විස්මය පැන නගී!

සිංහල සාහිත්‍යයෙහි වෙසතුරු දාවට හිමිවන්නේ උතුම් තැනෙකි. එකලැ අප මුතුන් මිත්තෝ කිසියම් දුකෙකින් ළය පෑරුණු කල්හි වෙසතුරු දා හඬ නගා කියා දුක් තුනී කැරගත්තෝය. එමෙන්ම බොදු සිතුවම් කලායෙහි ද වෙසතුරු දාවට ලැබෙන්නේ මහත් මැ තැනෙකි. නමුත් මෙකල වෙස්සන්තර ජාතකය යනු කුමක්දැයි හරි හැටි දන්නෝ පවා විරලයහ. වෙස්සන්තර ජාතකය කියැවීමෙන් දහම් රසය ලැබෙයි. සංවේගය ඇති වෙයි. වියෝ දුක දැනෙයි. නොකිලිටි පිවිතුරු සෙනෙහස නමැති හූයෙන් දාන පාරමී නම් මුතුවැල බෝසතුන් විසින් ගොතනා අයුරු ඉතා මනහර යැ. මෙය නැවත නැවත කියවා රස විඳිය හැකිය. එමෙන්ම අප භාග්‍යවතුන් වහන්සේ කෙරෙහි ද මහා බැති සිතෙක් උපදියි.

එහෙයින් මෙය දිවියෙහි දුක් කම්කටොලු පිස දමා සිත පහන් කරවයි. මෙය නිතර කියවීම, සිය දරුවනට කියවන්ට දීම, කවරෙකුට නමුත් වර්ණනා විෂයාතික්‍රාන්ත ආධ්‍යාත්ම රසයෙක් විඳිය හැකි අපූර්ව බෝසත් කථාවෙකි!

හැමට තෙරුවන් සරණ වේවා!

මෙයට,
ගෞතම බුදු සසුන තුළ
මෙත් සිතින්,
පූජ්‍ය කිරිබත්ගොඩ ඤාණානන්ද හිමි
ශ්‍රී බු.ව. 2563 උඳුවප් මස 23 දින (2019.12.23)

සිරිමත් වෙසතුරු දාව

අප භාග්‍යවතුන් වහන්සේ අවසන් වතාවට
පාරමී ධර්මයන් සම්පූර්ණ කළ ආත්මය පිළිබඳව
හද සසළ කරවන අනුවේදනීය කථාව

ඒ භාග්‍යවත් අර්හත් සම්මා සම්බුදුරජාණන් වහන්සේට නමස්කාර වේවා!

සිරිමත් වෙසතුරු දාව

වෙස්සන්තර ජාතකයෙහි නිදාන කථාව

එසමයෙහි අප භාග්‍යවතුන් වහන්සේ කිඹුල්වත්පුර ඇසුරෙහි නිග්‍රෝධාරාමයෙහි වැඩවුසූ සේක. එකල්හි ඇදහැලුනු පොකුරු වැස්සෙක් අරභයා යැ මෙම වෙසතුරු දා වදාළේ. ඒ කෙසේයැ යත්;

අප භාග්‍යවතුන් වහන්සේ ශ්‍රී සම්බුද්ධත්වයට පත්වැ, සත් සති ගෙවා, පළමු දම් දෙසීම පිණිස බරණැස ඉසිපතන මිගදායට වැඩියෝ යැ. ඇසළ පොහෝ දිනෙක වූ දම්සක් පැවතුම් සුතුර වැදෑරීමෙන් පසු, බුදු සසුනෙහි පළමු වස වසා, පළමු රහත් සැට නම ධර්මප්‍රචාරයෙහි පිටත් කොටැ යවා, අනුක්‍රමයෙන් චාරිකායෙහි වඩනා සේක් වැඩියෝ යැ රජගහ නුවරට.

රජගහ නුවර වේළුවනයෙහි භාග්‍යවතුන් වහන්සේ වැඩසිටින වග සුදොවුන් නිරිඳුන්හට සැළවියැ. එසඳ සුදොවුන් පිය රජතෙමේ භාග්‍යවතුන් වහන්සේව කිඹුල්වතට කැඳවාගෙන එනු පිණිස නොයෙක් වර දූතයන් එවූ නමුත් එය සඵල නොවීය. අවසන්හි පැවිදි

වෙන්ට අවසර ලත් කාළුදායි අමාත්‍ය තෙමේ සිය පිරිසත් සමග රජගහ නුවර අවුත් පැවිදිව රහත් ඵලයට පත්විය.

සීත ඍතුව නිමා වියැ. සෞම්‍ය වූ වසන්ත කාලය එළඹියේ යැ. රුක්ගොමු මලින් ඵලින් බර වියැ. එකල්හි කාළුදායි මහරහත් තෙරණුවෝ භාග්‍යවතුන් වහන්සේ වෙත පැමිණ ගාථා සැටෙකින් රජගහ නුවර සිට කිඹුල්වත් පුර දක්වා සැට යොදුන් ගමන් මග වර්ණනා කොට එහි වඩිනු පිණිස ඇරයුම් කළාහුය. කාළුදායි තෙරුන්ගේ ඇරයුම පිළිගත් භාග්‍යවතුන් වහන්සේ කිඹුල්වත බලා වැඩියෝ යැ.

සිය ඥාති ශ්‍රේෂ්ඨයාණන් කිඹුල්වත් පුර බලා පිටත් වූ වග ශාක්‍යවරු දැනැගත්හ. ඉක්බිති ඔවුහු ශ්‍රමණයන් හට යෝග්‍ය වූ නවාතැනක් සොයන්නාහු නිග්‍රෝධ ශාක්‍යයා විසින් තනවන ලද නිග්‍රෝධාරාමය තෝරාගත්හ. එය ඉතා රමණීය අසපුවෙකි. නවාතැන් පිණිස එහි සියලු කටයුතු සූදානම් කළ ඔවුහු භාග්‍යවතුන් වහන්සේට පෙර ගමන් යන්නාහු සුවඳ මල් ආදිය අතින් ගත් නන් අබරණින් සැරසීගත් දරුවන්ට මෙසේ කීහ.

"දරුවෙනි, කිඹුල්වත් පුරවැසි දරුවන් පළමුකොට පෙර ගමන් පිණිස පිටත් වෙව්. අනතුරුව අපගේ සිඟිති රාජ කුමර කුමරියෝ යන්නාහ. අපිදු පසුපසින් එන්නෙමු."

එකල්හි නුවරවැසි දරුවෝත් රජදරුවෝත් පළමුවැ ගොස් භාග්‍යවතුන් වහන්සේට මල් පුදා පිළිගත්තාහුය. ශාක්‍යවරුත් සුවඳ මලින් පුදමින් සිය ඥාති ශ්‍රේෂ්ඨ වූ භාග්‍යවතුන් වහන්සේ වැඩමවාගෙන නිග්‍රෝධාරාමයට පැමිණියෝය.

නිග්‍රෝධාරාමයට වැඩි භාග්‍යවතුන් වහන්සේ විසි දහසෙක රහත් සඟරුවන පිරිවරා උතුම් බුද්ධාසනයෙහි වැඩහුන්හ. එහිදී අභිමානවත් ජාතියක් වන ශාක්‍යවරු මාන්නයෙන් දැඩි වූ සිත් ඇතිව "සිද්ධාර්ථ රාජකුමාර තෙමේ අපට වඩා වයසින් බාල යැ. අප සොයුරියගේ පුතු යැ, අප මුණුබුරු යැ යනාදී වශයෙන් සිතා 'දරුවෙනි, තෙපි ගොස් සිය ඤාති ශ්‍රේෂ්ඨයා වඳිව්. අපි තොපගේ පිටුපසින් හිඳගන්නෙමු' යි කීහ. ඉක්බිති ඔවුහු භාග්‍යවතුන් වහන්සේට වන්දනා නොකොට හිඳගත්තාහුය.

සිය ඤාතීන්ගේ චිත්තාචාරයන්හි දැඩි බව දැනැ භාග්‍යවතුන් වහන්සේ මෙසේ සිතූ සේක. 'අප ඤාතීහු තථාගත අර්හත් සම්මා සම්බුදුවරයෙකු පිළිබඳ අනවබෝධයෙන් යුක්තයහ. ඔවුහු කුලමාන්නයෙන් මත්වැ සිටිත්. ධර්මාවබෝධය පිණිස බාධාවක් වූ මෙය ඔවුන් කෙරෙන් ඉවත්කොට නිහතමානී කැරැවුව මනා යැ. තථාගතයන්ව වැන්දැවිය යුත්තාහ. එය ඔවුන්ට හිත සුව පිණිස පවතින්නේයැ' යි සිතා අභිඥාපාදක ධ්‍යානයට සමවන් සේක. ඔවුන්ගේ හිසැ මත පා ධූලි වගුරුවමින් අහසට පැන නැගි සේක. සිය සිරුරින් එක්වරම ජලයත් ගින්නත් විහිදුවනු ලබන යමක මහා ප්‍රාතිහාර්යය නම් අද්භූත පෙළහරෙක් දැක්වූ සේක.

මේ පෙළහර දුටු සඳ ශාක්‍යවරුන්ගේ දැඩි කුලමන් සිඳී බිඳී ගියේ යැ. භාග්‍යවතුන් වහන්සේ අහසේ සිටියදී ම සුදොවුන් නිරිඳු නැගී සිට මෙසේ හඬ නගා කීය.

"ස්වාමීනී, භාග්‍යවතුන් වහන්ස, එදා නුඹවහන්සේ උපන් දා යැ. එකල්හි නුඹවහන්සේ ලවා කාලදේවල

තවුසාණන්ව වන්දවනු පිණිස රැගෙන ආ විට නුඹවහන්සේගේ සිඟිති පා පෙරළී ගොස් තවුස්හුගේ ජටායෙහි පිහිටියේය. එයින් විස්මයට පත් මම නුඹවහන්සේට වන්දනා කෙළෙමි. එය යැ මාගේ පළමු වැඳුම!

යළිදු වප් මගුල් දවසෙකැ සිදුවූයේ තවත් අද්භූතයෙකි. එකල්හි දඹරුක් සෙවණෙහි නුඹවහන්සේ පළක් බැඳ හුන්හ. දඹරුකෙහි ඡායාව හිරු එළියට අනුව නොපෙරළී තොපට සෙවණ දිදී නොවෙනස් වැ තිබුණේය. ඒ විස්මය දුටු මම් නුඹවහන්සේට වන්දනා කෙළෙමි. එය මාගේ දෙවෙනි වැඳුම යැ!

අදත් මින් පෙර කිසිදා නොදුටු විරූ මේ විස්මිත පෙළහර දැකැ නුඹවහන්සේගේ පා වඳිමි. මෙය යැ මාගේ තෙවෙනි වැඳුම!"

මෙසේ සුදොවුන් නිරිඳු භාග්‍යවතුන් වහන්සේගේ පා වැඳි කල්හි නොවැඳ සිටින්ට සමත් එකදු ශාක්‍යයෙකුවත් එහි නොසිටියේය. සියල්ලෝ මැ භාග්‍යවතුන් වහන්සේට වන්දනා කළාහුය. අනතුරුව ඤාතීන්ගෙන් වැඳුම් ලැබූ භාග්‍යවතුන් වහන්සේ අහසින් බැසැ පණවන ලද බුද්ධාසනයේ වැඩහුන් සේක. භාග්‍යවතුන් වහන්සේ වැඩහුන් කල්හි ඤාති සමාගම සිළු බැන්දාක් බඳු වියැ. සියල්ලෝ ම එකඟ වූ සිත් ඇතිවැ හුන්නාහුය.

සැණෙකින් මහාමේඝයෙක් පැන නැංගේය. පොකුරු වැස්සෙක් ඇදහැලුනේය. පොළොව මත තඹ පැහැගත් ජලය හඬ දෙමින් ගලන්ට පටන් ගත්තේය. මේ මහා වැස්සට තෙමෙනු කැමතියෝ තෙමෙති. නොතෙමෙනු

කැමැත්තහුගේ සිරුරෙහි බින්දු මාත්‍රයක හෝ ජලය නොවැටෙයි. පොකුරු වැස්ස යනු මෙයයි. මෙය දුටු සියල්ලෝ ආශ්චර්ය අද්භූත සිත් ඇත්තෝ වූහ.

එකල්හි එහි වැඩහුන් භික්ෂූන් වහන්සේලා අතර "අහෝ අද්භූත යැ! අසිරිමත් යැ! භාග්‍යවතුන් වහන්සේගේ ආනුභාවය පුදුම සහගත යැ! යම් බඳු භාග්‍යවතුන් වහන්සේගේ ඤාති සමාගමට මෙබඳු වූ පොකුරු වැස්සෙක් වසිත් නොවැ" යි කථායෙක් පැනැ නැංගේය.

එය ඇසූ භාග්‍යවතුන් වහන්සේ මෙසේ වදාළ සේක. "පින්වත් මහණෙනි, මාගේ ඤාතීන් රැස්වූ මේ අවස්ථායෙහි පමණක් පොකුරු වැස්සෙක් වැස්සේ නොවේ. මින් පෙරැ ආත්මයේදීත් මෙසෙයින් පොකුරු වැස්සෙක් ඇදහැලුනේය.

එකල්හි භික්ෂූන් වහන්සේලා "ස්වාමීනී, භාග්‍යවතුන් වහන්ස, මින් පෙර ආත්මයක දී ඤාතීන් රැස්වූ අවස්ථායෙහි පොකුරු වැස්ස ඇදහැලුන කථාව අපට පවසන සේක්වා!" යි ඉල්ලා සිටියෝය. එසඳ භාග්‍යවතුන් වහන්සේ ඒ අවස්ථායෙහි මෙම වෙස්සන්තර ජාතකය වදාළ සේක.

යටගිය දවසැ දඹදිවැ සිවි නමින් රටෙක් තිබුණේය. එහි ජේතුත්තර (ජයතුරා) නගරයෙහි සිවි නමින් මැ රජෙක් සිවිරට පාලනය කළේය. මේ රජුට සංජය නමින් පුත් කුමරෙක් සිටියේය. කුමරුට නිසි කලවයස ආ කල්හි මදු රට රජහුගේ දූකුමරිය වන ඵුසති නමැති රාජකන්‍යාව කැඳවාගෙන අවුත් සංජය රාජපුත්‍රයාට අගමෙහෙසිය කොට දුන්නේය.

වුසති දේවියගේ පෙර ආත්මය පිළිබඳ කථාව

ඒ මින් අනූ එක් කල්පයකට පෙරැ යැ. එසඳ විපස්සී නම් සම්මා සම්බුදුරජාණන් වහන්සේ නමක් දඹදිවැ පහළ වූ සේක. ඒ විපස්සී බුදුරජහුගේ පියා වූයේ බන්ධුම නුවර බන්ධුම රජු ය. මේ රජුට ඛේම නමින් මිගදායෙක් හෙවත් මුවන්ගේ අභයභූමියෙක් තිබුණි. එසමයෙහි ඒ විපස්සී බුදුරද වැඩසිටියේ ඛේම මිගදායෙහි යැ.

දිනක් එක්තරා මිත්‍ර රජෙකු විසින් බන්ධුම රජු වෙත මාහැඟි සඳුන් කරඬුවෙක් ද කහවණු ලක්ෂයක් අගනා රන්දමෙක් ද තුටු පඬුරු ලෙස එවන ලද්දාහ. එය ලද බන්ධුම රජු සිය දූකුමරියන් දෙදෙනාගෙන් වැඩිමහල් දියණියට සඳුන් හරයත්, බාල දියණියට රන්දමත් තෑගි කළේය. ඉක්බිති ඔවුන් දෙදෙනා ද "පියාණෙනි, මෙය අපගේ සිරුරු සරසන්ට නොගෙන, අප සොයුරු විපස්සී භාග්‍යවතුන් වහන්සේට පුදන්ට කැමැත්තෙමු" යි කීහ. "මැනවි දරුවෙනි, පුදව්" කියා පියරජතෙමේ පිළිවදන් දුනි.

එකල්හි වැඩිමහල් කුමරිය සඳුන් හරය ගල ගා කල්ක කොට රන් බඳුනකට පුරවා ගත්තාය. ඇගේ නැගෙණි කුමරිය රන්දමින් ගෙල පළඳින අලංකාර මාලයක් කරවා එය ද රන් බඳුනකට දමාගත්තාය. දෙදෙනා ම ඛේම මිගදායට ගියෝය. දෙටු කුමරිය සඳුන් කල්කයෙන් විපස්සී භාග්‍යවතුන් වහන්සේගේ රන් සිරුර පුදා ඉතිරි කල්ක සුගන්ධ කුටියෙහි තන්හි තන්හි විසිරෙව්වාය. "ස්වාමීනී, භාග්‍යවතුන් වහන්ස, මා හට අනාගතයෙහි නුඹවහන්සේ වැනි උතුම් පුත්‍රැවනකගේ මව් වෙන්ට වාසනාව ලැබේවා!" යි පැතුවාය. කණිටු කුමරිය විපස්සී

භාග්‍යවතුන් වහන්සේ උදෙසා රන් මාලාව පුදා "ස්වාමීනී, භාග්‍යවතුන් වහන්ස, මම් උතුම් රහත් ඵලය යම් ජාතියක ලබන්නී ද, ඒ ජාති දක්වා උපනුපන් ආත්මයෙහි මාගේ සිරුරින් මේ අලංකාර ආභරණය වෙන් නොවේවා!" යි පැතුවාය.

විපස්සී භාග්‍යවතුන් වහන්සේ සිය ගිහි කලැ නැගෙණිවරු වූ රාජකන්‍යාවන් දෙදෙනාට පුණ්‍යානු-මෝදනා කළ සේක. ඔවුහු දෙදෙනා ද පිළිවෙළින් මනුලොවින් දෙව්ලොවටත්, දෙව්ලොවින් මනුලොවටත් සැරිසරා ගියෝය. මෙසේ සැරිසරා යන්නී අවසානයෙහි දෙටුකුමරිය බුද්ධමාතා මහාමායා දේවිය බවට පත්වූවාය.

එසෙයින් මැ කණිටු කුමරිය සැරිසරා යන්නී කාශ්‍යප භාග්‍යවතුන් වහන්සේගේ කාලයෙහි කිකී මහරජහුගේ දියණි කුමරියක ලෙස උපන්නාය. සිතුවමෙකින් කළ දෙයක් බඳුවැ අලංකාර ගෙල පළඳනාවක් ඇතිව උපන් හෙයින් ඕ නමින් උරච්ඡදා වූවාය.

ඕ තොමෝ සොළොස් විය ගතවෙන කලැ කාශ්‍යප භාග්‍යවතුන් වහන්සේගේ භුක්තානුමෝදනා බණක් අසා සෝවාන් ඵලයට පත්වූවාය. යළි භුක්තානුමෝදනා බණක් මැ අසමින් සිටියදී සිය පියරජු සෝවාන් ඵලයට පත්වූ දා ඕ රහත් ඵලයට පත්වූවාය. එකල උරච්ඡදා කුමරිය හැරුණු කොට කිකී මහරජහු හට තවත් දියණිවරු සත් දෙනෙක් සිටියාහුය. ඔවුහු කවර නමින් වූවාහු ද යත්;

1. සමණී කුමරිය. 2. සමණගුත්තා කුමරිය. 3. භික්ඛුනී කුමරිය. 4. භික්ඛාදායිකා කුමරිය. 5. ධම්මා කුමරිය. 6. සුධම්මා කුමරිය. 7. සංඝදාසී කුමරිය යනුවෙනි. මේ

කුමරියන් සත් දෙන නැවත ගෞතම බුදු සසුන පවතින කාලයෙහි දඹදිවැ මෙසේ උපත ලැබුවාහුය.

1. ඛේමා (සමණී කුමරිය)
2. උප්පලවණ්ණා (සමණගුත්තා කුමරිය)
3. පටාචාරා (භික්ඛුනී කුමරිය)
4. මහා ප්‍රජාපතී ගෝතමී (භික්ඛාදායිකා කුමරිය)
5. ධම්මදින්නා (ධම්මා කුමරිය)
6. මහාමායා දේවී (සුධම්මා කුමරිය)
7. විශාඛා (සංඝදාසී කුමරිය) වශයෙනි.

මොවුනතරින් සුධම්මා කුමරිය නමින් සිටි තැනැත්තී විපස්සී භාග්‍යවතුන් වහන්සේ උදෙසා සඳුන් කල්ක පිදූ පිනෙන් දෙව් මිනිසුන් අතර උපන් හැම කල්හි ම සිය සිරුරෙන් රත්සඳුන් සුවඳ හැමීයැ. පසුවැ ඕ ඵුසතී නමින් දෙව්ලොව උපන්නාය. සක් දෙව්රජහුගේ අගමෙහෙසි දෙවඟන වූවාය.

දෙව්ලොව ආයු ඇතිතාක් ගත කළ ඇයගේ කාලය අවසන් වීමේ ලකුණු පහළ වියැ. එනම්;

1. තමා පැළැඳැ සිටි දිවමල් පර වූයේ යැ.
2. දිව්‍ය සළුපිළි කිලිටි වී ගියේ යැ.
3. දෙකිසිල්ලෙන් ඩහදිය ගැලුයේ යැ.
4. සිරුර මළානික වූයේ යැ.
5. දෙව්ලොවෙහි ඇල්ම නැති වූයේ යැ.

මෙසේ ඵුසති දෙවඟන කෙරෙහි මේ ලකුණු පහළ වූ කල්හි සක්දෙවිඳු ඇගේ ආයු ගෙවී අවසන් වැ ඇති වග දැනගත්තේය. ඉක්බිති මහත් යස පිරිවර සමගින් ඵුසති දෙවඟන නන්දන වනෝද්‍යානයට කැටුව ගොස් මනරම් දිව යහනෙක සතපවා ඒ යහන පසෙකින් අසුන් ගෙන "සොඳුරී, ඵුසතී, තිට දැන් උතුම් වර දහයක් දෙමි. ඒවා ගනුව" කියා ගාථා දහසෙකින් සුසැදි මහා වෙසතුරු දායෙහි පළමු ගය මෙසේ පැවසීයැ.

001. "ඵුසතී, උතුම් රුසිරින් බබළනිය, තිට දස වරයෙක් දෙන්ට කැමැත්තෙමි. සොඳුරු සිරුරින් හොබනිය, තී දැන් පෘථිවි වාසයට යා යුත්තී යැ. යම් මැ දැයෙක් තිට රිසි වන්නී නම් ඒවා මේ දස වරයෙන් ගනුව."

ඵුසති දෙවඟනට තමා දෙව්ලොවින් චුතවන්ට යන වග එක්වර ම නොවැටහුනේය. ඈ සිතුයේ ඈ අතින් වූ කිසියම් වරදකට දඬුවමක් ලෙස සක් දෙවිඳු මෙසේ කියති යි කියාය. එහෙයින් ඕ මෙය අසා සිටියාය.

002. "දෙව්රජුනි, තොපට නමස්කාර වේවා! අහෝ... මා අතින් කිසියම් වරදෙක් සිදුවුනි ද? සැඩ සුළඟෙක් හමා රුකෙක් බිම හෙළන සෙයින් රම්‍ය වූ දෙව්ලොවින් මා චුත කරවන්නේ මන්ද?"

දෙව් සැපය හේතුවෙන් ඇය කරුණු වටහා ගැනීමට අසමත් වැ සිටිනු දුටු සක් දෙවිඳු ඕ හට මේ ගාථා යුගල පැවසීය.

003. "ඵුසතී, තී විසින් වරදෙක් නොකරන ලද්දේයැ. තී මට අප්‍රිය ද නොවෙයි. වැලිදු දෙව්ලොවෙහි

සිටිය හැකි තිගේ පින ගෙවුනේය. එහෙයිනි තිට මා මෙසේ කියන්නේ.

004. තී අසළට පැමිණ ඇත්තේ මරණය යි. අපගේ වෙන්වීම සිදුවිය මැ යුත්තෙකි. මවිසින් තිට දෙනු ලබන මේ දස වරය ගනුව."

ඵුසති දෙවඟන සක් දෙවිඳුගේ වදන් අසා සිටියාය. නිසැකයෙන් ම තමන්ගේ මරණය සිදුවන බව දත් ඕ තොමෝ දස වරය පිළිගන්නී මෙසේ කීවාය.

005. සකල සත්වගට අධිපති සක් දෙවිඳුනි, ඉදින් නුඹවහන්සේ මට දස වරයක් දෙන සේක් නම්, නුඹවහන්සේට සෙත් වේවා! එසේ නම් දෙවිඳුනි, මම් මනුලොව උපන් කල්හි දඹදිව ජයතුරා නුවර සිවි රාජමාලිගයේ අගමෙහෙසිය වෙම්වා!

006. පුරින්දද නම් සක් දෙවිඳුනි, සොඳුරු මුව දෙනකගේ පුළුල් දෙනයන බඳු නිල්වන් නෙතු සඟලක් මනුලොවැදී මට ලැබේවා! නිල්වන් බැම් සඟලකුත් ලැබේවා! මනුලොවදීත් මා හට ඵුසතී යන නාමය මැ ලැබේවා!

007. මනුලොව උපන් මා හට උතුම් පුත් රුවනෙක් ලැබේවා! මපුතු වෙත කවරක්හු නමුත් යමක් ඉල්ලා ආ කල්හි ඒ මපුතු නොමසුරු සිතින් දන් දෙන සත්පුරුෂයෙක් වේවා! සාමාන්ත රජදරුවන්ගෙන් මපුතු පිදුම් ලබාවා! මහා යස පිරිවර යුතු වේවා!

008. එසේ මැ දෙව්රජුනි, මනුලොවදී දරුගැබ උසුලා සිටින මාගේ කුස පිටට නොනෙරා පෙනේවා! දක්ෂ

දුනුවායෙකු ඉතා මනහර ලෙස ඔපමට්ටම් කළ දුනුමිටෙක් සෙයින් මාගේ කුස පිටට නොනෙරා සොඳුරු වැ පෙනේවා!

009. වාසව නමැති සක් දෙව්රජුනි, මනුලොවදි දරුවන් වදා මවක වූ කල්හිත් මාගේ පියොවුරු පහතට නොඑල්බී තිබේවා! මාගේ කෙස් කළඹෙහි පැසුනු නරකෙස් නොපෙනේවා! මාගේ සිරුරෙහි ධූලි නොතැවරී පිරිසිදු වැ පවතීවා! එසේ මැ මාගේ මැදිහත් වීමෙන් මරණයට කැප වූ ඕනෑම අයෙකු නිදහස් කරවන්ට මට ආනුභාව ලැබේවා!

010. රජමැදුරේ සිටියදී පිල් විදහා රඟන මොණරුන් ද මිහිරි නද දෙන කොස්වාලිහිණින් ද දකින්ට මම් කැමැත්තෙමි. එසේ මැ කුරුන්, කුදුන්, නපුංසකයන්ගෙන් රැකවල් ලද අන්තඃපුරයෙහි උතුම් කුලාංගනාවන් පිරිවරා සිටින්ට ද කැමැත්තෙමි. එහි රජබොජුන් වළඳින්ට පෙර වන්දිභට්ට ජනයෝ ප්‍රශස්ති ගී ගයත්.

011. සත් රුවනින් විසිතුරු කැටයම් කළ ඒ මාලිගයේ දොර කවුළු අතරින් ඇසෙන්නේ මනරම් පසඟතුරු නද යැ. එහි මිනිස්සු 'එව. මේ සුරා මස් බොව, කව' යනාදිය කියමින් සිටිත්. භවත් සක් දෙවිඳුනි, සිවි රාජමාළිගයෙහි අගමෙහෙසිය වෙන්ට මම් කැමැත්තෙමි.

මෙසේ දෙව්ලොවදී ඵුසති දෙවඟන විසින් සක් දෙවිඳුගෙන් ඉල්ලන ලද සියලු වර ඕ ලැබුවාය. ඒ පිළිබඳව සක් දෙවිඳු මෙසේ ගාථායෙන් පැවසීය.

012. හැම අඟපසඟින් හොබනා ඵුසතී, තී කැමති වූ යම් දස වරයෙක් ඇද්ද, ඒ සියල්ල මවිසින් දෙන ලදී. මනුලොවැ සිවි රජහුගේ විජිතයෙහිදී මේ සියල්ල තී ලබන්නීය.

013. මෙය කී මඝවා නම් වූ, සුජම්පතී නම් වූ, වාසව නම් වූ සක්දෙවිඳුතෙමේ ඵුසතී දේවියට ඈ ඉල්ලූ දස වරය මැ දී සතුටට පත්වූයේ යැ.

දසවරය පිළිබඳ ගාථා නිමා විය.

සක්දෙවිඳුගෙන් දස වරය ලද ඵුසති දෙවඟන තව්තිසායෙන් චුත වූවාය. මද්ද රටැ මද්ද රජහුගේ අගමෙහෙසියැ කුසෙහි පිළිසිඳ ගත්තාය. බිළිඳිය උපන් කල්හි සඳුන් කල්ක තැවරුන සෙයින් ඇගේ සිරුරෙන් සුවඳ හමාගියේය. එහෙයින් නම් තබන දා ඇයට ලැබුණේ 'ඵුසතී' යන නාමය යි. ඕ රජමැදුරේ සුවසේ ඇතිදැඩි වූවාය. දහසය හැවිරිදි කල්හි දුටුවන් මන නුවන් ඇදබැඳ ගන්නා සොඳුරු රූසපුයෙක් ඈ සතු වූවාය.

එසමයෙහි සිවි රටැ රජ කෙළේ සිවි මහරජු යැ. ඒ රජුට මද්ද රටේ රාජකන්‍යාව වන මේ ඵුසති කුමරිය ගැන අසන්ට ලැබුණි. එවිට සිවි රජු තමාගේ යොවුන් පුත්කුමරු වන සංජය රාජපුත්‍රයා පිණිස ඵුසති කුමරිය මහත් හරසරින් සිවි රටැ කැඳවාගෙන අවුත් දහසය දහසක් ස්ත්‍රීන්ට ප්‍රධාන කොට අගමෙහෙසි තනතුරෙහි තැබුයේය. ඒ පිළිබඳ ගාථායෙන් කියැවෙන්නේ මෙසේ යැ;

014. ඵුසතී දිව්‍යාංගනාවී තව්තිසායෙන් චුත වූවාය. මනුලොව රාජ වංශයේ උපන් ඕ සිවි රටැ ජයතුරා

නගරයේ සංජය රාජපුත්‍රයාගේ අගමෙහෙසී බවට පත්වූවාය."

සංජය රජතෙමේ සිය අගමෙහෙසිය වූ ඵුසතී දේවියට මහත් සේ ආදරය කෙළේය. එකලැ තව්තිසායෙහි සිටි සක්දෙවිඳු ඵුසතී දේවියට දුන් වරයන් ගැන මෙසේ සිතමින් සිටියේය. 'මවිසින් ඵුසති දේවියට දුන් වරයන්ගෙන් දැන් වර නවයෙක් සම්පූර්ණ වැ ඇත්තේ නමුත් එක් වරයෙක් ඉතිරි වැ ඇත්තේ යැ. එය වනාහී උතුම් පුත්‍රලාභය පිණිස දුන් වරය යි. ඒ වරය ඇය පැතූ පරිද්දෙන් ම ඉටු වේවි දෝ නොවේවි දෝ හෝ' යි යනුයෙනි.

එමෙන්මැ එකල අප මහාබෝසත් සිටියේ ද තව්තිසාවේ යැ. බෝසතුන්ගේත් දෙව්ලොව ආයු අවසන් වී තිබුණි. එය දැනගත් සක්දෙවිඳු බෝසතුන් වෙත ගොස් මෙසේ කීයේය. "නිදුකාණෙනි, දැන් තොපට මනුලොව උපදින්ට කල් එළඹියේ යැ. දඹදිව සිවි රටේ සංජය (සඳ) නමින් රජෙකු සිටියි. ඔහුට ඵුසතී නමින් මහා පිනැති අගබිසොවක් ද සිටියි. තොප ඒ බිසව්ගේ කුසෙහි පිළිසිඳ ගැනීමට අදිටන් කරගනුව."

මහබෝසතුන් සෙයින් ම තවත් සැටදහසක් දෙව්පුතුන්ගේ ආයු පිරිහී ගොස් තිබුණි. සක්දෙවිඳු ඔවුන්ගෙනුත් මනුලොව ඉපදීමට ප්‍රතිඥා ගත්තේය. ඒ අනුව මහාබෝසත් තෙමේත් තව්තිසායෙන් චුත ව ඵුසතී දේවියගේ කුසැ පිළිසිඳ ගත්තේය. අනිත් සැටදහසක් දෙව්පුත්හු ද දෙව්ලොවින් චුත ව සඳමහරජුගේ ඇමතියන්ගේ නිවෙස්හි පිළිසිඳ ගත්හ.

මහාබෝසතුන් පිළිසිඳ ගත් දා ඵුසතී දේවියට මෙවන් දොළදුකෙක් උපන. එනම් දන් දෙන්ට ඇති අධික ආශාව යැ. එසඳ ඕ සඳමහරජුට මෙසේ කීවාය. "මා ප්‍රියාදර මහරජාණන් වහන්ස, මසිතෙහි දන් දීමට මෙවන් දොළෙක් උපන. මේ ජයතුරා නගරයේ මහා දොරටු සතරක් ඇත්තේ නොවැ. ඒ සිව් දොරටුවේ දන්සැල් සතරක් කරවුව මනා යැ, ඊළඟට නගරයේ මැදත් දන්සැලක් කරවුව මනා යැ, මාළිගාවේ දොරටුව ඉදිරිපිටත් දන්සැලක් කරවුව මනා යැ. ඒ එක් එක් දන්සැලකට දිනපතා කහවණු ලක්ෂයක වියදමින් දන් දෙන්ටත් ඕනෑ ය. දන්සැල් සයට මැ දිනපතා සය ලක්ෂයක වියදමත් ඕනෑ ය. මම් මෙලෙසින් දන් දෙන්ට ආශා ඇත්තෙමි."

එකල්හි සඳමහරජු නිමිති කියන බමුණන් කැඳවා සිය දේවියගේ දොළදුක ගැන විමසා සිටියේය. ඔවුහු මෙසේ කීහ. "භවත් මහරජුනි, දේවියගේ දොළදුක් ආශාව අනුව පෙන්නුම් කරන්නේ දන් දීමට ආශා ඇති මහා පින්වත් කුමරෙකු පිළිසිඳගෙන ඇති බවයි. එසේයැ. මෙකුමරු කොපමණ දන් දෙන නමුත් සෑහීමකට පත් නොවන්නෙකි. හේ තව තවත් දන් දෙන්ට ම ආශා කෙරෙයි."

"ඉතා මැනවි... මා කැමතියි දන් දීමෙහි ඇලී සිටින පුත් කුමරෙකුට" කියා සඳමහරජු ඵුසතී දේවිය කියූ අයුරින් ම දන්සැල් පිහිටුවා දිනපතා සය ලක්ෂයක් වියදමින් දන් දෙන්ට සැලැස්වීයැ.

මහබෝසතුන්ගේ පිළිසිඳ ගැනීමෙන් පසු සඳමහ රජහුගේ ආදායම අසීමිත ලෙස ඉහළ නැංගේය.

බෝසතුන්ගේ පින් බෙලෙන් මුළු දඹදිව ඒ ඒ පළාත්වල රජවරු විවිධාකාර තෑගි භෝග එවන්ට පටන් ගත්තාහුය.

මහත් ඉහළින් ගබ් පෙළහර පවත්වා දස මසක් ගෙවුනු කලැ ඵුසතී දේවියට ජයතුරා නුවර බලන්ට ආශායෙක් උපන. ඒ වග දැනගත් රජතෙමේ දෙව්පුරයක් සෙයින් ජයතුරා නුවර මොනවට සරසා අලංකාර රථයෙක දේවිය නංවා නගරය ප්‍රදක්ෂිණා කරවීය. දේවිය නංවාගත් රථය වෛශ්‍ය කුලයට අයත් වෙළඳ වීදියේ ගමන් ගනිද්දී වීදි මධ්‍යයෙහිදී දරුවා බිහිවෙන ලකුණු පහළ වියැ. රජතෙමේ එය සැලවූ සැණින් වෛශ්‍ය වීදියේ ම ප්‍රසූතිකාගාරයෙක් පිළියෙල කරවීයැ. ඒ තුළට වැදුනු ඕ කනක රුවෙක් වන් සුන්දර පුත් රුවනක බිහිකළාය. ඒ පිළිබඳ ගාථායෙන් වදාළේ මෙසේය;

015. බෝසතුන් දරා සිටි මව්කුසට දස මසෙක් ගෙවුනේය. එකල්හි ඵුසති දේවියට ජයතුරා නගරයෙහි වීථි සංචාරය කරන්ට ආශායෙක් උපන. එදා වීථි සංචාරය කරමින් සිටියදී වෙළඳුන්ගේ වීථිය මැද වෙසතුරු ආත්ම භාවයේ මාගේ උපත සිදුවිය."

මව්කුසින් බිහිවෙන කල්හි බෝසතුන් කැතකුණු රහිත වැ මනා පිරිසිදුවට බිහි විය. එමතු ද නොවේ. මව්කුසින් බිහිවුන සැණින් මනාව නෙත් විවර කොට විදහා වටපිට බැලී යැ. අත දිගු කොට සිඟිති මුව විවර කොට මිහිරි සරින් හඬ ගා කීය. "මෑණියනි, මම් දන් දෙන්ට කැමැත්තෙමි. කිමැ... දීම පිණිස කිසිවක් ඇත්ද?"

"මාගේ පුත් කුමරුනි, තොපට සිත් සේ දන් දෙන්ට පුළුවනි" යි පැවසූ ඵුසතී දේවී තොමෝ ඒ මොහොතේ

මැ දහසෙක් කහවණු පිරි පසුම්බියෙක් සිඟිති අත්ලෙහි තැබුවාය.

අප මහබෝසත් තෙමේ ආත්මභාව තුනකදී උපන් සැණින් කථා කෙළේය. එකක් උම්මග්ග ජාතකයේදී යැ. අනික මෙම වෙස්සන්තර ජාතකයේ යැ. තුන්වැනිවැ කථා කළේ සම්බුදු බව ලද අවසන් ආත්මයේ යැ.

වෛශ්‍ය කුලයට අයත් වෙළඳ වීථියෙහි මහබෝසතුන්ගේ උපත සිදු වූ හේතුවෙන්, නම් තබන මංගල්‍යයේදී කුමරුට 'වෙස්සන්තර' යන නම ලැබුණි. වෙස්ස යනු වෛශ්‍ය හෙවත් වෙළඳ යන අරුත යැ. වෙස්සන්තර යනු වෙළඳ කුලයන් අතර සිට උපන් කුමරා යන්න ය. ඒ වග ගාථායෙන් මෙසේ කියැවෙයි;

016. වෙසතුරු යන නාමය මාගේ මව් පාර්ශ්වයෙන් ලද නමක් නොවෙයි. එසේම පිය පාර්ශ්වයෙන් ලද නමකුත් නොවෙයි. මා එදා උපන්නේ වෙළඳුන් වාසය කරන වීථියේ යැ. එනිසා යැ වෙස්සන්තර යන නාමය මට ලැබුණේ.

මහාබෝසතුන් උපන් දා අහස් ගමන් ඇති එක්තරා කණේරුකා ඇතින්නියක් අතිශයින්ම මංගල සම්මත, මුළුමනින් ම සුදෝ සුදු ධවල ඇත්පැටවෙකු ගෙනවුත් සඳමහරජහුගේ මඟුල් ඇතා සිටි තැන දමා ගියාය. පුත්කුමරු උපන් දා ලද හෙයින් ඒ ඇත්පැටියාට 'පච්චය' යන නම ලැබුණේය.

සිවි රජතෙමේ සිය පුත්කුමරුට කිරි පෙවීම පිණිස දොස් රහිත කිරිමව්වරුන් හැටහතර දෙනෙකු පත්කළේය. පුත්කුමරා උපන් දා ම උපත ලද සැටදහසෙක්

සිඟිත්තන්ට ද කිරිමව්වරුන් ලබාදුනි. මෙසේ වෙසතුරු කුමරු මහත් හරසරින් යුතුව අමාත්‍ය කුමාරවරුන් සමග ඇතිදැඩි විය.

දිනක් රජතෙමේ කහවණු ලක්ෂයක් වටිනා කුමර පළඳනාවෙක් කරවා කුමරහුට තෑගි කෙළේය. එකල කුමරුගේ වයස අවුරුද්දෙකි. හේ එය ගලවා කිරිඅම්මාවරුන්ට තෑගි දුනි. ඔවුහු එක්වර ම එය ගන්ට අකැමැති ව සඳමහරජුට සැළකළෝය. "කම් නැත.... මා පුත්කුමරු නොවැ තොපට පළඳනාව දුන්නේ. කම් නැත.... මපුතු දුන් එය තොප ලද ශ්‍රේෂ්ඨ දායාදයෙකි. බ්‍රහ්මදායාදයෙකි. එය එසේ මැ වේවා! මපුතුට වෙන පළඳනායෙක් දෙන්නෙමි" කියා රජතෙමේ නව පළඳනාවක් කුමරුට දුන්නේය. කුමර තෙමේ එය ද කිරිමව්වරුන්ට තෑගි දුනි. ළදරු වයසේ සිටි කුමරු සිය පළඳනා නව වතාවෙක් මැ කිරිමව්වරුන්ට දුන්නේය.

එසඳ වෙසතුරු කුමරහුගේ වයස අට අවුරුද්දෙකි. එදා කුමරතෙමේ සිරි යහනේ පළඟක් බැඳ අසුන් ගෙන දන් දෙන අයුරු සිතන්ට පටන් ගත්තේය. 'එසේයැ.... මම් දන් දෙන්ට ඉතා කැමැත්තෙමි. සිරුරේ ඕනෑ ම අවයවයෙක් මැ දන් දෙන්ට කැමැත්තෙමි. එසේයැ.... ඉදින් කිසිවෙකු හෝ මාගෙන් හද ඉල්ලා සිටියි නම් එය ද මම ළය පළා දන් දෙමි. කිසිවෙකු හෝ මා නෙතු සඟල ඉල්ලා සිටියි නම් එකල්හි මම් නෙත් උපුටා දන් දෙමි. එසේයැ.... කිසිවෙකු හෝ මගේ මුළු සිරුරෙහි මාංශ ඉල්ලා සිටියි නම් මඟුල් කඩුව ගෙන මස් ලියා දන් දෙමි. එසේයැ.... මේ අයුරින් මම් දන් දෙන්ට කැමැත්තෙමි' ආදී වශයෙන් සිතමින් හුන්නේය.

කුමරහුගේ දාන චේතනා බලයෙන් යොදුන් දෙලක්ෂ සතළිස් දහසකට අධික වූ මේ ඝනකඩ මහ බොල් පෘථිවි තොමෝ මද කිපී ගිය ඇත්රජෙකු ගර්ජනා කරන සෙයින් කම්පා වූවාය. එමෙන්ම මනාව තෙමී ගිය වේවැල් පැළයක් පහතට නැවෙන සෙයින් සිනේරු පර්වතරාජයා ජයතුරා නුවර දෙසට නැමී නෘත්‍ය දක්වන්ට විය. පොළොව සොළවා, අහස ගුගුරා ක්ෂණික වැස්සෙක් ඇදහැලුනේය. විදුලි කෙටිලි පැතිරුනේ යැ. සයුරු රළ නොනැවතී නැටුවේ යැ. සක් දෙව්රජතෙමේ අත්පොළසන් දුනි. මහබඹ තෙමේ සාදුනාද දුනි. බඹලොව දක්වා මහත් ඝෝෂායෙක් පැතිරැ ගියේ යැ. ගාථායෙන් එය මෙසේ කියැවෙයි;

017. එකල මම් අට හැවිරිදි වීමි. එදා ප්‍රාසාදයේ සිරියහන මත පළඟක් බැඳ වාඩිවී දන් දෙන්ට කැමති අයුරු සිතමින් සිටියෙමි.

018. එසේයැ... කිසිවෙකු හෝ මවෙත අවුත් මහද ඉල්ලා සිටී නම් දෙවරක් නොසිතා ළය පළා හද උපුටා දෙමි. එසේම මා නෙතු සඟල ඉල්ලා සිටී නම් එය ද උපුටා දෙමි. මේ සිරුරෙහි මස් වුව ද කම් නැත. රුධිරය වුව ද කම් නැත. යමක් යමක් ඉල්ලා සිටී නම් ඒ ඒ දෙය දෙමි. කිසිවෙකු මේ කය වුව ද ඉල්ලා සිටී නම් දාස බවට පමුණුවා පවරා දෙමි.

019. මා එදා නොසැලුණු සිතින් යුතුව, නොනවත්වා ම දන් දීම පිළිබඳ යැ සිත සිතා සිටියේ. එකල්හි සිනේරු පව්ව නමැති මුදුන්මල්කඩින් යුතු මහා පෘථිවි තොමෝ කම්පිත වැ සැලී ගියා යැ.

මහබෝසත්හුගේ වයස දහසය වන විට සෑම ශිල්පයන්හි ම මනා නිපුණත්වයෙක් ලබන්ට හැකි විය. එසඳ සඳමහරජතෙමේ සිය වෙසතුරු පුතු හට රාජ්‍යය පවරන්ට කැමති වූයේය. ඵුසති දේවිය හා ඒ ගැන කථා කළේය. මද්ද රාජ කුලයෙන් ම මද්දී නමැති සුරූපී රාජ කන්‍යාව කැඳවාගෙන අවුත් දහසය දහසක් ස්ත්‍රීන් අතර ඕ මුල් තැන තබා ඇයට වෙසතුරු කුමරහුගේ අගමෙහෙසී තනතුර දුන්නේය. මෙසේ වෙසතුරු කුමරු සිවි රාජ්‍යයේ මහරජු ලෙස අභිෂේක කරන ලදී.

මහබෝසත් තෙමේ රජකම ලද දා පටන් දිනපතා කහවණු සය ලක්ෂයක් වියදම් කොට ඵුසතී මව් දේවිය දන් දුන් සෙයින් සය තැනෙක මහදන් පැවැත්වී යැ. මඳ කලෙකින් මද්දී අගමෙහෙසිය මනහර පුත්රුවනක බිහිකළාය. පුත්කුමරු උපන් දා රන් හූයෙන් කළ සළුවෙකින් පිළිගත් හෙයින් සිඟිත්තාට 'ජාලී' යන නම ලැබුණි. ජාලී කුමරු දුවඇවිද යන වයසේදී මද්දී දේවිය තවත් පින්වත් දියණියක බිහි කළාය. සිඟිත්තිය පිළිගනු ලැබුයේ කාලවර්ණ අඳුන් දිවිසමින් කළ සළුවකිනි. එහෙයින් ඕ 'කණ්හාජිනා' යන නම ලද්දීය.

බෝසත් තෙමේ මසකට සය වතාවක් මනාව සැරසූ ධවල ඇත්රජු පිටෙහි නැගී සිය දන්සැල් බැලීමට යයි. එකලැ ඈත පිහිටි කලිඟු නම් රටැ දුර්භික්ෂයෙක් පැවැත්තේය. කුඹුරු වතුපිටි වැනැසී ගියේය. ආහාරපාන හිඟ වූයෙන් එහි දනන් හට ක්ෂුධාග්නියෙන් තැවි තැවී ඉන්ට සිදුවිය. ජීවත් විය නොහැකි මිනිස්සු සොරකම් කරන්ට පටන් ගත්තාහුය. දුර්භික්ෂයෙන් පීඩිත මහජනයෝ රාජාංගනයට රැස්වැ කෑගසා කීවාහුය. කලිඟු රජතෙමේ

ඇමතියන් අමතා මෙය ඇසීය. "කිම දරුවෙනි.... මහජනයා රාජාංගනයට රැස්වී කෑ කෝ ගසන්නේ මන්ද?"

"දේවයන් වහන්ස, දැන් කලෙක සිට වැස්ස නොවසී. එහෙයින් ජනපද පාලු වියැ. ගොයම් මැරුනේ යැ. ජනයෝ දුර්භික්ෂයෙන් පීඩිත වැ සිටිති. දිවියෙහි ශංකා ඇතිවැ සිටිති. ඔවුහු මෙහි අවුත් හඬ නගා කියන්නාහු වැසි ලබා දෙන ලෙස යැ."

"හොඳයි දරුවෙනි.... එසේ නම්.... අපි වැසි වස්සවමු" යි පැවසූ කලිඟු රජතෙමේ රාජ උද්‍යානයට ගොස් සිල් අදිටන් කොටැ උපෝසථ සමාදන් වැ සතියක් පුරා උපෝසථ සීලයෙහි පිහිටා වැසි ලබාදෙන ලෙස ආයාචනා කෙරෙමින් වැස්සවලාහක දෙවියන්ට උජ්ඣායනා කළ නමුදු නොවැස්සේ නොවැ වැසි!

එකල්හි රජතෙමේ නුවර වැසියන් රැස්කරවා "මහජනතාවෙනි.... බලව්.... මම් සත් දිනක් මැ උපෝසථ සිල් අදිටන් කොට වැස්සවළාහක දෙවියන්ට කොතෙකුත් උජ්ඣායනා කළ නමුත් වැස්ස නොලැබුණේය. දැන් අපි කුමක් කරමෝ ද?"

"දේවයන් වහන්ස, ඉදින් නුඹවහන්සේට පවා වැසි වස්සවන්ට නොහැකි වූ සඳ අපි කෙසේ නම් වස්සවමු ද? වැලිදු දේවයෙනි, තව කරුණෙක් ඇත්තේය. එය කරගත හැකි වුවහොත් ඒකාන්තයෙන් වැසි වසිනු ඇත.

දේවයන් වහන්ස, සිවි රටැ ජයතුරා නුවර සඳමහරාජපුත්‍ර වූ වෙසතුරු නම් නිරිඳෙක් තෙමේ දානයට මැ ඇලී ගිය සිතින් වසත් ලු. හේ දන් දෙන්ට මැ සැදී පැහැදී සිටිත් ලු. සිවි රටට නම් වැස්සෙන් අඩුවෙක්

නැත්තේය. ඒ මක් නිසා ද යත්, වෙසතුරු නිරිඳු හට සර්වාංගය ම ශ්වේත වර්ණ වූ ධවල හස්තිරාජයෙක් සිටියි. ඒ ඇතු යන සෑම තැනකට ම වැස්ස වසිත් ලු.

දේවයන් වහන්ස, අප බමුණන් සිවිරටට පිටත් කොට යැව්ව මැනව. ඒ ධවල ඇත්රජු ඉල්ලාගෙන මෙරටට ගෙන එන්ට කිව්ව මැනව. එකල්හි අපට ද වැස්සෙන් අඩුයෙක් නොවන්නේ යැ."

"හෝ.... එය නම් මනා වූ කරුණෙකි. අපිදු එසේ කොට බලමු" කියා කලිඟු රජතෙමේ බමුණන් කැඳවා යැදීමෙහි බුහුටි වූ අට දෙනෙකු බමුණන් තෝරා ඔවුන්ට මෙය පැවසීය. "භවත් බමුණනි, මෙය මැනවින් අසව්. මෙය භාරදූර රාජකාරියෙකි. මේ මග වියදම් ගෙන තෙපි සිවිරටට යව්. එහි ජයතුරා නගරයෙහි දන් දීමෙහි ඇලුණු වෙසතුරු නම් නිරිඳෙක් ඇත්තේය. තෙපි ඒ නිරිඳු බැහැදැක ඔහු සතු ධවල ඇත්රජු ඉල්ලා මෙහි කැඳවාගෙන එව්. එකල්හි මෙරටට ද වැසි වසිනු ඇත!"

බමුණෝ අට දෙන කලිඟු රටෙන් නික්මැ සිවි රටට අවුත් ජයතුරා නුවරට ද පැමිණියෝය. වෙසතුරු නිරිඳහුගේ දන්සැලින් බත්කිස කොට පොහෝ දින තෙක් බලා සිටියෝය. පොහෝ දවස පැමිණියේය. ඔවුහු සියොළඟ ධූලි තවරාගෙන වෙසතුරු නිරිඳුන් සැපත්වන තුරු පෙරදිග දොරටුව වෙත අවුත් බලා සිටියෝය.

වෙසතුරු නිරිඳාණෝ ඒ පුන් පොහෝ දා හිමිදිරියේ සුවඳ පැන් දහසය කළයක් ස්නානය කොට හීල වළඳා අගනා වතින් සැරසී, එසෙයින් ම සරසවන ලද ධවල මඟුල් ඇත්රජු පිටැ නැගී පෙරදිග දොරටුවට පැමිණියහ. එනමුදු නිරිඳුන් බැහැදකින්ට බමුණන්ට ඉඩෙක් නොලැබුණි.

එසඳ ඔවුහු වහා දිවැ නගරයෙහි දකුණු දොරටුව වෙත ආවෝය. රජුට පේන මායිමේ පොළොවේ උස් තැනෙක සිට දකුණු දොරටුව වෙත රජු සැපත්වන තුරු බලා සිටියෝය. වෙසතුරු නිරිඳු දකුණු දොරටුව වෙත සපැමිණි කල්හි බමුණෝ අට දෙන දෑත් උඩට ඔසොවා අත්ල දිග හැර එක්පැහැර හඬින් "භවත් වෙස්සන්තර මහරජාණෙනි, තොපට ජය ශ්‍රී! භවත් වෙස්සන්තර මහරජාණෙනි, තොපට ජය ශ්‍රී!" කියා හඬ ගසා කියන්ට පටන් ගත්තාහුය.

වෙස්සන්තර නිරිඳු තෙමේ ඒ බමුණන් දෙස බලා ඔවුන් සිටි තැනට ඇත්රජු මෙහෙයවීයැ. ඇතා පිට සිටියදී මැ මේ ගාථාව ඇසීය.

020. දිගට වැවී ඇත්තේ යැ මේ බමුණන්ගේ කිසිලි ලොම්. වැවී ඇත්තේ යැ නියපොතු ද. වැවී ඇත්තේ යැ සිරුර පුරා ද ලොම්. බැඳී ඇත්තේ යැ දත් මළ. තැවැරී ඇත්තේ යැ හිසැ ධූලි. මේ බමුණෝ දකුණු අත්ල උඩට ඔසොවා මාගෙන් කුමක් නම් ඉල්ලා සිටිත් ද?

එසඳ බමුණහු බැගෑ හඬින් වෙසතුරු නිරිඳුට මේ ගාථාව පැවසුවෝය.

021. සිවි රටට සමෘද්ධිය ගෙනා දේවයෙනි, අපිදු දුර ඈත කලිඟු රටින් මෙහි අඟනා වස්තුවෙක් සොයා ආයෙමු. අනේ මහරජුනි.... නගුලිසක් වන් මහ දළ යුගළක් ඇති, මනා ලෙස බර ඉසිලිය හැකි මේ ධවල මඟුල් ඇත්රජු අපට දානයට දෙනු මැන.

එය ඇසූ වෙසතුරු නිරිඳු මෙසේ සිතීය. 'මා මග බලා සිටියේ මාගේ සිරුරෙහි හිස වැනි කිසියම් ආධ්‍යාත්මික අවයවයක් දන් දෙන්ට ය. එනමුදු මේ බමුණෝ බාහිර දෙයක් මැ ඉල්ලා සිටිති. කම් නැත. මම මොවුන්ගේ මනෝරථය මුදුන්පත් කර දෙමි' යි කියා ඇතු පිට සිටියදී ම මේ ගාථාව පැවසීය.

022. බමුණනි, තෙපි මාගෙන් යමක් ඉල්ලා සිටින්නහු ද එනම් මද වැගිරෙන, ඉතා මනහර සුවිසල් දළ යුගළක් ඇති, උතුම් රාජවාහනය වූ මේ ධවල ඇත්රජු යැ. එසේයැ... නොසැලුණු සිතින් යුතුව මම් මේ ඇත්රජු තොපට දෙන් දෙමි." යි පැවසුවේය.

ඉක්බිති වෙසතුරු නිරිඳු තෙමේ අලංකාර ධවල ඇතුගේ පිටෙන් බිමට බැස්සේය. බැස තුන් වටයක් ඇත්රජු පැදකුණු කොට නොසරසන ලද කිසියම් තැනෙක් ඇත්දැයි විමසා බැලී යැ. නොසැරසූ තැනෙක් දැකගන්ට නොහැකි විය. අනතුරුව වෙසතුරු නිරිඳාණෝ පිච්ච මලින් සුවඳ කැවූ පැන් පුරවන ලද රන් කෙණ්ඩිය අතට ගෙන "භවත් බමුණනි, මෙදෙසට එනු මැනව" කියා ළඟට කැඳවා මනහර රිදී දමක් බඳු ධවල ඇත්රජහුගේ සොඬ ඔවුන් අත තබා රන් කෙණ්ඩියෙන් සුවඳ පැන් අතට වත්කොට ඒ ධවල ඇත්රජු දන් දුන්නාහුය!

023. සිවි රටැ ශ්‍රීය සැලසූ වෙසතුරු මහනිරිඳු දානාශක්ත මනසින් දානය ම සිහිකොට වාසය කළේය. එහෙයින් එදා දකුණු දොරටුව අසළ ඇත්කඳින් බිමට බැස ඇත් රජු ඉල්ලා තමා වෙත ආ බමුණු පිරිසට සුදෝසුදු මඟුල් ඇත්රජු දන් දුන්නේය.

ඒ ධවල ඇත්රජහුගේ සැරසිලි විස්තර මෙසේ යැ; පා සතරේ ඇති පා සැරසිලිවල අගය එක පාදයකට කහවණු ලක්ෂය බැගින් හාර ලක්ෂයෙකි. ඇත්කඳ යට බැඳි කම්බිලියේ අගය ලක්ෂයෙකි. ඇත්රජු සැරසූ මුතුසළුව, රන්සළුව, මැණික් සළුව යන තුන් සළුව තුන් ලක්ෂයෙකි. කන්පෙති දෙපස එල්ලා වැටෙන රන්සීනුවලට ලක්ෂයෙකි. පිට මත අතුරන කම්බිලිය ලක්ෂයෙකි. ඇත්කුඩ පළඳනාවට ලක්ෂයෙකි. කුඩය මත තිබුණු මුදුන්මල් තුනට තුන් ලක්ෂයෙකි. කන්පෙති මත සැරසිලිවලට දෙලක්ෂයෙකි. ඇත්සොඬේ සැරසිල්ලට ලක්ෂයෙකි. එබඳු අනර්ඝ භාණ්ඩ තිබුණි. ඒවා හැර ඇතු සරසන්ට වියදම කහවණු විසිදෙලක්ෂයෙකි. ඇතු පිට නගින හිණිමගට ලක්ෂයෙකි. ඇතුගේ අහර බඳුනට ලක්ෂයෙකි. මෙපමණකින් සූවිසි ලක්ෂයෙකි. එසේම ඇතු පිට වාඩිවෙන අසුන, සෙවණ දෙන ඡත්‍රයේ ඇතුල් මැණික, උඩ චූඩා මාණික්‍යය, මුතුවැල්, ඇත්හෙණ්ඩුවේ මැණික, ඇත්ගෙල පළඳනාවේ මුතුවැල්, ඇත්කුඹේ මැණික වශයෙන් අනර්ඝ වස්තු සයෙකි. ධවල ඇත්රජු සමග අනර්ඝ වස්තු සතෙකි!

වෙසතුරු නිරිඳු සිය ධවල ඇතු සමග ඒ සියලු වස්තුව බමුණන්ට දන් දුන්නේය. හස්තිමෙණ්ඩක, හස්තිගෝපක ඈ ඇත්රජුට උවටැන් කරන ඇත්පිරිවර සේවක පවුල් පන්සියයෙක් ද ඇතු සමග මැ දන් දුන්නේය. ඒ දානය දුන් කෙණෙහි පහත දැක්වෙන අයුරින් පොළොව කම්පා විය.

024. එකල්හි වෙසතුරු නිරිඳු මඟුල් ඇතා දන් දුන් සැණින් මහ පොළොව සැලී කම්පා විය. බියජනක හඬ පැතිරුණේ යැ. ලොමුඩහගැනුම් ඇතිවූයේ යැ.

025. එකල්හි වෙසතුරු නිරිඳු මඟුල් ඇතා දන් දුන් සැණින් මුළු ජයතුරා නුවර ම සැලී කම්පා විය. බියජනක හඬ පැතිරුණේ යැ. ලොමුඩහගැනුම් ඇතිවූයේ යැ.

026. සිවි රටේ සිරි සෙත සදනා වෙසතුරු නිරිඳු සිය මඟුල් ඇතු දන් දුන් සැණින් මුළු ජයතුරා නුවර ම අවුල් ව කලබලයට පත්විය. දානයට එරෙහිව මහා ඝෝෂායෙක් පැනනැංගේය.

වෙසතුරු නිරිඳුන් ධවල ඇත්රජු දන් දුන් සැණින් මුළු මහත් ජයතුරා නුවර ම කැළැඹී ගියේය! දකුණු දොරටුවේදී ඇත්රජු ලද බමුණෝ ඒ මොහොතේ ම ඒ මඟුල් ඇත්රජු පිට හිඳගත්තෝය. ඔවුන් ලද පරිවාර ජනයා ද පිරිවරා නගරය මැදින් පිටත් වූවෝය. එසඳ සිවි නුවර වැස්සෝ බමුණන්ට එරෙහිව දොස් කීවාහුය. "එම්බල බමුණනි, තෙපි අපගේ මේ සිවි රටෙහි මහා අනගි වස්තුව වන මංගල ඇත්රජු පිට නැගී.... අහෝ තෙපි අපගේ ඇත්රජු ගෙන කොහේ යව් ද? ඔය ඇත්රජු අපේ යැ. තොපේ නොවේ!"

"එම්බල මිනිසුනි, කවරහු ද තෙපි? කවරේ ද වෙසතුරු නිරිඳු? මේ ඇත්රජු අපට දන් දුන්නේ තොප නොව, තොපගේ වෙසතුරු මහනිරිඳාණෝ යැ! දනිව් තෙපි." කියා ඒ බමුණහු සිවිරටවැස්සන් හට හස්තවිකාරාදියෙන් උසුළු විසුළු කෙරෙමින් නගරය මැදින් ගොස් උතුරු දොරටුයෙන් නික්මැ කලිඟු රට බලා පිටත් වැ ගියෝය.

එසැණින් මාරපාක්ෂික දේවතාවෝ සිවිනුවරවාසීන්ට අවේශ වූවෝය. ඒ ආවේශයෙන් ලත් ආවේගයෙන්

රටවැස්සෝ දානයට එරෙහි වූහ. එවන් මහදනක් පිදූ බෝසතුන් කෙරෙහි බලවත්ව කිපුණෝය. කෝපයෙන් වියරු ව දත් සපමින් අවුත් රජවාසල ඉදිරිපිටදී වෙසතුරු නිරිඳුට එරෙහි වැ මහහඬින් කෑගසන්ට පටන් ගත්තාහුය. ඒ පිළිබඳ ගාථායෙන් මෙසේ සඳහන් වෙයි.

027. වෙසතුරු නිරිඳු මඟුල් ඇත්රජු දන් දී මොහොතකුදු ගත නොවූයේය. මහා පොළොව සැලී කම්පා විය. එසැණින් ම ජයතුරා නගරවාසීහු ඇත්රජහුගේ දන් දීමට එරෙහිව නැගී සිටියෝ යැ. වෙසතුරු නිරිඳු කෙරෙහි බලවත් ලෙස විරෝධය පලකළෝ යැ.

028. වෙසතුරු නිරිඳා ධවල ඇත්රජු දන් දුන් සැණින් මුළු ජයතුරා නුවර ම වියරුවෙකින් මෙන් ඇලලී ගියේ යැ. එසඳ ජයතුරා නගරවාසීහු ඇත්රජු දන් දීමට එරෙහිව වෙසතුරු නිරිඳුන්ට දැඩි ලෙස දෝෂාරෝපණ කළෝය.

029. සිවි රට ශ්‍රීය සැලසූ වෙසතුරු නිරිඳු ධවල ඇත්රජු දන් දුන් සැණින් ජයතුරා නුවරවාසීහු එවන් දානයක් දුන් වෙසතුරු නිරිඳුන්ට එරෙහිව දැඩි අමනාපය පළකළෝය.

අප වෙසතුරු නිරිඳා එදා දුන් මහ දානය අනුමෝදන් වීමට හෝ සිවිරටවාසීන්ට ඉඩක් නොලැබුණේය. මාරපාක්ෂික දෙවියන්ගේ බැල්මට ඔවුහු හසුවූහ. එහෙයින් ඔවුහු දැඩි ලෙස කැළැඹුණෝය. වෙසතුරු නිරිඳු කෙරෙහි දැඩි කෝපය හටගත්තේය. ද්වේෂය හටගත්තේය. වෙසතුරු නිරිඳුගේ පියරජු වන සඳමහරජු වෙත ගොස් මෙසේ සැලකළෝය. එය ගාථාවලින් මෙලෙසින් දැක්වේ.

030. වෙසතුරු නිරිඳුන් හට එරෙහි වූ ජනයා මෙලෙසින් පෙළගැසුණෝය. එහි එදිරි වූවන් අතර රජයේ ඉහළ තැන් හෙබැවූවෝ සිටියෝය. රජදරුවෝ ද සිටියෝය. වණික් ජනයෝ ද සිටියෝය. බමුණෝ ද සිටියෝය. ඇත්, අස්, රිය, පාබල යන සිව්රඟ සේනා හසුරුවන්නෝ ද සිටියෝය. ඔවුහු වෙසතුරු නිරිඳුට එරෙහිව පෙළගැසුණෝ මහදානයෙක් දුන් නිසා යැ.

031. වෙනත් බොහෝ පිරිස් ද වෙසතුරු නිරිඳුට එරෙහි වූවෝය. ඔවුන් අතර මුළු නියම්ගම්වැසියෝත් සිවිරටවැසියෝත් සිටියෝය. මඟුල් ඇත්රජු කලිඟු රටට රැගෙන යන බමුණන් දුටුවිට ඔවුහු ක්‍රෝධයෙන් වියරු වැටුණෝය. සඳමහරජු වෙත ගොස් වෙසතුරු නිරිඳුට එරෙහිව පැමිණිලි කළෝය.

032. අහෝ...! දේවයන් වහන්ස, බලනු මැනව නුඹවහන්සේගේ පුත්‍ර තෙමේ, වෙසතුරු නිරිඳු තෙමේ නුඹවහන්සේගේ විජිතයට මහවිපතක් කළ සැටි! ඒ දිව්‍ය වූ ධවල ඇත්රජු සිවිරට වාසීහුගෙන් කෙතරම් නම් පිදුම් ලැබී ද! අහෝ...! තොපගේ වෙසතුරු නිරිඳා ඒ ඇත්රජු වෙන දුරු රටකට දන් දුන්නේ කෙලෙස ද?

033. අපගේ ඒ ඇත්රජහුගේ මහා දළයුගල නගුලිස බඳු යැ. හේ ඕනෑම බරෙක් උසුලයි. කවර හෝ යුදයකදී සිය ජයබිම මැනවින් දකියි. හේ සර්වාංගය ම ශ්වේත වර්ණ වූ මනා ඇත්රජෙකි. අහෝ...! එවන් ඇත්රජහු වෙනත් රටකට කවර සිතකින් දුන්නේ ද?

034. අපේ මඟුල් ඇත්රජු පිට මත රත්පැහැ කම්බිලියක් අතුරා තිබුණි. මනකල් දළ යුග සුදු පැහැ සෙමෙරින් සරසා තිබුණි. මද වැගිරෙන ඇත්රජු සතුරු බලය මැඩලයි. කෙලාසකූටය බඳු සුදෝසුදු එවන් ඇත්රජු දුන්නේ නොවටිනා දෙයක් සෙයින් නොවැ.

035. අපේ මඟුල් ඇත්රජු සුදු සේසත් යට, සුදු පාවඩ මත, උඩුවියන් සහිතව ගමන් කෙළේය. උවැටැනට ඇත්වෙද්දු ද පිරිස් සමග ඇත්ගොව්වෝ ද සිටියෝ යැ. නිරිඳුන් උසුලා යන උතුම් වාහනය එය යැ. එවන් අනගි වස්තුවෙක් කලිඟු බමුණන්ට දුන්නේ නොවටිනා දෙයක් සෙයින් නොවැ.

මේ අයුරින් වෙසතුරු මහරජහුගේ දනට එරෙහිව සිවිරටවැසි සියල්ලෝ ඝෝෂා කරන්ට පටන් ගත්තෝය. මෙලෙසිනුත් කීහ.

036. මහරජුනි, නුඹවහන්සේගේ පුත්‍ර වූ වෙසතුරු නිරිඳා ආහාර පාන, වස්ත්‍ර, කුටි සෙනසුන් ආදිය දන් දීම මැනවි. දන් දියැ යුත්තේ එවන් දෑ නොවේ ද? බමුණන් හට සුදුසු ද එවන් දෑ යැ.

037. අහෝ සඳමහරජාණෙනි.... නුඹවහන්සේගේ රාජ්‍යය රාජවංශ පරපුරෙන් පැමිණි දෙයක් නොවෙයි ද? එවන් මහාරාජ පදවිය ඇත්තේ සිවිරටෙහි ශ්‍රීය උදෙසා යැ. අහෝ... අප සිවි රටෙහි ශ්‍රීය සැලසූ ඇත්රජු.... කෙසේ නම් දන් දුන්නේ ද!

038. ඉදින් සඳමහරජාණෙනි, සිවිරටවැසියන්ගේ ඒකායන ආයාචනය මෙය යැ. එය නුඹවහන්සේ ඉටුකළ යුත්තේ මැ යි. එසේ නොකළහොත් සිවිරටවැස්සෝ

වෙසතුරු රාජපුතු හා නුඹවහන්සේව ද ඔවුන්ගේ යටතට ගනු ඇත.

කෝපාග්නියෙන් දිලිහී ගිය සිවිරටවැස්සෝ එක්වැ රොද බැන්දෝය. ඔවුන් දැඩි කෝපයෙන් වෙසතුරු නිරිඳුට එරෙහිව කරන ඝෝෂා සඳමහරජු සාවධානව අසා සිටියේය. එකල සඳමහරජුට සිතුනේ ඔවුන් තමන්ට කියන්නේ වෙසතුරු රජු මරා දැමීමට කැමතිව සිටින්නාහු ය කියා ය. එයට පිළිතුරු ලෙස සඳමහරජු මෙසේ පැවසීය.

039. එම්බා රටවැසියෙනි, සැබැවින් මැ මා හට මේ ජයතුරා ජනපදය අවැසි නැත්තේ යැ. සිවිරට නැසී ගිය ද මට කම් නැත. වැලිදු සිවිරටවැසියන්ගේ පරොස් බස් ගෙන මම් නිර්දෝෂී රාජපුත්‍රයා පිටුවහල් නොකරමි. ඔහු මාගේ ඖරස පුත්‍රයා යැ.

040. එසේයැ... සැබැවින් ම මේ ජයතුරා ජනපදය මට අවැසි නැත. සිවිරට නැසී ගිය ද මට කම් නැත. සිවිරටවැසියන්ගේ පරොස් බස් ගෙන මම් කෙසේ නම් රාජපුත්‍රයා පිටුවහල් කරම් ද? ඔහු උපන්නේ මා නිසා යැ.

041. මාගේ පුත්‍රයා හට මම් කිසිදා ද්‍රෝහී නොවෙමි. හේ උතුම් සිල් ධරයි. සිවිරටවැස්සන්ගේ බසින් රාජපුත්‍රයාගේ දිවියට හානි කළහොත් මට ද මහ නිගාවෙකි. මහ පවෙකි. මම් කෙසේ නම් මාගේ රාජපුතු ආයුධයෙන් පහර දී මරවන්නෙම් ද?

එසඳ සඳමහරජහුගේ වදන් ඇසූ සිවිරටවැස්සෝ එක්වන් හඬින් මෙය කීවෝය.

042. නැත... සඳමහරජුනි, දඬුවමින් හෝ අවියෙන් හෝ වෙසතුරු නිරිඳු නොනැසිය යුත්තේ යැ. එසේම සිපිරිගෙයක වුව සිර නොකිරීම මැනවි. එහෙත් ඔහු මෙරටින් පිටුවහල් කරලුව මැනව. ඔහු විසියැ යුත්තේ මෙරටෙහි නොව වංකගිරියේ යැ!

එකල්හි සංජය පියමහරජු එබස් අසා සැනසීමට පත්විය. සිය වෙසතුරු රාජපුතු නැසීමට ඕනෑකමෙක් රටවැසියන් තුළ ඇත්තේය කියා ය කලින් සිතුයේ. අඩුගණනේ සිය පුත්‍රයාව විජිතයෙන් පිටුවහල් කිරීමට ඔවුන් එකඟ වීම ගැන රජු සෑහීමට පත්වූයේය.

043. එසේයැ.... සැබැවින් මැ.... සිවිරටවැසියන්ගේ ඒකාන්ත කැමැත්ත එය නම් මම් ද ඔවුන්ගේ කැමැත්ත පිළිකෙව් නොකරමි. වැලිදු මාගේ වෙස්සන්තර රාජපුත්‍ර තෙමේ අද දවසේ මෙහි විසිය යුත්තේ යැ. මෙහි රැය ගෙවිය යුත්තේ යැ. රජමැඳුරේ ම ඔහුට සුවසේ කම්සුව විඳගන්ට ලැබේවා!

044. එසේ නම් රැය ගෙවී යාමෙන් පසු හෙට හිරු නැගී ආ කල්හි සිවිරටවැස්සෝ දැන් පැවසූ දෙයට සමගිව වෙසතුරු පුතු රටින් පිටුවහල් කෙරෙත්වා!

"එසේ නම්, සවන්දෙව් ජනතාවෙනි, වෙසතුරු රාජපුතු සිය බිසව්ටත් දරුසිඟිත්තන්ටත් ඔවදන් උවදෙස් දෙනු පිණිස අද දවසේ මාළිගයෙහි විසිය යුත්තේ යැ. ඒ සඳහා ඔහුට එක් රැයෙක් ඉඩ දෙව්."

"කම් නැත මහරජාණෙනි, වෙසතුරු නිරිඳා එක් රැයෙක් පමණක් ම මෙහි වෙසේවා!" කියා සිවිරටවැස්සෝ

සඳමහරජුට දන්වා සිටියෝය. සඳමහරජතෙමේ රටවැසියන් සංසිඳුවා ඔවුන්ව පිටත් කරවී යැ. වහා කාර්යභාර ඇමති කැඳවී යැ. මෙකරුණ දන්වා වෙසතුරු රාජපුතු වෙත හසුනක් යැවීය. හේ හසුන රැගෙන වෙසතුරු නිරිඳු වෙත ගොස් මෙය සැළකොට සිටියේය. ගාථායෙන් එය මෙසේ සඳහන් වෙයි.

045. "එම්බා කාර්යභාර ඇමතිය... වහා නැගිටුව. වහා එව. වෙස්සන්තර රාජපුත්‍රයා වෙත වහා ගොස් මෙය කියව. 'දේවයන් වහන්ස, තොප කෙරෙහි සිවිරටවැස්සෝ කිපී ගියාහුය. මුළු නියම්ගම්වැස්සෝ ද ඔවුන් හා එක් වී සිටිත්.

046. එසෙයින් ම ඉහළ නිලධාරීහු ද රජදරුවෝ ද වෙළෙන්දෝ ද බමුණෝ ද ඔවුන් හා එක් වී සිටිත්. එසෙයින් ම ඇත්, අස්, රිය, පාබල යන සිව්රඟ සේනා හසුරුවන්නෝ ද ඔවුන් හා එක් වී සිටිත්. ඔවුහු සියලු දෙන දැන් තොපට එරෙහි ව සිටිති.

047. එහෙයින් අද රැය ගෙවී ගිය පසු හෙට හිරු උදා වූ පසු වාද රහිත ව ඔවුහු සමගි වැ තොපව නිසැකව ම පිටුවහල් කරන්නාහ' යනුවෙන් වහා ගොස් දැනුම් දෙව."

048. සංජය පියමහරජතෙමේ සිය හසුන කාර්යභාර ඇමතියා අත පිටත් කළේය. එකල්හි කාර්යභාර ඇමතියා වහා සළුපිළියෙන් සැරසී මුතුපොට ගෙලෙහි දමා, සඳුන් කල්ක තවරා ගත්තේය.

049. හිසෙහි වතුර නා, තෙත් කෙස්වැටිය මුදා, මිණිකොඩොල් අබරණින් සැරසී වහා රම්‍ය නම්

නගරය බලා ගියේය. වෙසතුරු නිරිඳු වැඩහුන් ප්‍රාසාදයට ගොඩවිය.

050. එකල්හි අපගේ වෙසතුරු නිරිඳා තව්තිසා දෙවියන් මැද තුටුවන සක්දෙවිඳු සෙයින් තමා දුන් දානය පිළිබඳ ඇමතිවරුන් හා පවසමින් ප්‍රමුදිත ව සිටිනයුරු කාර්යභාර ඇමතියාට දකින්ට ලැබුණි.

051. හේ දානයෙන් ප්‍රමුදිත ව සිටින වෙසතුරු නිරිඳු වෙත හස්න සැලකර සිටියේය. "අහෝ... කමා වුව මැනව දේවයෙනි, නුඹවහන්සේගේ ළය කකියවන හසුනෙක් දැනුම් දීමට සිදු වැ ඇත්තේ යැ. ඒ ගැන මා කෙරෙහි නොකිපෙන සේක්වා!"

052. මෙසේ කියූ ඇමතියා වෙසතුරු රජුට වැන්දේය. හැඬූ කඳුළින් කියන්ට පටන් ගත්තේය. "අහෝ දේවයෙනි, නුඹවහන්සේ වනාහී කැමති හැම රස අපට ලැබ දුන් මාගේ ස්වාමියාණෝ ය. එහෙත් නුඹවහන්සේගේ හදට දුක් දෙන හසුනෙක් කියවන්ට සිදු වී ඇත්තේ මට යැ. අහෝ.... මා සැනැසුව මැනව.

053. දේවයෙනි, නුඹවහන්සේට එරෙහිව සිවිරටවැස්සෝ එක්වන් වැ පෙළගැසුනාහ. නියම්ගම්වැස්සෝ ද ඔවුන් හා එක්වූහ. ඉහළ නිලධාරීහු ද රජදරුවෝ ද බමුණෝ ද නුඹවහන්සේට එරෙහි ව ඔවුන් හා එක්ව ගියාහුය.

054. එමතු ද නොවේ. ඇත්, අස්, රිය, පාබල සිව්රඟ සේනා හසුරුවන්නෝ ද නුඹවහන්සේට එරෙහිව ඔවුන් හා එක්වූවෝය. කොටින් ම මුළු සිවිරටවැසියෝ ද

නිගම්වැසියෝ ද සියල්ලෝ නුඹවහන්සේට එරෙහි ව කෝපයෙන් මුළු දුන්නෝය.

055. අද රෑ ගෙවී ගිය පසු හෙට හිරු උදා වූ කල්හි සියලු සිවිරටවැස්සෝ එක්වන් වැ... අහෝ... අහෝ නුඹවහන්සේව පිටුවහල් කරන්ට නියම කරගත්තෝය!"

056. "එම්බා ඇමතිය, සිවිරටවැස්සෝ මා කෙරෙහි එරෙහි වූවාහු නමුත් මවිසින් කරන ලද කිසි වරදක් මට නොපෙනේ. ඇමතිය, මෙය මට මනාව දැනැගත යුත්තේය. එනම්, ඔවුහු රටින් මා පිටුවහල් කරන්ට කවර කරුණක් නිසා පෙළගැසුණෝ ද?"

එකල්හි කාරියකරවන ඇමති තෙමේ හැඬූ කඳුළින් මෙය කීවේය.

057. "අහෝ දේවයෙනි, ඉහළ නිලධාරීහු ද රජදරුවෝ ද වෙළෙන්දෝ ද බ්‍රාහ්මණයෝ ද සිව්රඟ සේනා හසුරුවන්නෝ ද සියලු ජනයෝ නුඹවහන්සේට එරෙහි වූවාහු අන් කරුණකට නොවේ. හැයි...! නුඹවහන්සේ මංගල ඇත්රජහු දන් දුන්නා නොවැ. එයට ඔවුහු කෝපයෙන් වියරු වැටුණෝය. නුඹවහන්සේ රටින් පිටුවහල් කරන්ට යන්නේ එනිසා යැ."

058. අහෝ ඇමතිය, මේ කිනම් කථායෙක් ද? ඔවැනි බාහිර දෙයක් දන් දීම ගැන ඔවුහු කුමකට නම් මුසුප්පු වෙත් ද? මා හට ළය පළා හද උපුටා දන් දිය හැකිය. මේ දෙනයන වුව දන් දිය හැකිය. රන් මුතු වෛරෝඩි මැණික් ආදී කවර හෝ ධනයක් දානය පිණිස මා දෙන්නේ මැ යි.

059. කිසිවෙකු හෝ මාගේ මේ දකුණු හස්තය දැක ඔය අත මා හට දුන මැනව යි ඉල්ලා සිටී නම් එය ද මම් දෙමි. දන් දීම නම් නොනවත්වා ම දෙමි. මාගේ සිත ආශා කරන්නේ දන් දීමට පමණි.

060. සැබැවින් මැ සිවිරටෙහි සියලු දෙන එකාවන් වැ මා රටින් පිටුවහල් කර දැමුව ද එයට කම් නැත. ඉදින් ඔවුහු සතුටු වෙත් නම් මා දිවි නසා දැමුව ද කම් නැත. සත් කඩකට මා කපා දැමුව ද කම් නැත. එහෙත් කිසි ලෙසකිනුත් මම් දන් දීම නොනවත්වමි!

බෝසතුන්ගේ වදන් ඇසූ කාර්යභාර ඇමති තෙමේ තව ගාථායෙකින් වෙන දෙයක් කීයේය. එය වනාහී වෙසතුරු නිරිඳහුගේ පියමහරජහු විසින් එවන ලද හසුනට අයත් නැත්තෙකි. සිවිනුවරවාසීනුත් නොඑවන ලද්දෙකි. එය ඔහුගේ සිතට ආ අදහසෙකි. හේ මෙය පැවසුවේ මාරපාක්ෂික දේවතාවුන්ගේ බැල්ම වැටීම නිසා ය.

061. "දේවයන් වහන්ස, සිවි රටවැසියෝ ද නිගම්වැසියෝ ද එක්ව නුඹවහන්සේට මෙසේ කීවාහුය. රටින් පිටුවහල් කරන්නවුන් පිටත්ව යන මාවතෙක් ඇත්තේය. එනම්, කොන්තිමාර නම් ගංතෙරෙන් ගොස් ආරන්දර පව්වට මුහුණලා යා යුත්තේ යැ. සොඳුරු පැවතුම් ඇති නුඹවහන්සේ ද ඒ මාවතෙන් වංකගිරියට යා යුතුයැ" යනුවෙනි.

එකල්හි මහබෝසත් තෙමේ මෙය කීවේය. "මැනවි... ඉතා මැනවි... වරදට දඬුවම් ලද්දෝ යම් මාර්ගයකින් යෙත් ද මම් ද ඒ මාවතින් මැ යෙමි. එසේමැ සිවිරටවැස්සෝ මා රටින් පිටුවහල් කරන්නාහු මවිසින්

කරන ලද වෙන වරදෙක් නිසා නොවෙයි. ඇත්රජු දන් දුන් නිසා යැ. ඔවුහු මෙලෙස කටයුතු කරත් නම් මම් ද තව දෙයක් කරමි. සියල්ල සත් සියය බැගින් තව මහා දානයක් මම දෙමි. එහෙයින් සිවිරටවැස්සෝ මා හට එම දානය දීම පිණිස තව එක් දිනකට අවසර දෙත්වා! හෙට මා දානය දී අනිද්දා පිටත්ව යන්නෙමි."

062. "කම් නැත. වරදට දඬුවම් ලද්දෝ යම් මාවතෙකින් යත් නම් ඒ මාවතින් මම් ද යන්නෙමි. එනමුදු මා හට එක් රෑ දවාලක සමාවක් ඕනෑ ය. ඒ තව මහා දානයක් දෙනු පිණිස යි."

"එසේය දේවයන් වහන්ස, මම් මෙකරුණ සිවි නුවරවැස්සන්ට කියන්නෙමි" කියා කාර්යභාර ඇමතියා පිටත් වැ ගියේය.

මහබෝසත් තෙමේ ඔහු පිටත්ව ගිය පසු යුද කටයුතු භාර ඇමතියා කැඳවීය. "අමාත්‍යය, මම් හෙට සෑම දෙයක් ම සත්සියය බැගින් දන් දෙන සප්ත ශතක නමැති මහා දානයෙක් දෙන්ට කැමැත්තෙමි. එසේයැ... ඒ සඳහා ඇතුන් සත්සියයෙක් ද අසුන් සත්සියයෙක් ද රිය සත්සියයෙක් ද ස්ත්‍රීන් සත්සියයෙක් ද දෙනුන් සත්සියයෙක් ද දාසයන් සත්සියයෙක් ද දාසියන් සත්සියයෙක් ද ආදී වශයෙන් පිළියෙල කරව. එසේමැ නොයෙක් ප්‍රණීත ඛාද්‍ය භෝජ්‍යයෙන් යුක්ත වූ මිහිරි බොජුන් ද, කොටින්මැ සුරාව ද දියැ යුත්තේය. දානය පිණිස දිය යුතු සියල්ල ම පිළියෙල කරව" කියා සප්තශතක මහා දානය සංවිධානය කිරීමට ඇමතිවරු යෙදවීය. නැවත හේ හුදකලාවේ ම මද්දී සිටි සිරියහන් ගැබ වෙත ගියේය. ගොස් සිරියහන

මත පළක් බැඳ වාඩිවිය. ඇය අමතා කී කරුණ ගැන ගාථායෙන් මෙසේ සඳහන් වෙයි.

063. වෙසතුරු නිරිඳු තෙමේ සියලු අඟපසඟින් හොබනා මද්දී බිසවට මෙය පැවසීයැ. "සොඳුරී, මද්දී, මවිසින් තොපට දෙන ලද යම් ධන ධාන්‍ය ඇත්තේ නොවේද?

064. යම් ධනයෙක් වේවා රනෙක් වේවා බොහෝ මිණි මුතු වෛරෝඩි වේවා මවිසින් දෙන ලද දේ ඇත්තේ නොවැ. එසෙයින් ම තොප මාපියන්ගෙන් ලද බොහෝ වස්තුව ඇත්තේ නොවැ. ඒ සියලු වස්තුව කිසිවෙකුටත් අනතුරු නොකළ හැක්කක් කොටැ නිධන් කළ මනා යැ."

එසඳ මද්දී බිසව් තොමෝ සිය වස්තුව නිධන් කිරීම අරභයා වෙසතුරු නිරිඳුගෙන් ඇසූ කරුණ ගාථායෙන් මෙසේ දැක්වේ.

065. එකල්හි සියලු අඟපසඟින් හොබනා මද්දී රජ දූ මෙසේ කීවාය. "එසේයැ රාජපුත්‍රයන් වහන්ස, මා සතු ඒ සියලු වස්තුව නිධන් කරන්නෙමි. මා අසන මෙකරුණ පහදා දෙනු මැනව. මවිසින් ඒවා නිධන් කළ යුත්තේ කොහි යැ?"

මද්දී බිසව එය ඇසුයේ මහා පුදුමයකිනි. සිය හිමි වෙසතුරු නිරිඳු මින් පෙරැ කිසිදා වස්තු නිධන් කිරීමෙක් පිළිබඳ කථා නොකෙළේය. එනිසා යැ ඈ වස්තුව නිධන් කරන්නේ කොතැන්හි ද කියා ඇසුයේ. නිරිඳු තෙමේ මෙය කීවේය.

066. මා ප්‍රිය මද්දී, පොළොවෙහි හෝ අටුකොටුවල හෝ අන් තැනෙක හෝ ධනය නිධන් කිරීමෙන් පලෙක් නැත්තේය. සැබැවින් ම නිධන් කළයුත්තේ අනුගාමික නිධානය යි. ඒ නිධානය වනාහී තමා පසුපසැ සසර පුරා පැමිණෙන්නේය. මද්දී, දානයට වඩා උතුම් දෙයක් නැත්තේ යැ. හැම සත්නට පිහිට එය මැ යි. එනිසා සිල්වතුන් හට රිසි සේ දන් දෙව.

"එසේයැ ස්වාමීනී" කියා මද්දී රජ දූ පිළිතුරු දුන්නාය. එකල්හි වෙසතුරු නිරිඳාණෝ ඕ හට ඔවදන් වශයෙන් මෙවදන් කීහ.

067. මා ප්‍රිය මද්දී, මාගේ දරු සිඟිත්තන් කෙරෙහිත් දයා කරුණා දැක්වුව මනා යැ. එසෙයින් ම නැදිමයිලන් හට ද ස්නේහයෙන් සැලකුව මනා යැ. එසේ මැ තව දෙයක් කියැ යුත්තේ යැ. තී සැමියෙකු වශයෙන් වෙනත් කිසිවෙකු පිළිබඳ හෝ සිතන්නී ද ඔහු කෙරෙහි ද ස්නේහාර්ද්‍ර වැ සැලකුව මනා යැ.

මා ප්‍රිය සොඳුරී, මා හිමවතැ වැදුන කල්හි තී හුදෙකලා වන්නීය. එකල්හි කවුරු හෝ තිගේ සැමියා වන්නෙමි යි කියා පැමිණෙන්ට පුළුවනි. එසේ වුවහොත් මට සෙයින් මැ ඒ නවක ස්වාමියාට ද මැනවින් ආදර සත්කාර කළ මනා යැ. එසේ නොවන්නේ නම් තී මැ වෙනත් සැමියෙකු සොයාගන්ට සිතීමෙහි වරදෙක් නැත්තේය. මා නොමැති හෙයින් ඒ ගැන සිත සිතා දොම්නස් නොවුව මැනව! ක්ලාන්ත නොවුව මැනව!"

"අහෝ ස්වාමීනී.... මේ කුමක් නම් දොඩන්නෙහි ද? මහදට දුක් පීඩා දෙන මෙවන් වදන් කිසිදා නොතෙපලූ

තෙපි මෙලෙසින් පවසන්නේ මන්ද? අහෝ මා අතින් කිනම් වරදෙක් වී ද?"

"නැත මා දේවී.... තී දන්නී යැ. කලිඟු රටෙන් ආ බමුණන්ට මවිසින් මංගල සම්මත ධවල ඇත්රජු දන්දෙන ලද්දේය. සිවිරටවැස්සෝ ඒ දානය නිසාවෙන් මට එරෙහිව කිපුණෝය. දැන් ඔවුහු එක්වන් වැ පෙළගැසී මා මේ සිවිරටෙන් පිටුවහල් කරන්නාහ. එයට පෙර හෙට දවසේත් මම් සප්තශතක මහදනක් දෙන්නෙමි. අනිද්දා මෙරටින් නික්මැ යන්නෙමි."

068. දේවී... මා යන්නේ රුදුරු වන සතුන්ගෙන් ගහණ මහ වනයට යැ. ඒ මහවනගැබ තුළ මම් හුදෙකලා වැ වසන්නෙමි. වැලිදු එහි කොපමණ කලක් දිවි ගෙවන්නෙම් දැයි නොදනිමි. මාගේ දිවි ගැන මට ශංකායෙක් ඇත!

එකල්හි මද්දී දේවී තොමෝ දෑස් විදහා ගත්තාය. බොහෝ සේ බියට පත්වූවාය. කම්පාවෙන් සැලෙන්ට පටන් ගත්තාය. ඕ වෙසතුරු නිරිඳුන්ට කී දෙය ගාථායෙන් මෙසේ දැක්වෙයි.

069. සියලු අඟපසඟින් හොබනා මද්දී රජ දූ කීවායැ මෙසේ; අහෝ ස්වාමීනී! මෙවන් වදන් මා කිසිදා අසා නැත්තේ යැ. ස්වාමීනී, පෙර නොඇසූ විරූ මේ අමුතු වදන් මක් නිසා දොඩන්නෙහි ද? සැබැවින් මැ මෙවදන් මහ නපුරැ.

070. අහෝ දේවයෙනි, නුඹවහන්සේ හුදෙකලායෙහි මහා වනයෙක්හි දිවි ගෙවීම නම් රජුන්ගේ දහම නොවේ. නුඹවහන්සේ යම් තැනක වඩිත් නම් අහෝ.... මම් ද එහි එන්නෙමි.

071. ස්වාමීනී, මාගේ දෛවය ඇත්තේ නුඹවහන්සේ සමග මිය යාමට නම්, කම් නැත. එසේ වේවා! එහෙත් ස්වාමීනී, නුඹවහන්සේ නැතිව දිවි ගෙවීමට මට සිදුවේ නම්, නුඹවහන්සේ නැතිව දිවි ගෙවීමට වඩා මරණය මට උතුම් යැ.

072. නුඹවහන්සේගෙන් තොරව දිවි ගෙවීමෙහි අරුත කිම? නුඹවහන්සේගේ දේහය දවන සෑයෙහි අවසන් ගිනි දල්වා ඒ ගින්නට මැ වැදී මම් ද මැරෙන්නෙමි. එය මට උතුම් යැ.

073. වනයේ මහා දළ ඇති ඇත්රජෙක් සිටියි. හේ මහ වන මැද ගිරිදුදුලු අතරේ සම විසම මගෙහි ඔබ මොබ ඇවිද යයි. එකල්හි ඒ ඇත්රජහුගේ පසුපසින් වෙන් නොවී යන ප්‍රිය අඹු ඇතින්නිය සිටින්නීය. එසෙයින් මැ ස්වාමීනී, මම් ද නුඹවහන්සේ පසුපස එමි.

074. ස්වාමීනී, මම් ද මේ දරු සිඟිත්තනුත් සමග නුඹවහන්සේ පසුපස්සේ එමි. සැබැවින් ම ස්වාමීනී, මම් වනාහී නුඹවහන්සේට ඉතා පහසුවෙන් පෝෂණය කළ හැකි එකියක් මි. අහෝ... මා කිසිදා පෝෂණයට අපහසු එකියක නොවෙයි."

මද්දී බිසව් තොමෝ මෙසේ කීවාය. ඉක්බිති ඕ හිම වනපියස ඉතා මැනවින් හුරුපුරුදු එකියක සෙයින්, මහාවන වාසය මනාව පුරුදු එකියක සෙයින් හිමවත් වනය වර්ණනා කෙරෙමින් මෙවදන් කියන්ට පටන් ගත්තාය.

075. බලන්ට ස්වාමීනී, මේ සිඟිති දරුවන් මිහිරි ප්‍රිය තෙපුල් දොඩමින් සිටිනා අයුරු! මහවනයට ගොස් සිටිනා නුඹවහන්සේට මේ සිඟිත්තන් දකින්ට ලැබෙන සඳ, නොසිහි වේ යැ රජකම!

076. මහවන වැදී ඉන්නා නුඹවහන්සේට මේ සිඟිත්තන් ප්‍රිය තෙපුල් බෙණෙමින් කෙළි දෙළෙන් වසනා අයුරු දැකැ, නොසිහි වේ යැ රජකම!

077. මහවන වැදී ඉන්නා නුඹවහන්සේට මේ සිඟිත්තන් ප්‍රිය තෙපුල් බෙණෙමින් ඒ රම්‍ය වූ වන අසපුයෙහි සිටිනු දැකැ, නොසිහි වේ යැ රජකම!

078. මහවන වැදී ඉන්නා නුඹවහන්සේට මේ සිඟිත්තන් ප්‍රිය තෙපුල් බෙණෙමින් ඒ රම්‍ය වූ වන අසපුයෙහි කෙළි දෙළෙන් සිටිනු දැකැ, නොසිහි වේ යැ රජකම!

079. මහවන වැදී ඉන්නා නුඹවහන්සේට මේ සිඟිත්තන් සුවඳ වනමල් නෙළා, මාලා පැළැඳ ඒ රම්‍ය වූ වන අසපුයෙහි තුටු සිතින් සිටිනු දැකැ, නොසිහි වේ යැ රජකම!

080. මහවන වැදී ඉන්නා නුඹවහන්සේට මේ සිඟිත්තන් සුවඳ වනමල් නෙළා, මාලා පැළැඳ ඒ රම්‍ය වූ වන අසපුයෙහි කෙළි දෙළෙන් සිටිනු දැකැ, නොසිහි වේ යැ රජකම!

081. මහවන වැදී ඉන්නා නුඹවහන්සේට මේ සිඟිත්තන් සුවඳ වනමල් නෙළා, මාලා පැළැඳ ඒ රම්‍ය වූ වන අසපුයෙහි තුටින් නට නටා සිටිනු දැකැ, නොසිහි වේ යැ රජකම!

082. මහවන වැදී ඉන්නා නුඹවහන්සේට මේ සිඟිත්තන් සුවඳ වනමල් නෙළා, මාලා පැළැඳ ඒ රම්‍ය වූ වන අසපුයෙහි තුටින් නට නටා කෙළි දෙළෙන් සිටිනු දැකැ, නොසිහි වේ යැ රජකම!

083. ඉතින් ස්වාමීනී, ඒ මහවනයේ සැට වයස්ගත මහා හස්තිකුඤ්ජරතෙමේ රැළෙන් වෙන් වැ හුදෙකලායෙහි මැ ඔබ මොබ සැරිසරා යෙයි. මහාවන වැදී ඉන්නා නුඹවහන්සේට ඒ ඇත්රජු දකින සඳ, නොසිහි වේ යැ රජකම!

084. ඒ මහවනයේ සැට වයස්ගත මහා මාතංග ඇත්රජු රැළෙන් වෙන් වැ හුදෙකලායෙහි මැ ඔබ මොබ සැරිසරා යෙයි. මහාවන වැදී ඉන්නා නුඹවහන්සේට ඒ ඇත්රජු උදෑසනත් සන්ධ්‍යායෙහිත් දකින සඳ, නොසිහි වේ යැ රජකම!

085. යම් කලෙක සැට වයස් පිරුණු ඒ මාතංග ඇත්රජු ඇතිනි රැළ හා මහා ඇත්රැළ සමග වනගැබ සිසාරා සැරිසරා යමින් කුංචනාද කරයි ද, වන වැදී සිටින නුඹවහන්සේට ඒ නද ඇසෙන සඳ, නොසිහි වේ යැ රජකම!

086. රිසි දෑ දෙන වනයෙන් වනය එක් වූ මහා වනගැබැ ගැවසීගත් රුදුරු වනසතුන් ඔබ මොබ යනු දකින සඳ, නුඹවහන්සේට නොසිහි වේ යැ රජකම!

087. පස් දළයෙක් විහිදුනු අං ඇති මුවෝ සන්ධ්‍යායෙහි අසපු මිදුලට විත් සිටිත්. එසෙයින් ම කිඳුරෝ අවුත් එහි නට නටා සිටිත්. මේවා දකින සඳ, නුඹවහන්සේට නොසිහි වේ යැ රජකම!

088. හිමවත් ගිරි හිසින් හැලෙනා නදී දිය නාද නංවමින් ගලා බසියි. එහි රැස්වැ හුන් කිඳුරහු මියුරු නද දී ගී ගයත්. වන වැදී සිටිනා නුඹවහන්සේට එය දකින සඳ, නොසිහි වේ යැ රජකම!

089. මහවෙනෙහි ගිරිගුහායෙහි සැරිසරා යන බකමුහුණන්ගේ නාදය ඇසෙන සඳ, නුඹවහන්සේට නොසිහි වේ යැ රජකම!

090. සන්ධ්‍යායෙහි වනගැබ සිංහයන්ගේ, ව්‍යාඝ්‍රයන්ගේ, කඟවෙහෙණුන්ගේ, කුළුමීමුන්ගේ නාද කරනා හඬ, ගිගුම් දෙන පසඟතුරු ගොසක් සෙයින් සවන්පත්හි වැදෙන සඳ, නුඹවහන්සේට නොසිහි වේ යැ රජකම!

091. වෙනෙහි පව් මුදුන්හි මොණරහු සෙබඩියන් පිරිවරා විදහාගත් පිල් කළඹින් යුතුවැ නෘත්‍ය දක්වන අයුරු දකින සඳ, නුඹවහන්සේට නොසිහි වේ යැ රජකම!

092. වෙනෙහි එළිමහන් තැනැ සෙබඩියන් පිරිවැරූ මොණර කුරුල්ලෙක් සිය මනරම් පිල් කළඹ විදහා නට නටා සිටිනයුරු දකින සඳ, නුඹවහන්සේට නොසිහි වේ යැ රජකම!

093. නිල්වන් ගෙල ඇති, සිරස මත නිල් සිළු ඇති මොණර රජු සෙබඩියන් පිරිවරා නට නටා සිටිනයුරු දකින සඳ, නුඹවහන්සේට නොසිහි වේ යැ රජකම!

094. හිමකැටි ඇදහැලෙන ඍතුයෙහි පිපීගිය මුදු සුවඳ කුසුමෙන් යුතු සොඳුරු රුක් දකින සඳ, නුඹවහන්සේට නොසිහි වේ යැ රජකම!

095. සීත ඍතුව නිමාවට යන කල්හි රතිඳුගොව්වන් ගැවසුණු හරිත පැහැ මිහිතෙලෙහි සොඳුරු බව පෙනෙන සඳ, නුඹවහන්සේට නොසිහි වේ යැ රජකම!

096. හිම වැටෙන ඍතුයෙහි කුසුම් පිපි කෙළිඳ රුක්, එසෙයින් ම කුසුමෙන් සැරහීගත් රත්කරව් රුක්, ලොත් රුක්, පියුම් රුක් ඈ මනහර රුක් පෙනෙන සඳ, නුඹවහන්සේට නොසිහි වේ යැ රජකම!

097. සීත ඍතුව නිමාවට යන කල්හි මහවනය පිපීගිය කුසුමෙන් දිලේ. පිරීගිය නිල් දිය ඇති විල්හි පිපුණ පියුම් ද, උඩට නැගි පොහොට්ටු ද මනරම් වැ පෙනෙන සඳ, නුඹවහන්සේට නොසිහි වේ යැ රජකම!

මෙසේ මද්දී බිසව් තොමෝ සිය හිමි හා හිමවතෙහි වැදී දිවි ගෙවන්ට සැදී පැහැදී සිටිනා වගට ඉඟි කෙරෙමින් හිමවත සිරි වැණුවාය.

හිමවත වැණුම නිමා විය.

වෙසතුරු නිරිඳු මව් ඵුසතී දේවියට මෙය සැළ වී යැ. 'අහෝ... මපුතු වෙසතුරු වෙත නපුරු හසුනෙක් යවා ඇත්තේ යැ. මපුතු හට කුමක් නම් සිදුවන්නේ ද? මා ද ගොස් පුතු දැක්ක මනා යැ' යි ආවරණය කරන ලද දෝලායෙක නැගී වෙසතුරු රජහුගේ පහය වෙත ගියාය. ඇතුලුගබට පිවිසි ඕ සිය වෙසතුරු පුතුගේත්, මද්දී රජ දූගේත් මේ කථා සල්ලාපය අසා සිටියාය. එසඳ ඇගේ ළය කම්පා විය. ඕ හඬ නගා ඉකි බිඳ හඬන්ට පටන් ගත්තාය.

098. සිය පුත් වෙසතුරු නිරිඳුගේ බිසොව වූ මද්දී රජ දූ හඬ හඬා ඉකි බිඳිමින් කියූ වදන් මහයසස් ඇති ඵුසතී දේවී අසා සිටියාය. දරු දුකින් පෙළුණු ඕ ද හඬා වැටුණාය.

099. අහෝ... නිදොස් වෙසතුරු පුතු කුමක් හෙයින් මේ සිවිරටින් පිටුවහල් කොට යවන්නාහු ද? අහෝ... දරු වියෝවෙන් නැගෙන දුක් විඳුමට වඩා විෂ කා මිය යෑම උතුම් යැ. අහෝ... මම් ප්‍රපාතයට හෝ පනින්නෙමි. ගෙල වැල ලා හෝ මියෙන්නෙමි. එය මට උතුම් යැ.

100. මපුත් තෙමේ වේදයෙහි කෙළ පැමිණියේය. මහා දානපතියෙකි. තමා වෙත ඉල්ලා එන්ට සුදුසු යැ. නොමසුරු යැ. ප්‍රතිරාජයන්ගෙන් පිදුම් ලදුයේ යැ. කීර්තිමත් යැ. යශස්වී යැ. අහෝ...! එවන් නිදොස් වෙසතුරු පුතු කුමක් හෙයින් සිවිරටින් පිටුවහල් කරන්නහු ද?

101. මපුතු සිය මාපියන්ට අදරින් සැලකුවේය. කුලදෙටුවන් පිදී යැ. අහෝ...! එවන් නිදොස් වෙසතුරු පුතු කුමක් හෙයින් සිවිරටින් පිටුවහල් කරන්නහු ද?

102. මපුත් තෙමේ සිය පියරජු වන සඳමහරජහුට බලවත් සෙනෙහෙ ඇත්තේ යැ. දෙවියන්ට ද හේ සෙනෙහෙ ඇත්තේ යැ. නෑ මිතුරන්ට ද සෙනෙහෙ ඇත්තේ යැ. සියලු රටවැස්සන්ට ද සෙනෙහෙ ඇත්තේ යැ. අහෝ...! එවන් නිදොස් වෙසතුරු පුතු කුමක් හෙයින් සිවිරටින් පිටුවහල් කරන්නහු ද?

"අහෝ මා දරුවෙනි.... මෙය අසව්. එසේයැ. සිවිරටවැස්සෝ කිපුණෝය. තොප පියරජහු මෙවන් තීරණයක් ගත්තේ එනිසා යැ. මෙය ඒකාන්තයෙන් රාජඋදහසෙක් නම් නොවේ. එසේ මැ රාජ දණ්ඩනයෙකුත් නොවේ. රාජාපරාධකාරයෙකුට කළයුතු දැයෙකුත් නොවේ. අහෝ මා දරුවෙනි, මොහොතක් ඉවසව්. මම් දැන් මැ ගොස් තොප පියරජු හට සැලකරන්නෙමි" යි පැවසූ ඕ සිය පුතුත්, ලෙහෙළියත් සනහා සඳමහරජු වෙත වහා ගියාය.

103. අහෝ මහරජුනි, මීමැසි කැල හැර දමා ගිය මධු රහිත මීයක් සෙයින්, රුකින් ගිලිහී බිමැ පතිත වූ අඹයක් සෙයින් තොපගේ රාජ්‍යය පිරිහී යන්නේය. අහෝ... සිවිරටවැස්සෝ නිදොස් වෙසතුරු පුතු පිටුවහල් කරන්නාහු යැ.

104. දිය සිඳී ගිය විලෙක ඉන්නා පියාපත් සිඳුණු හංසයෙකු සේ අමාත්‍යයන් විසින් අත්හරිනු ලදුව තෙපි හුදෙකලායෙහි ක්ලාන්ත ව සිටිව් ද?

105. අහෝ මහරජුනි, මම් තොපට පවසමි. යහපත වනාහී නුඹවහන්සේගෙන් වෙන් නොවේවා! සිවිවැසියන්ගේ රොස්බස් ගෙනැ නිදොස් වෙසතුරු පුතු පිටුවහල් නොකළ මැනව!

ඵුසතී මව් බිසොවගේ වදන් ඇසූ සඳමහරජතෙමේ මෙය කීය.

106. ප්‍රිය දේවී ඵුසතී, සිවි රජදහමට ගරු කළයුතු හෙයින්, සිවිරාජවංශය බබුළුවන ධජය වූ මපුතු හික්මවා

ගනු පිණිස පිටුවහල් කරන්නෙමි. එනමුදු හේ මාගේ පණටත් වඩා මට ප්‍රිය ය.

"දේවී ඵුසතී, අපගේ මේ සිවිරාජවංශය බබුළුවන මහා ධජය වනාහී වෙසතුරු පුතු යැ. එනමුදු දැන් වනාහී රටවැස්සෝ පුතුට එරෙහිව කිපුණෝ යැ. මපුතු වන වාසයට යන්නේ දණ්ඩනයකට නොවේ; හික්මවනු පිණිස ය. අප පැරණි රාජවංශයෙහි රජදරුවෝ වන වාසයට පිටුවහල් කොට හික්මවා නොතිබෙත් ද? මෙය ද එබඳු යැ. සිවි රජදහමට ගරු කරනු වස්, පුදනු වස් මෙය කෙරෙමි. එනමුදු මපුතු මාගේ පණටත් වඩා ප්‍රිය යැ. මපුතු පිටුවහල් කරන්නේ එසේ ප්‍රිය මනාප වැ සිටියදී යැ."

107. අහෝ... මින් පෙර යම් රජක්හුගේ ධජ රැගත් සේනාවෝ රන්වතින්, රනබරණින් සුසැදි, කුසුම් පිපීගිය රන් පැහැ කිණිහිරි රුකක් බඳු අප වෙසතුරු රජු පිරිවරා පසුපස ගියාහු නොවෙත් ද? එහෙත් අද ඒ රජතෙමේ හුදෙකලාවේ මැ නික්මැ යන්නේය.

108. අහෝ... මින් පෙර යම් රජක්හුගේ ධජ රැගත් සේනාවෝ රන්වතින්, රනබරණින් සුසැදි, කුසුම් පිපීගිය රන් පැහැ කිණිහිරි වනයක් බඳු අප වෙසතුරු රජු පිරිවරා පසුපස ගියාහු නොවෙත් ද? එහෙත් අද ඒ රජතෙමේ හුදෙකලාවේ මැ නික්මැ යන්නේය.

109. අහෝ... මින් පෙර යම් රජක්හුගේ ඇත්, අස්, රිය, පාබල සේනාවෝ රන්වතින්, රනබරණින් සුසැදි, කුසුම් පිපීගිය රන් පැහැ කිණිහිරි රුකක් බඳු අප වෙසතුරු රජු පිරිවරා පසුපස ගියාහු නොවෙත් ද?

එහෙත් අද ඒ රජතෙමේ හුදෙකලාවේ මැ නික්මැ යන්නේය.

110. අහෝ... මින් පෙරැ යම් රජක්හුගේ ඇත්, අස්, රිය, පාබල සේනාවෝ රන්වතින්, රනබරණින් සුසැදි, කුසුම් පිපීගිය රන් පැහැ කිණිහිරි වනයක් බඳු අප වෙසතුරු රජු පිරිවරා පසුපස ගියාහු නොවෙත් ද? එහෙත් අද ඒ රජතෙමේ හුදෙකලාවේ මැ නික්මැ යන්නේය.

111. රතිඳුගොව්වන්ගේ පැහැ බඳු, තද රත් පැහැ දිලෙන, ගන්ධාර රටින් ගෙනා රක්ත වර්ණ සළු හැඳි සේනාවෝ යම් රජක්හු පිරිවරා ගියාහු ද, අහෝ... අද ඒ රජතෙමේ හුදෙකලාවේ මැ නික්මැ යන්නේය.

112. අහෝ... මින් පෙරැ යම් රජෙක් ඇතු පිටිනුත්, දෝලායෙනුත්, රියෙනුත් ගියේ වෙයි ද, අද ඒ වෙසතුරු නිරිඳු තෙමේ පාගමනින් කෙසේ නම් යන්නේ ද?

113. සඳුන් කල්කයෙන් අලෙවි දුන් සිරුරැති, නෘත්‍ය ගීතයෙන් තුටු වැ අරුණෝදයෙහි පිබිදෙන වෙසතුරු නිරිඳු අහෝ... අද අඳුන් දිවිසමක් පොරවා, කෙටේරියක් අත දරා, තවුස් පිරිකර කදෙක් කෙසේ නම් ගෙන යන්නේ ද?

114. කුමක් නිසා නම් මහවනගබට පිවිසෙන්නෝ කසාවත් හෝ අඳුන් දිවි සම් හෝ නොගෙන යත් ද! කුමක් නිසා නම් හණවැහැරි ඉණැ නොබඳිත් ද!

115. රජ වැ සිටියහු පැවිදි වූ කල්හි කෙසේ නම් හණවැහැරි නොදරත් ද! අහෝ... මද්දී රජ දූ කෙසේ නම් හණවැහැරි ධරන්නී ද!

116. මද්දී රජදූ තොමෝ මින් පෙර ඉතා සිනිඳු කසී සළු දැරුවාය. ඛෝමදේශයෙන්, කෝදුම්බර දේශයෙන් ගෙනා මටසිලිටි සළු දැරුවාය. ඕ මෙළෙකැ. අහෝ... දැන් ඕ කෙසේ නම් රළු හණවැහැරි ධරන්නී ද!

117. මින් පෙරැ සැරසූ දෝලායෙනුත්, රියෙනුත් ඔසොවාගෙන ගරු බූහුමනින් ඇය මාවතේ ගෙන ගියෝය. අහෝ... අද එවන් ඕ කෙසේ නම් පා ගමනින් යන්නී ද!

118. යම් ළඳක් තොමෝ මුදු මොළොක් අත් පා ඇත්තී ද, ඉතා සුවසේ මොළොක් වැ වැඩුණී ද, ඒ සොඳුරු සිරුරැති, මඳ කරුණටත් බියවන ඕ අද බිහිසුණු වනගැබට කෙසේ නම් වදින්නී ද!

119. යම් ළඳක් තොමෝ මුදු මොළොක් අත් පා ඇත්තී ද, ඉතා සුවසේ මොළොක් වැ වැඩුණී ද, ඒ සොඳුරු සිරුරැති ඕ මිරිවැඩි පයැ ලා ත් අපහසුවෙන් යන්නී යැ. එවන් ඕ අද මහමගැ කෙසේ නම් පයින් යන්නී ද!

120. දහසක් ළඳුන් පෙරටු කොට, සුවඳ මනහර මුදු මල්දම් පැළැඳ යම් ළඳක් යන්නී ද, අහෝ... ඒ සොඳුරු සිරුරැති ඕ අද හුදෙකලායෙහි බිහිසුණු වනයට කෙසේ නම් වදින්නී ද!

121. යම් ළඳක් තොමෝ මින් පෙරැ සිවලියකගේ හූ හඬ පවා ඇසූ සැණින් දැස් දල්වා බියෙන් තැති

ගන්නී ද, මඳ කරුණටත් බිය වන්නී ද, අහෝ... සොඳුරු සිරුරැති ඕ අද බිහිසුණු වනයට කෙසේ නම් වදින්නී ද!

122. යම් ළඳක් තොමෝ මින් පෙරැ කෞශීය ගෝත්‍රයේ මහා බකමූණහුගේ නාදය ඇසූ සැණින් දෑස් දල්වා බියෙන් වෙව්ලන්නී ද, මඳ කරුණටත් බිය වන්නී ද, අහෝ... සොඳුරු සිරුරැති ඕ අද බිහිසුණු වනයට කෙසේ නම් වදින්නී ද!

123. නැසීගිය දරුවන් නිසා හිස් වූ කැදැල්ල දෙස බලා සිටිනා අසරණ කිරිල්ලියක සේ දරුවන්ගෙන් හිස් වූ මේ නිවෙස්නට පැමිණි මම් බොහෝ කල් දුකින් තැවි තැවී ඉන්නෙම් ද!

124. නැසීගිය දරුවන් නිසා හිස් වූ කැදැල්ල දෙස බලා සිටිනා අසරණ කිරිල්ලියක සේ දරුවන්ගෙන් හිස් වූ මේ නිවෙස්නට පැමිණි මම් ප්‍රිය දරුවන් නොදක්නී, කෘශ වී පඬු පැහැ වන්නෙම් ද!

125. නැසීගිය දරුවන් නිසා හිස් වූ කැදැල්ල දෙස බලා සිටිනා අසරණ කිරිල්ලියක සේ දරුවන්ගෙන් හිස් වූ මේ නිවෙස්නට පැමිණි මම් ඒ ඒ තැන දරුවන් සොයා දුවන්නෙම් ද!

126. නැසීගිය දරුවන් නිසා හිස් වූ කැදැල්ල දෙස බලා සිටිනා අසරණ උකුසු දෙනක සේ දරුවන්ගෙන් හිස් වූ මේ නිවෙස්නට පැමිණි මම් බොහෝ කල් දුකින් තැවි තැවී ඉන්නෙම් ද!

127. නැසීගිය දරුවන් නිසා හිස් වූ කැදැල්ල දෙස බලා සිටිනා අසරණ උකුසු දෙනක සේ දරුවන්ගෙන්

හිස් වූ මේ නිවෙස්නට පැමිණි මම් ප්‍රිය දරුවන් නොදක්නී, කෘශ වී පඬු පැහැ වන්නෙම් ද!

128. නැසීගිය දරුවන් නිසා හිස් වූ කැදැල්ල දෙස බලා සිටිනා අසරණ උකුසු දෙනක සේ දරුවන්ගෙන් හිස් වූ මේ නිවෙස්නට පැමිණි මම් ඒ ඒ තැන දරුවන් සොයා දුවන්නෙම් ද!

129. දිය සිඳීගිය විලෙක ඉන්නා සක්වාලිහිණියක සේ දරුවන්ගෙන් හිස් වූ මේ නිවෙස්නට පැමිණි මම් බොහෝ කල් දුකින් තැවි තැවී ඉන්නෙම් ද!

130. දිය සිඳීගිය විලෙක ඉන්නා සක්වාලිහිණියක සේ දරුවන්ගෙන් හිස් වූ මේ නිවෙස්නට පැමිණි මම් ප්‍රිය දරුවන් නොදක්නී, කෘශ වී පඬු පැහැ වන්නෙම් ද!

131. දිය සිඳීගිය විලෙක ඉන්නා සක්වාලිහිණියක සේ දරුවන්ගෙන් හිස් වූ මේ නිවෙස්නට පැමිණි මම් ඒ ඒ තැන දරුවන් සොයා දුවන්නෙම් ද!

132. අහෝ... ඉදින් මෙසේ වළක්නා මා දැක දැකත් නිදොස් රාජපුතු සිවිරටෙන් මහා වනයට පිටුවහල් කෙළේ නොවැ. අහෝ... මා දිවි නැසී යාවි යි හඟිමි.

ඵුසති දේවී සිය පෙම්වත් වෙසතුරු පුතු රටින් නෙරපීම නිසා උපන් දුකින් ඉකි බිඳ වැලැපුනාය. ඇගේ වලප අසා සඳමහරජහුගේ ඇතොවුරෙහි සිටි සියලු රාජකන්‍යාවෝ ද ඈ වටා එක්වූවෝය. ඔවුහු ද හිසැ අත් බැඳැ හඬා වැටුණෝය. ඔවුන්ගේ වලප අසා බෝසත්හුගේ පහයේ සිටි රාජකන්‍යාවෝ ද හඬා වැටුණෝය.

සඳමහරජහුගේ මාලිගයේත් බෝසත්හුගේ මාලිගයේත් රාජකන්‍යාවෝ සිටි පියොවින් නොසිටියැ හැක්කාහු සැඩ පවනින් ඇදහැලෙනා සුපිපි සල්රුක් සෙයින් බිමැ වැටී හඬා වැටුණෝය.

133. ඵුසතී දේවිය දුකින් හඬා වැටෙනු අසා අන්තඃපුරයෙහි සියලු රාජකන්‍යාවෝ ඇය වටා එක්වැ හිසැ අත් බැඳැ හඬා වැටුණෝය.

134. සැඩ පවනින් මිහි මත ඇදවැටෙනා සුපිපි සල්රුක් සෙයින් වෙසතුරු නිරිඳුගේ මාළිගයේ වසනා කුමර කුමරියෝ ද පොළොවෙහි වැටී හඬා වැටුණෝය.

135. වෙසතුරු නිරිඳහුගේ නිවෙස්නෙහි වසනා අන්තඃපුර රාජකන්‍යාවෝ ද, කුමාරවරු ද, අභිසරුලියෝ ද, බමුණෝ ද සොවින් හිසැ අත් බැඳැ හඬාවැටුණෝය.

136. වෙසතුරු නිවෙස්නෙහි වසනා ඇතැරුවෝ ද, අසරුවෝ ද, රියසෙන් ද, පාබල සෙන් ද, සොවින් හිස අත් බැඳැ හඬාවැටුණෝය.

137. රැය ගෙවී ගිය කල්හි, හිරු නැගී ආ සඳ ඇමතිවරු අවුත් සප්ත ශතක මහා දානය පිළියෙල කොට ඇති වග වෙසතුරු නිරිඳු හට සැළකළෝය. නිරිඳු තෙමේ දන් දෙන භූමියට සැපත් වීය.

138. "ඇඳුම් පැළැඳුම් රිසියවුනට ඇඳුම් දෙව්! සුරාසොඬුනට සුරා දෙව්! බොජුන් රිසියවුනට බොජුන් දෙව්. සිත් සේ කන්ට බොන්ට දෙව්" කියා වෙසතුරු නිරිඳු තෙමේ සැටදහසක් ඇමතියනට පැවසීය.

139. "යමක් ඉල්ලා අද මෙහි එන කිසිවක්හුට හෝ කිසිලෙසකිනුත් වෙහෙසෙක් නොකරව්. ප්‍රණීත ආහාරපානයෙන් මොනවට සතපව්. මවිසින් පුදන ලද ඔවුහු සුවසේ යත්වා!

140. සිවි රටැ සිරි සෙත සදනා වෙසතුරු නිරිඳුන් මහා වනය දෙසට නික්මැ යනු දුටු, ඉල්ලාගන්ට ආ මිනිසුන් අතර ඇතැම්හු සිහිසුන් වැ ඇදවැටුණෝය.

141. අහෝ... භවත්නි! ඒකාන්තයෙන් මැ නොයෙක් ඵල දරන අපගේ මේ උතුම් රුක සිඳ දමත් නොවැ. අහෝ... අපගේ නිදොස් වෙසතුරු නිරිඳා සිවිරටෙන් පිටුවහල් කරත් නොවැ.

142. අහෝ... භවත්නි! ඒකාන්තයෙන් මැ අපට රිසි හැම දේ ලැබදෙන අපගේ මේ උතුම් රුක සිඳ දමත් නොවැ. අහෝ... අපගේ නිදොස් වෙසතුරු නිරිඳා සිවිරටෙන් පිටුවහල් කරත් නොවැ.

143. අහෝ... භවත්නි! ඒකාන්තයෙන් මැ අපට රිසි හැම රස ලැබදෙන අපගේ මේ උතුම් රුක සිඳ දමත් නොවැ. අහෝ... අපගේ නිදොස් වෙසතුරු නිරිඳා සිවිරටෙන් පිටුවහල් කරත් නොවැ.

144. සිවි රටැ සිරි සෙත සදනා වෙසතුරු නිරිඳු වනවාසයට නික්මැ යනු දැකැ වෘද්ධයෝ ද, ළපැටියෝ ද, මැදුම් වියෙහි පුරුෂයෝ ද හිසැ අත් බැඳැ හඬාවැටුණෝය.

145. සිවි රටැ සිරි සෙත සදනා වෙසතුරු නිරිඳු වනවාසයට නික්මැ යනු දැකැ යකැදුරෝ ද,

ඇතොවුර රැකි නපුංසකයෝ ද, රජදරුවෝ ද හිසැ අත් බැඳැ හඬාවැටුණෝය.

146. සිවි රටැ සිරි සෙත සදනා වෙසතුරු නිරිඳු වනවාසයට නික්මැ යනු දැකැ නුවර සිටි හැම ස්ත්‍රීහු ද හිසැ අත් බැඳැ හඬාවැටුණෝය.

147. යම් බමුණු කෙනෙක්, යම් ශ්‍රමණ කෙනෙක්, අන්‍ය වූ යාචක කෙනෙක් එහි සිටියාහු ද, ඔවුහු 'අහෝ භවත්නි, මේ අධර්මය නොවේ දෝ!' යි හිසැ අත් බැඳැ හඬාවැටුණෝය.

148. 'යම් බඳු අපගේ වෙසතුරු නිරිඳා සිය පුරයෙහි මැ සිට මහදන් දී, සිවිරටවැස්සන්ගේ රළු පරොස් වදනට නතු වී සියරටින් නික්මැ වනයට යන්නේ නොවැ.'

149. සර්වාභරණයෙන් සැරසූ, රන් බඳපටින් සැරසූ, රන් හූයෙන් කළ වතින් සැරසූ මහා මාතංග හස්තීහු සත්සියයෙකි!

150. අතැ හෙණ්ඩු ද තෝමර ද ගත් ඇතැරුවන් උන් මතට නංවා අපගේ වෙසතුරු නිරිඳු තෙමේ ඒ සියලු ඇතුන් දන් දී, සිවිරටවැස්සන්ගේ රළු පරොස් වදනට නතු වී සියරටින් නික්මැ වනයට යන්නේ නොවැ.

151. ආජානේය කුලයෙහි උපන්, සින්ධු දේශයෙහි උපන්, ශීඝ්‍ර ගමන් ඇති, සර්වාභරණයෙන් සැරැසූ අශ්වයෝ සත්සියයෙකි.

152. ඉණැ බැඳගත් කෙටි කඩු ඇති අසරුවන් උන් පිට නංවා අපගේ වෙසතුරු නිරිඳු තෙමේ ඒ සියලු අසුන්

දන් දී, සිවිරටවැස්සන්ගේ රළු පරොස් වදනට නතු වී සියරටින් නික්මී වනයට යන්නේ නොවැ.

153. එසවූ ධජ ඇති, ඇතිරූ දිවිසම් ද, ව්‍යාඝ්‍ර සම් ද ඇති, සරසන ලද සර්වාලංකාර ඇති රථ පන්සියයෙකි.

154. දුනු හීයෙන් සැදි රියැදුරන් එහි නංවා අපගේ වෙසතුරු නිරිඳු තෙමේ ඒ සියලු රථ දන් දී සිවිරටවැස්සන්ගේ රළු පරොස් වදනට නතු වී සියරටින් නික්මැ වනයට යන්නේ නොවැ.

155. එක් එක් රථයෙහි රන් රැහැන්පට ගත් අත් ඇති, රනබරණින් සැරසුණු සත්සියයෙක් ස්ත්‍රීහු යැ.

156. ඔවුහු රන්වන් වතින් ද සැරසුණෝය. පළන් අබරණින් බැබළුණෝය. පුළුල් නෙත් යුග ඇත්තීහුය. මිහිරි සිනහ ඇත්තීහුය. පුළුලුකුලැති, සිහිනිගැති ඒ සියලු ළඳුන් දන් දී සිවිරටවැස්සන්ගේ රළු පරොස් වදනට නතු වී සියරටින් නික්මැ වනයට යන්නේ නොවැ.

157. කළ පුරා මිහිරි කිරි දෙන සත්සියයක් කිරිදෙනුන් ද කිරි දොවන රන් බඳුන් ද සමග සියලු දේ දන් දී සිවිරටවැස්සන්ගේ රළු පරොස් වදනට නතු වී සියරටින් නික්මැ වනයට යන්නේ නොවැ.

158. ඉතා කීකරු දාසයන් සත්සියයෙකි. දාසීන් සත්සියයෙකි. ඔවුන් සියලු දෙන ද දන් දී සිවිරටවැස්සන්ගේ රළු පරොස් වදනට නතු වී සියරටින් නික්මැ වනයට යන්නේ නොවැ.

159. මොනවට සරසන ලද හස්තීන් ද, අශ්වයන් ද, රථයන් ද, ස්ත්‍රීන් ද සත්සියය බැගින් දන් දී

සිවිරටවැස්සන්ගේ රළු පරොස් වදනට නතු වී සියරටින් නික්මැ වනයට යන්නේ නොවැ.

160. ඒ සප්ත ශතක මහා දානය දුන් සැණින් මිහිකත සැලී කම්පා වූවාය. බියජනක බව ඇතිවූයේය. ලොමුඩහගැනුම් ඇතිවූයේය.

161. මහජනයාගේ වැඳුමෙන් පිදුම් ලද යම් වෙසතුරු නිරිඳෙක් වෙයි ද, හේ සිය රට අත්හැර බිහිසුණු වන වාසය පිණිස නික්මැ යන කල්හි බියජනක බව ඇතිවූයේය. ලොමුඩහගැනුම් ඇතිවූයේය.

මෙසේ බෝසත් තෙමේ වන වාසයට යන්ට පළමු සප්ත ශතක මහා දානය දුන්නේය. එසේ දන් දෙමින් සිටියදී ජයතුරා රටවාසී ක්ෂත්‍රීය, බ්‍රාහ්මණ, වෛශ්‍ය, ශූද්‍ර යන සිව් වර්ණයට අයත් ජනයෝ රැස් වැ "ස්වාමීනී, වෙසතුරු නිරිඳාණනි, මේ සිවිරටවැස්සෝ නුඹවහන්සේට එරෙහි ව දෘඪතර කෝපයෙන් යුතුවැ සිවිරටින් පිටුවහල් කරන කල්හිත් අහෝ... අසිරිමත් යැ! නුඹවහන්සේ බැමි නොහැකිලූ වතින්, පිනාගිය සිතින් තව තවත් මහදන් දෙනවා නොවැ" කියා හඬා වැටුණෝය.

162. "නුඹවහන්සේව සිවිරටින් පිටුවහල් කරන්නාහු දානය නිසා මැ යි. එනමුදු නුඹවහන්සේ යළි යළිත් දන් මැ දෙන සේක් නොවැ" යි කියමින් තුමුල බිහිසුණු හඬෙක් එහි පැනනැංගේය.

දන් ලබාගත් ජනයෝ "අහෝ... අපගේ වෙසතුරු මහනිරිඳාණෝ අප අනාථ කොටැ බිහිසුණු වනයට වදින සේක් නොවෙත් ද! අද පටන් අපි යම් කිසිවක් ඉල්ලා කවුරුන් ළඟට යන්නමෝ ද!" යි කියා සිදීගිය

පා ඇත්තවුන් සෙයින් බිමැ වැටී පෙරළී බැගෑ හඬින් වැලැපුණෝය.

163. සිවිරටැ සිරි සෙත සැදූ වෙසතුරු නිරිඳු සිවිරට අත්හැර හිමවත් වන වාසයට නික්මැ යනු දැකැ, ඉල්ලාගන්ට ආ පිරිස අතරේ ඇතැම්හු සිහිසුන් ව ඇදවැටුණෝය.

වෙසතුරු නිරිඳුගේ දන් දීම කෙරෙහි ඇතැම් දෙවිවරු පහන් සිතැති වැ සිටියෝය. ඔවුහු දඹදිව අන් රජුන් වෙත ගොස් වෙසතුරු නිරිඳු ක්ෂත්‍රිය කන්‍යාවන් මහා දානයට දෙන වග දැනුම් දුන්නෝය. එසඳ ඒ රජවරු දේවානුභාවයෙන් සිය රටවලින් නික්මැ රථයන්හි නැගී ආහ. වෙසතුරු නිරිඳු දන් දුන් ක්ෂත්‍රිය කන්‍යාවන් සිය මැදුරු කරා ගෙන ගියෝය. බමුණු කන්‍යාවන් බමුණෝ ගෙන ගියෝය. වෛශ්‍ය කන්‍යාවන් වෛශ්‍යයෝ ගෙන ගියෝය. ශුද්‍ර කන්‍යාවන් ශුද්‍රයෝ ගෙන ගියෝය.

ඉක්බිති වෙසතුරු නිරිඳු තෙමේ 'මා දැන් මාපියන් වෙතැ ගොස් වන්දනා කොටැ හෙට වනවාසයට පිටත් වුව මනා යැ' යි සිතා මාපියන්ගේ රාජ නිවෙස්න බලා ගියේය. එසඳ මද්දී දේවී "අහෝ ස්වාමීනී, හුදෙකලාව බිහිසුණු වනයට නොවැඩිය මැනව. මම් ද එන්නෙමි. මම් ද මාපියන්ගෙන් අවසර ලබන්නෙමි" යි කියා වෙසතුරු නිරිඳු හා ගමනට එක් වූවාය. ඉක්බිති ඔවුහු මාපියන් නැමැඳ වන වාසයට නික්මැ යන වග දැනුම් දුන්නෝය.

164. වෙසතුරු නිරිඳු තෙමේ උතුම් දැහැමි සඳමහරජහු නැමැඳ මෙසේ කීය. "දේවයෙනි, නුඹවහන්සේ මා සිවිරටින් නෙරපා හරින සේක. එහෙයින් මම් වංකගිරියට යන්නෙමි.

165. දේවයෙනි, පෙරැ යම් කෙනෙක් සිටියාහු ද, මතු යම් කෙනෙක් වන්නාහු ද, දැන් යම් කෙනෙක් සිටිත් ද, ඔවුහු සියලු දෙන මේ ළාමක කාමයන්හි තෘප්තියකට නොපත් වැ මරණය වෙත යත් මැ යි.

166. ඒ මම් වනාහී දයා සිතින් දානයක් දුන් කරුණ හේතුයෙන් සිය රටවැසියන් අතින් මැ බලවත් වැ පීඩිත වූයෙමි. සිව්රටවැස්සන්ගේ වචනයෙන් දැන් මම වනයට නික්මැ යෙමි.

167. වන මුවන් ගැවසීගත්, කඟවෙහෙණුන්, දිවියන් විසින් සෙව්නා ලද බිහිසුණු වන වාසයට ගොස් දුක්ඛිත වැ වසන්නෙමි. එහිදීත් මම් පින් මැ කරන්නෙමි. නුඹවහන්සේ කාම මඩවගුරෙහි ගැලී විසුව මැනව.”

මෙසේ මහබෝසත් තෙමේ මේ සිව් ගාථායෙන් සඳමහරජු හට වන්දනා කොට සිය මව් වන ඵුසතී දේවිය වෙත ගියේය. ඕ හට ආදරයෙන් වන්දනා කෙළේය. ඉක්බිති සිය වන වාසය දන්වා මෙය පැවසීය.

168. මෑණියෙනි, මට අවසර දුන මැනව. මා තුළ දැන් ඇත්තේ ගිහි ගෙන් නික්මැ පැවිදි වීමේ ආශාව යැ. ඒ මම් වනාහී දයා සිතින් දානයක් දුන් නිසාවෙන් සිය රටවැස්සන් අතින් මැ පීඩිත වූයෙමි. සිව්රටවැස්සන්ගේ අණින් මහවනයට නික්මැ යමි.

169. වන මුවන් ගැවසීගත්, කඟවෙහෙණුන්, දිවියන් විසින් සෙව්නා ලද බිහිසුණු වන වාසයට ගොස් දුක්ඛිත වැ වසන්නෙමි. එහිදීත් මම් පින් මැ කරන්නෙමි. මෑණියෙනි, නුඹවහන්සේත් කාම මඩවගුරෙහි ගැලී විසුව මැනව.

එසඳ සිය මෑණියන් වන ඵුසතී දේවී වෙසතුරු පුතු කිව් වදන් අසා මෙය පැවසුවාය.

170. "ප්‍රිය පුත, මම් තොපට අවසර දෙමි. තොපගේ පැවිද්ද සමෘද්ධිමත් වේවා! වැලිඳු මේ පුළුල් උකුලැති, සිහිනිඟැති කළ්‍යාණිය වූ මද්දීත්, මේ සිඟිත්තනුත් මෙහි මැ වෙසත්වා! මොවුහු වනවාසයෙහි ගැලී කුමක් නම් කරන්නාහු ද?" එකල්හි වෙසතුරු තෙමේ මෙවදන් කීයේය.

171. "මහවෙනෙහි වසනු පිණිස යන මේ ගමනට නොකැමැති දාසියකුදු නමුත් ගෙන යන්ට මම් වෙහෙස නොගනිමි. ඉදින් මෝ කැමැත්තී නම් මා සමග පැමිණේවා! නොකැමැත්තී නම් මෙහි මැ නවතීවා!"

එසේ මැ මෙසේත් කීයේය. "අහෝ මෑණියෙනි, නුඹවහන්සේ මා හට මෙසේ පවසන්නේ මන්ද? මා මද්දීව බලාත්කාරයෙන් වනවාසයට රැගෙන යන්නේ යැයි සිතන සේක් ද? නොකැමැති දාසියකුදු කැඳවාගෙන යන්ට වෙහෙස නොගනිමි මම්." එකල්හි සිය පුතුගේ වදන් ඇසූ සඳමහරජතෙමේ සිය ලෙහෙළි මද්දී දේවිය මාළිගයෙහි නවතා යන ලෙස ඉල්ලූ කරුණ පිළිබඳව ගාථායෙන් මෙසේ සඳහන් වෙයි.

172. වෙසතුරු පුතුගේ බස් ඇසූ සඳමහරජතෙමේ මද්දී කුමරිය මාළිගයෙහි නවත්වා ගන්ට ඉල්ලමින් කීයේය මෙසේ. "සඳුන් කල්ක අලෙව් දුන් මද්දීගේ පියකරු සිරුරෙහි ධූලි තවරන්ට එපා!

173. සොඳුරු රුවැති මද්දී දියණී, කසී සළු දැරූ තී මෙය අසව. තී වැන්නියක් රළු තණවැහැරි දරන්ට එපා. වනවාසය වනාහී දුකෙකි. තී වනයට යන්ට ඕනෑ නෑ."

එකල්හී මද්දී රජදූ සිය මාමණ්ඩිය වන සඳමහරජුට පැවැසූ කරුණ ගාථායෙන් මෙසේ කියැවෙයි.

174. හැම අඟපසෙඟින් හොබනා මද්දී රජදූ කීවාය සඳමහරජුට මෙසේ. "අහෝ... පියරජාණෙනි, මහිමි වෙසතුරු නිරිඳුගෙන් වෙන් වැ ලබන යම් සැපයෙක් වේ ද, එය මම් නොකැමැත්තෙමි."

175. සිවිරටේ සිරි සෙත සදනා සඳමහරජු මද්දී රජදූට මෙය කීවේය. "එසේ නම් එම්බා මද්දී, තී මෙය අසව. නොඉවසියැ හැකි කෙතරම් නම් දුක් කන්දරායෙක් මහවෙනෙහි තිබේ දැයි කියා.

176. ඒ මහවෙනෙහි බොහෝ කීටයෝ යැ. පළඟැටියෝ යැ. ඩැහැ ලේ බොන මදුරුවෝ යැ. මැස්සෝ යැ. එහිදී ඔවුනුත් තිට බොහෝ සෙයින් වද දෙන්නාහුය. තී වෙනෙහි සිට දැඩි දුක් විඳින්නී යැ.

177. වන නදීහු ඇසුරෙහි අනේක බිහිසුණු සත්තු සිටින්නාහ. වෙනෙහි සිටිනා තී ඔවුන්ව ද දකින්නීය. මහවෙනෙහි රුක් පඳුරු අතරෙහි සැඟැවී පිඹුරු නමින් දාර සර්පයෝ සිටිති. විෂ නැතිමුත් ඔවුහු ඉතා බලවත්යහ.

178. මිනිස්සු වෙත්වා, සත්තු වෙත්වා, යම් මැ කෙනෙක් ඒ පිඹුරන් සමීපයට යෙත් නම්, පිඹුරෝ සිය

දරණුවැලින් දැඩි වැ වෙළා ඔවුන් සිය වසඟයට ගන්නාහ.

179. ඒ මහවෙනෙහි තව බිහිසුණු සත්ව කෙනෙක් ඇත්තාහ. ඔවුහු නමින් වළස්සු යැ. සිරුර පුරා කාලවර්ණ දික් ලොමින් ගැවසී ඇත්තේය. ඔවුන් දුටු පුරුෂයෙක් භයට පත් වැ රැකකට නැගැ ගත්තේ නමුත් බේරෙනු නොහැක්කේ මැ යි.

180. හිමවතෙහි සෝතුම්බර නදී තෙර දරුණු කුළුමීමෝ කැකුළු වැ සැරිසරන්නාහ. ඔවුහු සිය තියුණු අඟින් දරුණු ලෙසින් පහර දෙන්නාහ.

181. රංචු ගැසෙමින් මුවෝ ද ගවයෝ ද ඒ වෙනෙහි සැරිසරා යත්. ඔවුන් දකිනා තී වසු පැටවුනට පෙම් බැඳි ගවදෙනක සෙයින් සිය දරු සිඟිත්තන් නොමැති වෙනෙහි කුමක් නම් කරන්නී ද?

182. රැක් මුදුනතින් පැනැ පැනැ යන විරූපී මුහුණැති දරුණු වඳුරෝ හඬ තලමින් සිටින්නාහ. ඔවුන් දුටු කල්හි තී මද්දී, වනගමන් නොදන්නී මහත් සේ භීතියට නොපත් වන්නී ද?

183. යම් බඳු තී මින් පෙර සිවලියකගේ ළාමක හඬ ඇසූ සැණින් දෑස් විදහා භීතියෙන් සැලෙන්නී, එබඳු තී දැන් වංකගිරියට ගොස් කුමක් නම් කරන්නී ද?

184. සිටිමද්දහනෙහි රැක්ගොමු අතර සැඟැවී පක්ෂීහු එක්වන් හඬින් නද දෙත්. එකල්හි මුළු මහවනය රැව් දී හඬ නගන සෙයින් දැනෙයි. එවන් තැනෙක තී කුමට නම් යන්ට කැමති වන්නී ද?"

මෙසේ සඳමහරජතෙමේ හිමවතෙහි තිබෙනා බිහිසුණු කම්කටොලු පිළිබඳව මද්දී රජ දූට එකිනෙක පැවැසීය. "නගරයෙහි රැකවල් මැද, සුවපහස් යහන් ඇති මාළිගයෙක වසනා තී වනාහී හිවලියකගේ, බකමූණෙකුගේ වේග හඬ ඇසූ සැණින් නෙත් විදහා සැලී තැතිගන්නා සිව්මැලි එකියකි. එවන් තී හුදෙකලා මහවෙනෙහි කෙසේ නම් සිටින්නී දැයි කියා රජවාසලෙහි ම රඳවාගනු පිණිස යැ කරුණු කීයේ." එය අසා සිටි මද්දී කුමරී සඳමහරජු හට පිළිවදන් පැවැසූ අයුරු ගාථායෙන් මෙසේ දැක්වෙයි.

185. හැම අඟපසෙඟින් හොබනා සොඳුරු මද්දී රජ දූ කීවා යැ මෙසේ. "භවත් මහරජුනි, නුඹවහන්සේ හිමවත් මහවෙනෙහි ඇති යම් මේ බිහිසුණු දේ ගැන කී සේක් ද, එය එසේ මැ යි. ඉතා බිහිසුණු යැ. එනමුදු මහරජුනි, මම් ඒ සියල්ල ඉවසා දරා සිටින්ට වනවාසයට මැ යන්නෙමි.

186. කාශ තෘණ, කෘශ තෘණ, පෝටකීල තෘණ, මෘදු තෘණ, බුබුස් තෘණ යනාදී මෙයින් තැනූ කොට්ටා මම් හිසෙන් බැහැරට ලන්නෙමි. එසේ මැ වෙසතුරු නිරිඳහු විසින් දුකසේ කැඳවාගෙන යන්නියක නොවන්නෙමි.

187. මෙලොවෙහි සැමියෙකු පතනා කුමරියක් වනාහී අනේක දුක් වින්ද මනා යැ. ඕ සිය රුව රකිනු වස් උපවාස කරන්නී යැ. ගව හනුවෙන් සිය උකුළ තලාගන්නී යැ. බඳපටි වෙළා සිය ඉඟ සිහින් කරන්නී යැ.

188. එසේ මැ ඕ ගිනි දෙව් පුදන්නී යැ. දියෙහි කිමිඳැ සෙත් පතන්නී යැ. එවන් ලොවෙකැ වැන්දඹුවක වීම නම් මහත් මැ දුකෙකි. එහෙයින් මම් මහිමි සමගින් වනයට මැ යන්නෙමි.

189. ඉදින් යම් ළඳකට වැන්දඹුවක වී ඉන්ට සිදුවන්නී නම් ඕ නොකැමැත්තී නමුත් නීච ජාතික පුරුෂ තෙමේ පවා ඇය අතින් අදී. එවන් ලොවෙකැ වැන්දඹුවක වීම නම් මහත් මැ දුකෙකි. එහෙයින් මම් මහිමි සමගින් වනයට මැ යන්නෙමි.

190. හිමියා නැති ස්ත්‍රිය වෙත යන සොර සැමි කෝප වූ කල්හි ඇගේ කෙස් වැටියෙන් ඇදැ බිමැ හෙළා පයින් තලා ඕ හට අවමන් කෙරෙයි. ඕ හට අනල්ප දුක් දෙන නමුත් ඒ නපුරු මිනිසා ඇ හැර නොයයි. එවන් ලොවෙකැ වැන්දඹුවක වීම නම් මහත් මැ දුකෙකි. එහෙයින් මම් මහිමි සමගින් වනයට මැ යන්නෙමි.

191. නහන සුණෙන් සියොලඟ තවරා, සොඳුරු ලෙස සුකොමාල වැ සිටිය ද, වැන්දඹු තොමෝ නොකැමැත්තී නමුත් අඩු මිලට රැගෙන යන්නාහ. බකමුහුණෝ ද එලෙසින් මැ කපුටන් පැහැරගෙන යත්. එවන් ලොවෙකැ වැන්දඹුවක වීම නම් මහත් මැ දුකෙකි. එහෙයින් මම් මහිමි සමගින් වනයට මැ යන්නෙමි.

192. යස ඉසුරු පිරි කුලයෙකැ රන්වතින් බැබළී ගිය ද, ඕ ඉදින් වැන්දඹුවක නම්, සොයුරන්ගෙනුත් යෙහෙළියන්ගෙනුත් නින්දා නොලබන්නී ද?

ලබන්නී මැ යි. එවන් ලොවෙකැ වැන්දඹුවක වීම නම් මහත් මැ දුකෙකි. එහෙයින් මම් මහිමි සමගින් වනයට මැ යන්නෙමි.

193. දිය සිඳීගිය නදීහු නග්නයහ. රජෙකු නොමැති රට ද නග්න යැ. සොයුරන් දස දෙනෙකු මැද නමුත් සිටිනා ළඳ ඉදින් වැන්දඹුවක නම් ඕ ද නග්න යැ. එවන් ලොවෙකැ වැන්දඹුවක වීම නම් මහත් මැ දුකෙකි. එහෙයින් මම් මහිමි සමගින් වනයට මැ යන්නෙමි.

194. රථයෙහි ලකුණ ධජය යැ. ගින්නෙහි ලකුණ දුම යැ. රටෙහි ලකුණ රජු යැ. බිරිඳගේ ලකුණ සිය හිමියා යැ. එවන් ලොවෙකැ වැන්දඹුවක වීම නම් මහත් මැ දුකෙකි. එහෙයින් මම් මහිමි සමගින් වනයට මැ යන්නෙමි.

195. යම් දිළිඳු ළඳක් තොමෝ සිය දිළිඳු හිමි හට බැතිවැ වසන්නී ද, ආඪ්‍ය ළඳක් තොමෝ සිය ආඪ්‍ය සැමියා හට බැතිවැ වසන්නී ද, ඒකාන්තයෙන් ඕ හට දේවතාවෝ පසසත්. ඕ දුෂ්කර දැයෙක් කරන්නී යැ. එනිසා යැ.

196. එහෙයින් මහරජුනි, මම් ද හැම කල්හි කසාවතක් පොරවා මහිමියාණන් පසුපස මැ යන්නෙමි. වෙසතුරු මහිමිගෙන් තොර මුළු මිහිතලය ලද ද, ඒ කිසිවකට මම් නොකැමැත්තෙමි. එවන් ලොවෙකැ වැන්දඹුවක වීම නම් මහත් මැ දුකෙකි. එහෙයින් මම් මහිමි සමගින් වනයට මැ යන්නෙමි.

197. එසේ මැ මහසයුර හිම් කොට ඇති, බොහෝ සම්පත් දරා සිටින, අනේක මිණි රුවනින් හෙබි

මේ මිහිකත ලැබුණ ද, වෙසතුරු මහිමිගෙන් තොර ඒ කිසිවකට මම් නොකැමැත්තෙමි.

198. යම් ළඳක් සිය සැමියා දිළිඳු යැයි දැනැ දැනැත් තමා සැප විඳින්ට ම කැමැත්තී වැ සිට ඒ වග කියමින් සිය හිමි පෙළන්නී නම් ඇගේ ළය කෙබඳු ඇත් ද! එවන් ස්ත්‍රීහු ඒකාන්තයෙන් ක්‍රෑරතරයහ.

199. සිවිරට සිරිසෙත සැදූ මහිමි වෙසතුරු නිරිඳු සියලු දේ අත්හැර වන වාසයට නික්මැ යන සඳ මම් ද මහිමියා පසුපස වැටි වැටී යන්නෙමි. මා කැමති සියලු දෙය මට දුන්නේ මහිමි යැ."

200. හැම අඟපසෙඟින් හොබනා මද්දී කුමරියට සඳමහරජතෙමේ මෙය කීය. "සොඳුරු රූ ඇති මද්දී, එසේ නම් තී යව. තිගේ ළදරු සිඟිත්තන් වන ජාලීත්, කණ්හාජිනාත් දෙදෙනා මෙහි රඳවා යව. අපි ඒ දරු සොඳින් ඇතිදැඩි කරන්නෙමු."

එකල්හි මද්දී රජදූ කිව් කරුණ ගාථායෙන් මෙසේ සඳහන් වෙයි.

201. හැම අඟපසෙඟින් හොබනා මද්දී රජදූ සඳමහරජු හට කීවාය මෙසේ. "අහෝ... මහරජුනි, මා දරු ජාලීත්, කෘෂ්ණජිනාත් දෙදෙනා මට ඉතා ප්‍රියයෝ යැ. මා නෙත් සඟල වන් යැ. වනවාසයට ගිය කල්හි අපගේ දුක්ඛ දෝමනස්සයන් නිවන්නෝ ඔවුහු යැ. ඔවුහු අපව එහි සිත් අලවන්නාහ."

202. සිවිරට සිරි සෙත සදනා සඳමහරජහු එය අසා මෙය කීයේය. "මියුරු මස් රසයෙන් යුතු ඇල් සහලේ

සිරිමත් වෙසතුරු දාව 83

බත් වැළඳූ මේ දරු සිඟිත්තෝ කෙසේ නම් නීරස කැලෑගෙඩි අනුභව කරන්නාහු ද?

203. සියයක් කහවණුයෙන් කළ, සියයක් රන් රේඛා ඇති රන් තැටියෙහි බත් වැළඳූ මේ දරු සිඟිත්තෝ කෙසේ නම් වනරුක්පතෙහි තැබූ කැළෑ ගෙඩි වළඳින්නාහු ද?

204. කසී සළු ද, කොමු පිළි ද, කෝදුම්බර පිළි ඈ අනේක සිනිඳු මොළොක් වත් පොරොවා සිටි මේ දරු සිඟිත්තෝ කෙසේ නම් තොප සෙයින් රළු හණවැහැරි ධරන්නාහු ද?

205. දෝලායෙනුත් රියෙනුත් උසුලාගෙන ගිය මේ දරු සිඟිත්තෝ වන වාසයෙහිදී කෙසේ නම් හුදු පා ගමනින් ඔබ මොබ සිසාරා දුව ඇවිදින්නාහු ද?

206. උස් මුදුන් පියැසි ඇති, වැසූ දොරවාකවුළු ඇති, දැල්වූ සුවඳ තෙල් පහන් ඇති මනරම් නිවෙස්නෙහි මොළොක් පළස් අතුළ සුව පහසු යහන්හි සැතැපුණු මේ දරු සිඟිත්තෝ කෙසේ නම් මහවෙනෙහි රුක්මුල්හි සැතැපෙන්නාහු ද?

207. මුදු මොළොක් ලොම් ඇති, විසිතුරු ඇතිරිලි අතුළ, දෙපසෙහි මොළොක් කොට්ටා තැබූ යහන්හි සුවසේ සැතැපුණු මේ දරු සිඟිත්තෝ සිරුරු කකියන සිහිල් සුළං වදිමින් බිම තණ ඇතිරියෙක්හි සැතැපීම නම් කෙසේ කරන්නාහු ද?

208. අගිල් සඳුන් කල්කයෙන් සුවඳ විලවුන් අලෙව් දුන් මේ දරු සිඟිත්තෝ වෙනෙහි රළු පරළු බිමැ ධූලි කුණු දැරීම කෙසේ නම් කරන්නාහු ද?

209. සෙමෙරයෙන් ද මොණර පිළෙන් ද කළ විජිනිපත් ගත් අතින් පවන් සලමින් සුවසේ වැඩුණු මේ දරු සිඟිත්තෝ මහවෙනෙහි වසන සඳ ඩැහැ ලේ බොන රුදුරු මැසි මදුරුවන් විසින් විදින ලද්දාහු ඉවසා සිටීම කෙසේ නම් කරන්නාහු ද?"

මෙසේ ඔවුහු එකිනෙකා කරුණු දක්වා දොඩමලු ව සිටියදී ඒ කිසිවෙකුටත් නොදැනී රහසේ මැ රැය ගෙවී ගියේය. හිරු උදාවෙමින් තිබුණේය. එසඳ බෝසතුන්හට වනවාසයට යනු පිණිස සරසන ලද සෛන්ධව අසුන් යෙදූ රථය ගෙනවුත් රජගෙහි ඉදිරිපස නවතාලූහ. එසැණින් මැ අසුනෙන් නැගිටගත් මද්දී රජදූ සඳමහ රජුටත් ඵුසතී මව්බිසොවටත් වැන්දාය. ඉකි බිඳිමින් සිටිනා අන්තඃපුරාංගනාවන් හා නොදොඩා, ඔවුන් දෙස නෙත් නොහෙළා වහා සිඟිත්තන් දෙදෙනා ද ගත්තා යැ. වෙසතුරු නිරිඳුට පෙර මැ ගොස් රථයට නැංගා යැ.

මේ වග ගාථායෙන් දැක්වෙන්නේ මෙසේ යැ.

210. හැම අඟපසෙඟින් හොබනා මද්දී රජදූ සඳමහරජු හට මෙය කීවාය. "අහෝ දේවයෙනි, නොවැලපී සිටිනු මැනව. නුඹවහන්සේ ළයෙහි දුක් පුරවා නොගත මැනව. වනයට ගිය කල්හි අපි යම් සේ වන්නමෝ ද, මේ දරු සිඟිත්තෝ ද එසේ වන්නාහ."

211. හැම අඟපසෙඟින් හොබනා මද්දී රජ දූ මෙය පවසා සිය දරුවන් ද ගෙන වෙසතුරු නිරිඳු යන මගින් ගොස් පහයෙන් බැසැ රථයට නැංගාය.

212. වෙසතුරු රජතෙමේ මහදන් දුන්නේය. මාපියන් බැහැදැක වැන්දේ යැ. පැදකුණු කෙළේය. පහයෙන් බැසැ,

213. සෛන්ධව අසුන් සිව් දෙනෙකු යෙදවූ රාජරථයට වහා නැගී ගත්තේය. අඹුදරුවන් ද ගෙන වංකගිරිය බලා පිටත් වැ ගියේය.

214. වෙසතුරු නිරිඳු තෙමේ එසේ යන කල්හි යම් තැනෙක්හි බොහෝ ජනයෝ රැස්වැ හුන්නාහු ද, ඔවුන් දෙසට රිය මෙහෙයවා ඔවුන් අමතා මෙය කීය. 'අපි දැන් තොප අමතා යම්හ. අප ඤාතීහු නීරෝග වෙත්වා!'

වෙසතුරු නිරිඳා සිය රට අත්හැර වනවාසයට යනු දකිනු පිණිස ඒ ඒ තැනින් බොහෝ ජනයෝ අවුත් මුළුදී බලාහුන්නෝය. අස්රිය එතැනට මෙහෙයැවූ වෙසතුරු තෙමේ කීයේ යැ මෙසේ. "අපි දැන් වනවාසයට යම්හ. තෙපි අප්‍රමාදී වව්. දානාදී පින්කම් කරව්" යි කියා ඔවුන් හට ඔවදන් දී නික්මැ යන සඳ බෝසත් මාතා ඵුසතී දේවී තොමෝ මෙය සිතුවාය. 'මපුතු දන් දෙන්ට මැ සිත සිතා සිටින්නෙකි. එහෙයින් මේවාත් දන් දේවා' යි සත්රුවන් අබරණ පිරවූ සත් ගැලෙක් වෙසතුරු නිරිඳු වෙත එව්වාය. සිය පියාණන් වූ සඳමහරජු ද එසෙයින් මැ සත් ගැලෙක් එවීය. වනයට නික්මැ යන මොහොතේ පවා වෙසතුරු නිරිඳු වෙත යදියෝ දිව ආහ. වෙසතුරු නිරිඳු තෙමේ දහඅට වතාවකදී තමා වෙත එවන ලද සියල්ල මැ ඉතිරි නොකොට දන් දුන්නේය.

නගරයෙන් නික්මුණු නිරිඳු හට තමා අත්හැර යන ජයතුරා නුවර දෙස ආපසු හැරී බලන්ට ආශායෙක් උපන්නේය. නිරිඳු හට ඒ සිත පහළ වූ සැණින් අස්රිය පමණ තැන මිහිතලය පෙරළී කරකැවී ගොස් අස්රියට මුහුණ ලා නගරය පෙනී ගියේය. ඉක්බිති හේ සිය මාපියන්

වසනා මාළිගය දෙස බලා සිටියේය. එකල්හි මිහිකත කම්පිත වැ හඬා වැටෙන සෙයින් සැළී ගියාය. ඒ වග ගාථායෙන් මෙසේ දැක්වෙයි.

215. නගරයෙන් නික්මැ හිමවත් වනපියසට යන වෙසතුරු නිරිඳා නැවතී ආපසු හැරී තමා වුසූ පුරය දෙස බැලූ කල්හි සිනේරු පව්ව නමැති මුදුන්මල්කඩින් හෙබි මිහිකත් තොමෝ හඬන්නියක සේ සැලී කම්පා වූවාය.

216. "එම්බා මද්දී, අර... අර... මනාව බලව. ඒ සඳමහරජහුගේ රම්‍ය වූ නිවෙස්න යැ. අප පියපරපුරෙන් ආ රාජභවන යැ දිස්වනුයේ."

එසේ මැ තමා මනුලොව උපන් දා මනුලොව උපන් සැට දහසක් ඇමැතියන් දෙසත් සෙසු මහජනයා දෙසත් අස්රිය නවතා හැරී බැලීය. යළි රථය පදවමින් යන්නේ මද්දී දේවියට මෙය කීය. "සොඳුරී, මද්දී, මනාව බලා සිටුව. ඉදින් කිසිවෙකු හෝ පසුපසින් විත් අපෙන් කිසිවක් ඉල්ලිය හැක්කේ යැ." එය අසා ඕ පසුපසැ බලමින් මැ රථයෙහි හිඳැගත්තාය.

එකල්හි සප්ත ශතක මහාදානයට පැමිණෙන්ට නොහැකි වූ සිව් දෙනෙක් බමුණෝ ජයතුරා නුවරට ගොස් වෙසතුරු මහරජහු කොහි සිටිත් දැයි විචාළෝය. මහදන් දී හේ මහා වනයට නික්මැ ගියේ යැයි මිනිසුන් කී කල්හි "ඕ හෝ... එසේ නම් හේ කිසිවක් රැගෙන ගියේ වනැ" යි පැවසූ කල්හි "කිසිවක් නැතැ. ගියේ අස්රියෙනි" යි අසා "එසේ නම් අපි අසුන් හෝ ඉල්ලා ගන්නෙමු" යි ලුහුබැන්දෝය. පසුපසැ බලමින් සිටි මද්දී දේවී ඔවුන් ලුහුබැඳ එන අයුරු දුටුවාය.

"දේවයෙනි, කවුදෝ පිරිසක් රිය නවත්වන්ට කියා අතින් සන් දෙමින් දිව එන්නාහ. ඔවුහු කිසිවක් ඉල්ලා එන්නෝ බඳු යැ." රජතෙමේ රිය නැවැත්වීය. ඔවුහු අවුත් අශ්වයන් ඉල්ලා සිටියෝය. බෝසත් තෙමේ සිය සුතඹුවන් ගෙන වහා අස්රියෙන් බැස්සේය. අසුන් රියෙන් මුදවා බමුණන් හට දන් දුන්නේය.

එම අරුත් පවසමින් ශාස්තෘන් වහන්සේ ගාථායෙන් වදාළෝ යැ.

217. සිව් දෙනෙක් බමුණෝ වෙසතුරු නිරිඳහුගේ අස්රිය ලුහුබැන්දෝ යැ. ඔවුහු රියැ බැඳි අසුන් ඉල්ලා සිටියෝය. වෙසතුරු තෙමේ තුටු සිතින් නැගිට අසුන් සිව් දෙනා රියෙන් මුදවා වහා ඔවුන් වෙත දන් දුන්නේය.

අසිරියෙකි! අසුන් දන් දුන් කල්හි රථයෙහි වියගස අවකාශයෙහි සිටියේය. බමුණන් අසුන් ගෙන ගිය සැණින් දෙව්පුත්හු සිව් දෙනෙක් තිත්මුවන්ගේ වේශයෙන් අවුත් වියගස උසුලාගත්තෝය. යළි රථයට ගොඩවූ ඔවුන් ද රැගෙන රථය පිටත් විය. බෝසත්හු ඒ මුවන් දෙව්පුතුන් බව දැන මේ ගය පැවසීය.

218. එම්බා මද්දී, මනාව බලනුව. මේ මුවෝ විචිත්‍ර වූ මනරම් පැහැ සටහන් ඇත්තෝ යැ. මනාව හික්මුණු අසුන් සෙයින් යන්නාහ. තිත්මුවන්ගේ වේශයෙන් දෙවියන් අවුත් අප රිය උසුලා යන අයුරු බලව!

වෙසතුරු නිරිඳු හට යා හැකි වූයේ මඳ දුරෙකි. නැවත වෙනත් බමුණෙක් ආයේය. හේ රජුගෙන් රථය ඉල්ලා සිටියේය. මහසත් තෙමේ යළි අඹුදරුවන් රියෙන්

බැස්සවූයේය. ඔහුට රිය දන් දුන්නේය. බමුණාහුට රථය දන් දුන් සැණින් දෙව්පුත්හු නොපෙනී ගියෝය.

219. නැවත වෙනත් බමුණෙක් අවුත් රිය ඉල්ලා සිටියේය. ඔහු ඉල්ලා සිටි දෙය ඔහුට ලැබුණේය. එකල්හි ද වෙසතුරු නිරිඳහුගේ සිතෙහි නොතිත් ආශාව පැනැ නැගී තිබුණේ දන් දීමට මැ යි.

220. වෙසතුරු නිරිඳු තෙමේ සිය අඹුදරුවන් රියෙන් බැස්සවීය. ධනය සොයා ආ බමුණා අස්වසා අස්රිය දන් දුන්නේය.

එතැන් සිට ඔවුහු පා ගමනින් ම යන්ට පිටත් වූයේය. එසඳ මහසත් තෙමේ මද්දී අමතා මෙය කීය.

221. සොඳුරී මද්දී, තී කණ්හාජිනා ගනුව. මෝ බාල යැ. හැල්ලු යැ. මම් ජාලිය පුතු ගන්නෙමි. හේ වැඩිමහල් යැ. බර යැ.

මෙසේ කී වෙසතුරු නිරිඳු ජාලිය පුත් කුමරු ඇකයට වඩාගත්තේය. මද්දී තොමෝ කණ්හාජිනා ඇකයට ගත්තීය. සැට යොදුන් දුර ඇති වංකගිරිය බලා යනු පිණිස පා ගමනින් මැ නික්මැ ගියෝය.

එම අරුත පවසමින් ශාස්තෘන් වහන්සේ මේ ගය වදාළහ.

222. වෙසතුරු නිරිඳු තෙමේ පුත් කුමරු ගත්තේය. මද්දී රජදූ සිඟිත්තිය ඇකයට ගත්තාය. ඔවුනොවුන් මියුරු තෙපුල් බෙණෙමින් තුටු සිතින් වනවාසය පිණිස පා ගමනින් පිටත් වූවෝය.

දන් දීම පිළිබඳ කොටස නිමා විය.

ඔවුහු මාවතෙහි ඉදිරිය බලා ගමන් ගත්තෝය. මගදී හමුවන මිනිසුන්ගෙන් "එම්බා පින්වත්නි, වංකගිරිය තිබෙන්නේ කොහි දැ?" යි අසා සිටිත්. එසඳ ඔවුහු 'එය ඉතා දුර යැ' යි පවසත්.

223. ඉදින් අප යන මගෙහි යම් කිසි කෙනෙක් යන්නාහු ද, එමගින් තව කෙනෙක් එන්නාහු ද, "තොපගෙන් මගෙක් ගැන අසම්හ. භවත්නි, කොහි යැ වංකගිරිය?" යි අසා සිටියෙමු.

224. එසඳ ඔවුහු මාවතෙහි යන අප දැක හඳුනාගත්තෝය. සොවින් හඬා වැලපුණෝය. "අහෝ... තොපට ගමන බොහෝ දුර යැ. වංකගිරිය නම් ඉතා ඈත යැ" කියා අපට සිය දුක දනවන්නාහ.

ඒ මග දෙපසැ මල් ඵල බරවී ගිය රුක්පෙළ දැකැ සිඟිත්තෝ ඵල ඉල්ලා හඬන්ට වන්හ. මහසත්හුගේ ආනුභාවයෙන් ඒ ඵලබර රුක්හු ඔවුන් දෙසට නැමී ගියෝය. අත්පසට ළං වූවෝය. එකල්හි වෙසතුරු තෙමේ ඉදීගිය මිහිරි ඵල නෙළා දරුවනට දුන්නේය. මේ අසිරිය දුටු මද්දී දේවී නෙත් විදහා මෙය කීවාය.

225. ඉදින් දරු සිඟිත්තහු මහවනයේ ඵලබර රුක් දකිත් ද, එසඳ ඔවුහු ඒ ඵල වළඳින්ට ඕනෑ කියමින් හඬන්ට පටන් ගනිත්.

226. හඬන්නා වූ අප සිඟිත්තන්ගේ සිතැඟි දැකැ මියුරු ඵලබර වෘක්ෂයෝ ද සොවින් සැලී ගොස් තුමූ මැ නැමී අවුත් දරුවන් වෙත ළං වෙත්. අසිරියෙකි!

227. ලොමුඩැහැ ගැන්වෙන මේ අද්භූත චමත්කාරය දුටු හැම අඟපසෙඟින් හොබනා මද්දී තොමෝ තුටු කඳුළු සලා සාදු හඬ නැගුවාය.

228. අහෝ... ඒකාන්තයෙන් මැ ලොවැ අසිරියෙකි! අද්භූතයෙකි! චමත්කාරයෙකි! ලොමුඩැහැ ගන්වයි. අහෝ... මහිමි වෙසතුරු නිරිඳහුගේ තෙදින් එලබර රුක්හු තුමූ මැ නැමී ආ සැටි!

ජයතුරා නුවර සිට සුවණ්ණගිරිතල නම් පව්වට පස් යොදුන් දුරෙකි. එතැන් සිට කොන්තිමාරයට තව පස් යොදුනෙකි. එතැන් සිට ආරඤ්ඤගිරි පව්ව දක්වා යා යුතු දුර තව යොදුන් පසෙකි. දුන්නිවිට්ඨ නමැති බමුණු ගමට යන්ට එතැන් සිට තව යොදුන් පසෙක් ඇත්තේය. එතැනිනුත් තව දස යොදුනෙක් ගිය කල්හි මාතුල නමැති නගරය හමුවෙයි. ඒ දක්වා ජයතුරා නුවර සිට මාතුල නුවර තෙක් යා යුතු දුර තිස් යොදුනෙකි. එසඳ වෙසතුරු නිරිඳු කෙරෙහි පහන් සිතැති, සිඟිත්තන් කෙරෙහි දයා ඇති දේවතාවෝ සිය දේවානුභාවයෙන් ඒ තිස් යොදුන් මග එක් දිනකට හකුළුවාලූහ. එහෙයින් ඔවුහු එක් දිනකින් මැ මාතුල නගරයට සේන්දු වූවෝය.

229. සිඟිත්තන් කෙරෙහි සානුකම්පික දේවතාවෝ වෙසතුරු නිරිඳුට පහන් සිතැතිව තිස් යොදුන් මග හකුළුවාලූහ. ඔවුහු නික්මැ ආ එක් දිනෙකින් මැ චේතිය රටට පැමිණියෝය.

ඔවුහු එදා ජයතුරා නුවරින් හීලට බත් වළඳින වේලෙහි නික්මැ ආවාහුය. සවස් යාමය වන විට තිස්

යොදුනෙක දුරින් පිහිටි චේතිය රටෙහි මාතුල නුවරට පැමිණියෝය.

230. ඔවුහු ඒ සා දිගු මගෙක් ගෙවා චේතිය රට මාතුල නුවරට පැමිණියාහුය. මාතුල නුවර වනාහී ඉතා සමෘද්ධිමත් යැ. බොහෝ රා, මස් ආදිය ඇත්තේ යැ. මහා ජනපදයෙකි.

මාතුල නගරයෙහි සැටදහසක් ක්ෂත්‍රියයෝ වුසූහ. අප මහබෝසත් තෙමේ ඇතුලු නුවරට නොපිවිසැ නගරද්වාර ශාලායෙහි ලැගුම් ගත්තේය. එසඳ මද්දී තොමෝ බෝසත්හුගේ පා යුග මත තැවරී තිබූ ධූලි පිසදැම්මාය. සියතින් පා මඩිමින් පා රිදුම් ලිහිල් කළාය. වෙසතුරු නිරිඳහු මෙහි ආ වග අන්‍යයන් හට දන්වන්නෙමි යි සිතූ ඕ ශාලායෙන් පිටතට ආවාය. වෙසතුරු නිරිඳුගේ නෙත් මායිමෙහි සිටගත්තාය. එසඳ මාතුල නුවර පිවිසෙන්නා වූ ද, නික්මෙන්නා වූ ද ස්ත්‍රීහු මද්දී බිසව් දැක පිරිවරා ගත්තෝය.

231. ඒ චේතිය රටෙහි මාතුල නුවරවැසි නාරීහු හැම කළණ ලකුණින් හොබනා, බෙහෙවින් පියකරු මද්දී දේවී දැකැ පිරිවරා ගත්හ. 'ඒකාන්තයෙන් ම මේ ආර්යා තොමෝ ඉතා සියුමැලි යැ. අහෝ... එනමුදු මෝ තොමෝ යන්නී හුදු පාගමනින් නොවැ.

232. පෙරැ දෝලායෙනුත් රන්සිවිගෙයිනුත් උසුලා ගරු බුහුමනින් ගිය මද්දී රජදූ නොවෙද මෝ! අහෝ අද ඒ මේ මද්දී තොමෝ වන අරණෙහි යන්නී යැ පාගමනින්!

එකල්හි එහි රැස්වූ මහජන තුමූ මද්දී බිසොවත් වෙසතුරු නිරිඳුත් සිඟිත්තනුත් අනාථ ගමනින් ආ අයුරු දැකැ වහා දිවැගොස් චේතිය රටෙහි රජුන් හට සැළකළෝය. එය ඇසූ සැටදහසක් රජදරුවෝ වෙසතුරු නිරිඳු වෙත අවුත් හඬා වැලපුණෝය. අප ශාස්තෘන් වහන්සේ එය ගාථායෙන් වදාළෝ මෙසේ යැ.

233. චේතිය රජදරුවෝ වෙසතුරු නිරිඳු දැක කඳුළු සලමින් එළැඹියාහුය. "දේවයෙනි, කිම, නුඹවහන්සේ නීරෝග සේක් ද? දේවයෙනි, කිම, නුඹවහන්සේ නිදුක් සේක් ද? එසේ මැ නුඹවහන්සේගේ පියරජහු නීරෝග ද? සිවිරටවැස්සෝ නිදුක් වැ සිටිත් ද?

234. අහෝ... වෙසතුරු නිරිඳුනි, කොහි යැ නුඹවහන්සේගේ බලසෙන්? කොහි යැ නුඹවහන්සේගේ රියමඬුලු? අහෝ... මේ සා දිගු මගෙක් අසුන් නැතිවැ, රියෙක් නැතිවැ ආයේ කෙසේ? කිමැ.... සතුරන් විසින් පලවාහළ සේක් ද? මෙදෙසට ආයේ කෙසේ?"

235. "මිතුරනි, මම් නීරෝගයෙමි. නිදුක් මි. එසෙයින් මැ මපියරජතෙමේ ද නීරෝග වැ වෙසෙයි. සිවිරටවැස්සන්ට ද දුකෙක් නැත්තේය.

236. මිතුරනි, මම් අනගි දනක් දුන්නෙමි. එසේයැ. ඒ මම් වනාහී වක් වැ ගිය රියසක වන් මහා දළයුගල ඇති, බොහෝ බර උසුලන, හැම යුදයෙහි ජයබිම මැනැවින් දන්නා, සර්වාංගය ම අතිධවල වූ, උතුම් ගිජ්ඳා දන් දුන්නෙමි.

237. අනගි රන් පලසෙකින් වැසූ පිට ඇති, වෑහෙන මද ඇති, මැඩලූ සතුරන් ඇති, සැරසීගත් වල්විදුනා

ඇති, හිමගිරි මුදුනෙහි කෛලාසය බඳු සුදෝ සුදු වූ අතිධවල ගිජ්ඳෙකි හේ.

238. සුදු සේසතින් යුතු කොට, උඩුවියන් පාවඩින් යුතු කොට, ඇත්ගොව්වන්, ඇතිවෙදුන් සමගින් ඒ රජහු උසුලන උතුම් යානය, ජයතුරා පුර බැබළවූ ධවල ගිජිඳා ඈත කලිඟු රටෙන් ආ බමුණන් ඉල්ලා සිටියෙන් ඔවුන් හට දන් දුන්නෙමි.

239. එකල්හි ඒ ගිජිඳු දන් දුන් නිසාවෙන් සිවිරටවැස්සෝ මා කෙරෙහි රුදුරු ලෙස උරණ වූවෝය. මාපියරජතෙමේ ද ගැටුණු සිත් ඇත්තේ විය. මා පිටුවහල් කෙළේය. එහෙයින් මිතුරනි, දැන් මම් වංකගිරියට යෙමි. ඒ වෙනෙහි යම් තැනෙක අපි වසන්නෙමු නම් එවන් තැනෙක් මට මනාව පවසව්."

එකල්හි චේතිය රජදරුවෝ වෙසතුරු රජු හට මෙසේ කීවෝය.

240. අප වෙසතුරු නිරිඳුනි, නුඹවහන්සේගේ මෙහි පැමිණීම ස්වාගතයෙකි. සුභ ආගමනයෙක් වේවා! එසේ මැ නුඹවහන්සේගේ පැමිණීම නිදොස් ම වේ. මෙහි ආ නුඹවහන්සේ අපගේ අධිපති වුව මැනව. යම් යම් දෙයක් රිසි වහු නම් එය අපට පවසාලුව මැනව.

241. මහරජුනි, මේ චේතිය රටට ආ නුඹවහන්සේ අපට ආගන්තුකයහ. අතිථි වන සේක. එහෙයින් මෙහි ඇති පලා ද, නෙළිඹු අල ද, මීපැණි ද, මාංශ ද, පවිත්‍ර වූ ඇල්සහල් බත් ද වළඳිනු මැනව.

එසඳ වෙසතුරු නිරිඳාණෝ චේතිය රට රජවරුනට මෙය කීහ.

242. "තොප විසින් මවෙත දුන් හැම තුටු පඬුරු මවිසින් ද පිළිගන්නා ලදී. එ හැම අනගි ලෙස කරන ලද්දේය. වැලිදු මපියාණන් විසින් පිටුවහල් කරන ලද්දෙම් මම්. එහෙයින් වංකගිරියට මැ මම් යෙමි. ඒ වෙනෙහි යම් තැනෙක අපි වසන්නෙමු නම් එබඳු තැනෙක් මනාව දැනැ පවසව්."

243. "වෙසතුරු නිරිඳුනේ, සිවිරට සිරි සෙත සදනා සඳමහරජහු වෙත අප චේතිය රජදරුවන් ගොස් නුඹවහන්සේගේ නිදොස් බව දන්වා, සමාව අයදින්ට යම්තාක් කල් යන්නේ ද, ඔවුන් එහි ගොස් එන තාක් මේ චේතිය රටෙහි ම සුවසේ වුසුව මැනව.

244. ඒ ඒ චේතිය රජුන් පෙරටු කොට ඔවුන්ගෙන් ලද උපකාර ඇතිවැ ඔවුන් පිරිවරා නුඹවහන්සේ යළිත් ජයතුරා නුවරට වඩනා සේක් ද, ක්ෂත්‍රිය රජුනි, එසේයැ. එය මෙසේ දත මැනව."

245. "නැත මිතුරෙනි, මපිය සඳමහරජහු වෙත ගොස් මා නිදොස් බව දන්වා ආයාචනා කරන්ට යන ගමන තොපට රුචි නොවේවා! එහිලා රජතෙමේ අධිපති නොවේ.

246. සිවිරටවැස්සෝ ද සිවිරඟ සේනාවෝ ද නියම්ගම් වැස්සෝ ද යන සියලු දෙන මා කෙරෙහි බලවත් වැ උරණ වූවෝය. මා හේතුකොට ගෙන ඔවුහු

සඳමහරජහු පවා රාජ්‍යයෙන් නෙරපන්ට රිසි වන්නාහුය."

247. "අහෝ... සිවිරටෙහි සෙත සලසන වෙසතුරු රජුනි, ඉදින් එහි පවත් එබඳු නම් මේ චේතිය රටවැස්සන් පිරිවරන ලදුව මෙහි මැ සුවසේ රාජ්‍ය කළ මැනව.

248. පින්වත් වෙසතුරු රජුනි, මේ චේතිය රට ධන ධාන්‍යයෙන් ආඪ්‍ය යැ. සමෘද්ධිමත් යැ. මහා දනව්වෙකි. එහෙයින් දේවයෙනි, මෙහි මැ රාජ්‍යානුශාසනා කරන්ට නුඹවහන්සේ සිතුව මැනව."

249. "චේතිය රජදරුවෙනි, මබස් අසව්. සියරටින් පිටුවහල් කරන ලද මා තුළ දැන් වනාහී රාජ්‍යානුශාසනා කරන්ට හෝ කිසියම් රාජ්‍යයක් මැද වසන්ට හෝ කැමැත්තෙක් නැත්තේ යැ. සිතිවිල්ලෙකුදු නැත්තේ යැ.

250. සිවිරටින් නෙරපන ලද මා චේතිය රටවැස්සෝ අභිෂේක කළාහුය යන කරුණ සිවිරටවැස්සෝත් සිව්රඟ සේනාවෝත් නියම්ගම්වැස්සෝත් යනාදී යම් කෙනෙක් වෙත් ද, ඔවුහු නොසතුටු වන්නාහ.

251. මා හට එසේ සැලකීම හේතුයෙන් තොප හා ඔවුහු උරණ වන්නාහ. එකල්හි තොප හා ඔවුනොවුන් අසමගි බවෙක් වන්නේය. සිවීන්ගේ කලහයත්, යුද වැදීමත් මා හට නොරිසි මැ යි.

252. තවද ඔවුන්ගේ කලහය ඉතා දරුණු යැ. අනල්ප වූ පහරදීම් ඇතිවියැ හැක්කේ යැ. මා නමැති එක ම

කරුණු හේතුයෙන් බොහෝ දෙනෙක් නැසී යන්නාහ.

253. රජදරුවෙනි, තොප විසින් මවෙත දුන් හැම තුටුපඬුරු මවිසින් ද පිළිගන්නා ලදී. ඒ සියල්ල කරන ලද්දේයැ අනගි ලෙස. වැලිදු පිය තෙමේ පිටුවහල් කෙළේය මා. එහෙයින් මම් වංකගිරියට යෙමි. එවෙනෙහි යම් තැනෙක අපි වසන්නෙමු නම් එවන් තැනෙක් මා හට දැන පවසව්."

එසඳ චේතිය රජදරුවන් විසින් අනේක උපාය-යන්ගෙන් ආයාචනා කරන ලද්දේ නමුත් මහබෝසත් තෙමේ රාජ්‍යය උසුලන්ට නොකැමති වූයේය. ඉක්බිති ඔවුහු අප මහසත්හුට මහත් සේ සත්කාර කළාහුය.

වෙසතුරු නිරිඳු තෙමේ චේතිය රජදරුවන්ගේ මාළිගයට යන්ට නොකැමති විය. හේ ඒ ශාලායෙහි මැ නැවතුනේය. එකල්හි ඔවුහු ඒ අම්බලම් හල මලින් සැරසූහ. වටතිර රෙද්දෙන් පිරිකෙව් කළහ. මහා සයනයක් පැණැවූහ. රැකවල් තැබ්බවූහ. වෙසතුරු නිරිඳු තෙමේ ඔවුන් රැකවල් දුන් ඒ ශාලායෙහි රැය ගෙවා පසුදා උදෑසන ඔවුන් විසින් දුන් අනගි පිණී බොජුන් වළඳා රජදරුවන් පිරිවරා ශාලායෙන් නික්මුනේය. ඒ පිරිවරාගත් කැත් රජවරු ද වෙසතුරු නිරිඳු හා පසළොස් යොදුන් මගක් ගෙවා ආවෝය. මහවනයට පිවිසෙන ද්වාරය අසල ඔවුහු නැවතුණෝය. එතැන් සිට වෙසතුරු නිරිඳු හට යා යුතු තව පසළොස් යොදුන් මගෙක් ඇත්තේය. ඒ වග මෙසේ කීවාහුය.

254. මහරජුනි, මේ දඹදිව් තෙලෙහි ඇතැම් රජදරුවෝ රජසැප අතැර පැවිදි වන්නාහ. ඒ රාජඍෂීහු පැවිදි වැ ගිනි පුදමින්, සිත ද නිවාලමින් යම් තැනෙක්හි වෙසෙත් නම් එබඳු තැන් පිළිබඳ වැ දක්ෂ වැ වෙනෙහි හැසිරෙන්නෝ යම් පරිදි කියත් ද, එසෙයින් මැ අපිදු ඒකාන්තයෙන් ම නුඹවහන්සේට කියන්නෙමු.

255. මහරජුනි, බලනු මැනැව. අර දිස්වනුයේ ගන්ධමාදන නමැති මහා ශෛලමය පර්වතය යි. නුඹවහන්සේ දරුවන් හා බිසව් හා යම් තැනෙක වසන්ට රිසියහු නම් ඒ එහි යැ.

256. චේතිය රජදරුවෝ කඳුළු වැහෙන නෙතින් යුතුවැ, හඬනා මුහුණින් යුතුවැ මෙසේ අනුශාසනා කළෝය. මහරජුනි, කෙලින් මැ මේ මගින් උතුරු දෙස බලා වඩිනු මැනව.

257. පින්වතාණෙනි, නුඹවහන්සේ එසේ ගිය කල්හි විපුල නම් පර්වතයක් දකින්නහුය. ඒ පව්ව වනාහී ඉතා මනරම් යැ. රුකින් ගැවසී ගත්තේ යැ. එහි ඇත්තේ යැ සිහිල් ඡායා.

258. පින්වතාණෙනි, විපුලගිරි පසුකොට ගිය කල්හි නුඹවහන්සේ ඒ ගිරිකඳුරෙන් පහළට ඇදහැලෙනා මහත් දිය කඳ ඇති කේතුමතී නම් ගැඹුරු නදියෙක් දකින්නහුය.

259. ඒ නදියෙහි පුථුලෝම නමින් මහත් කොරපොතු ඇති මත්ස්‍යයෝ ගැවසී සිටින්නාහුය. ඒ නදිය මහදිය කඳෙකි. මනහර තොට ඇත්තේය. ඒ

නදියෙන් ස්නානය කළ මැනව. මිහිරි පැන් වැළඳුව මැනව. දරුවනුත් අස්වැසුව මැනව.

260. පින්වතාණෙනි, ඒ නදිය පසුකොට තවදුරටත් ඉදිරියට ගිය කල්හි රම්‍ය වූ කඳුමුදුනෙක මියුරු ඵල ඇති නුග රුකෙක් දකින්නහුය. එහි ද සිනිඳු ඡායා ඇත්තේය. ඉතා මනරම් යැ.

261. පින්වතාණෙනි, යළිත් ඉදිරියට ගමන් කළ මනා යැ. එසඳ නුඹවහන්සේ නාළික නමින් තව පර්වතයෙක් දකින්නාහුය. එය ශෛලමය පර්වතයෙකි. එහි අනේක කුරුළු කොබෙයියෝ ද කිඳුරෝ ද බොහෝ ඇත්තාහ.

262. ඒ නාළික පව්වෙන් ඊසාන දිගට ගිය කල්හි පිපීගිය සුදු පියුමෙන් ද හෙල්මැලි කල්හාරයෙන් ද ගැවැසීගත් මනරම් විලෙක් හමුවේ. ඒ විල මුචලින්ද නම්.

263. භවතාණෙනි, ඒ මුචලින්ද විල වටා ඇති වනගැබ ඉතා මනහර යැ. නිල් වළායෙක් බඳු යැ. හැම කල්හි නිල් පැහැ තෘණබිම ඇත්තේ යැ. මල්රුකින් හා ඵලරුකින් සුසැදි ඒ වනගහණයට ගොදුරු සොයා වදින සිංහයෙකු සෙයින් වදිනු මැනව.

264. ඒ වෙනෙහි එකට කැටි වූ මියුරු නද පතුරන නේක පැහැගත් බොහෝ සියොත්හු ඍතු කාලයට පිපී ගිය මනරම් රුක් මතැ හිඳැ කූජනය කරන්නවුන්ගේ හඬ අනුකරණය කෙරෙමින් මිහිරි හඬින් කුල් නදත්.

265. නුඹවහන්සේ එහි ගිය කල්හි යම් තැනෙක්හි දියඇළි, නදීන්ගේ ඇරැඹුම සැදෙන උල්පත් මතුවෙයි නම්,

කරඳ රුක්, කුඹුක් රුක් ඈ රුකින් හෙබි එ තන්හි මනරම් පොකුණෙක් දකින්නාහු ය.

266. ඒ පොකුණෙහි ද මහත් කොරපොත්තෙන් හෙබි පුථුලෝම නම් මසුන් මුළු බැඳ පිහිනා යන්නාහ. එහි මහා දියකඳෙකි. සුදුවැලි ඇති මනරම් තොටෙකි. නොපිළිකුල් මනා සුවඳෙක් ද හමයි. ඒ පොකුණ වනාහී සම සතරැස් යැ.

267. ඒ පොකුණෙන් ඊසාන දිශායෙන් නුඹවහන්සේට රිසියෙන සේ මනරම් කුටියෙන් හෙබි අසපුවෙක් තනාගත මැනව. ඒ නිමැවූ අසපුවෙහි වෙසෙමින් වනමුල්ඵලාදියෙන් යැපෙමින් නොපමා වැ වුසුව මැනැව.

මෙසේ චේතිය රජදරුවෝ වෙසතුරු නිරිඳු හට පසළොස් යොදුන් දුරැති ඒ වනගත මග පවසා සිටියෝය. එමතු ද නොවේ; වෙසතුරු නිරිඳු හට මහවෙනෙහිදී සතුරු උවදුරු නොවනු පිණිස මනාව හික්මුණු, ව්‍යක්ත චේතිය පුත්‍රයෙකුට රැකවල් පවරා "එම්බා මාණවකය, තෝ අද පටන් මේ වනයට පිවිසෙනවුන් ගැන ද නික්මෙනවුන් ගැන ද මනාව සොයා බලව. එසේ මැ අප වෙසතුරු නිරිඳාණන් මනාව රකුව" යි පවරා වනයට පිවිසෙන දොරටුවෙහි තැබ්බවූහ. අනතුරුව ඔවුහු වෙසතුරු නිරිඳුගෙන් සමුගෙන ස්වකීය චේතිය රට බලා පිටත් වූහ.

මහබෝසත් තෙමේ සිය අඹුදරුවන් සමගින් පළමුවැ ගියේ ගන්ධමාදන පර්වතයට යැ. ඔවුහු එහි දිනක් ගත කළෝය. අනතුරුව එතැනින් නික්මැ උතුරු දෙසට ගොස් විපුලගිරි පාමුලෙන් ගමන් කොටැ කේතුමතී නදී

තෙරට පැමිණියෝය. එහි වැලිතලායෙහි ගිමන් හරිමින් සිටි කල්හි වනයෙහි හැසිරෙන්නෙකු පැමිණ ඔවුනට මීපැණියෙහි බහාලූ වියළි මස් දුන්නේය. එය ද අනුභව කළ වෙසතුරු තෙමේ ඔහු හට තමා ළඟ තිබූ රන් හිඳිකටුව දන් දුන්නේය. එකල්හි ඔවුහු නදියෙන් ස්නානය කොට සිහිල් පැන් වළඳා ගිමන් සංසිඳුවාගෙන නදියෙන් එතෙර වූහ. යළි සම බිමින් ගොස් මිහිරි ඵල ඇති නුග රුක පිහිටි පර්වත මුදුනට පැමිණියෝය. ඒ නුග රුක් සෙවණෙහි විඩාව දුරුකැරගත්තෝය. එසේ මැ මියුරු නුගඵල ද වළඳා යළි නැගිට පිටත් වැ යන්නාහු නාළිකා පර්වතයට ද පැමිණියෝය. ඒ පර්වතය ඇසුරේ ගොස් මුචලින්ද විල අසලට ද පැමිණියෝය. අනතුරුව එතැනින් ඊසාන දෙසට ගියෝය. ඒ ඝන වනයෙහි යා හැකි වූයේ පියවර තබා යන අඩිපාරක් ඔස්සේ ය. අඳුරු වනයෙහි පියවර මාවතේ ගමන් කළ ඔවුහු දියකඳුරු නදීන්ගේ ප්‍රභවස්ථානයට ඉදිරියෙන් පිහිටි සම සතරැස් පොකුණ වෙත පැමිණියෝය.

එකෙණෙහි මැ සක්දෙව් රජතෙමේ එකරුණ සිහිකරන්ට පටන් ගත්තේය. 'හෝ... අප මහබෝසත් තෙමේ හිමවතට වැදුනේය. මහසත්හුට වාසය පිණිස තැනෙක් ලබන්ට වටනේය' යි සිතා විස්කම් දෙව්පුතු ඇමතීය. "දරුව... යව... තා දූන් හිමවතට ගොස් වංකගිරි කුසෙහි රම්‍ය තැනෙක්හි මනරම් අසපුවක් මවා එව" යි මෙහෙයැවීය.

හේ වහා එහි ගොස් කුටි දෙකක් ද සක්මන් මළු යුගලක් ද රාත්‍රීස්ථාන, දිවාස්ථාන, පැන්පොකුණු ආදිය ද මවා ඒ හක්මන් කෙළෙවරෙහි තන්හි තන්හි අශෝකමල්

රුකින් ද මියුරු කෙසෙල් වනයකින් ද හොබවා ඒ කුටි තුළ සියලු තවුස් පිරිකර තැබීය. එසේ මැ 'පැවිදි වියැටි යමෙක්හු සිටිත් ද, ඔවුන්ට මේවා කැප යැ' යි කියා ලියා තබා එ පෙදෙසෙහි සිටි අමනුෂ්‍යයන් ද බිහිසුණු හඬ ඇති වනසතුන් ද බැහැර කරවා යළි තව්තිසාවට ගියේ යැ.

මහසත් තෙමේ ඒ පොකුණ අසළින් එක් පියවර මාවතක් තිබෙනු දැක 'මෙහි පැවිද්දහුගේ වාසස්ථානයක් තිබ්බ හැක්කේය' යි සිතා "මද්දී, තී දරු සිඟිත්තන් හා මේ සීමායෙහි සිටුව. ගොස් විමසා බලන්නෙමි" යි කියා තෙමේ විස්කම් දෙව්පුතු විසින් මවන ලද අසපු භූමියට පිවිසියේය. එහි ලියා ඇති කරුණු දුටුයේය. තුටු සිතින් යුතු හේ කුටි ද්වාරය විවර කොට කඩුව ද දුනුහියොවුරු ද පසෙකින් තැබුවේය. තමා හැඳ සිටි සළු මුදා එහි තිබූ අඳුන් දිවිසම් පොරවා ගත්තේය. හිසැ ජටා බැන්දේය. රාජඍෂිවරයෙකු බවට පත්වූයේය. ඉක්බිති හේ සැරයටිය ද ගෙන කුටියෙන් බැහැර අවුත් සක්මන් මළුවට ගොඩවී කිහිප විටක් ඔබ මොබ සක්මන් කළේය. සිත වහා සංසිඳී ගියේය. පසේබුදුවරයෙකු සදිසි සන්හුන් ලීලායෙන් සිටැ අඹුදරුවන් වෙත පැමිණියේය.

තමා වෙත ආ වෙසතුරු නිරිඳු දුටු සැණින් මද්දීට අදහාගත නොහැකි විය. ඕ දෑස් විදහා මොහොතක් බලා සිට බෝසත් පාමුල ඇද වැටී හඬ හඬා වැන්දාය. බෝසත් තෙමේ ඔවුන් ද අසපු භූමියට කැඳවාගෙන ගිය කල්හි මද්දී දේවී තොමෝත් සිය කුටියට පිවිස එහි තිබූ තවුස් පිරිකර හැඳ තවුසියක් බවට පත්වූවාය. ජාලිය, ක්‍රිෂ්ණජිනා දරු දෙදෙන බාල බ්‍රහ්මචාරී තවුස් දරුවන් බවට පත්කළාය.

මෙසේ සිව් දෙනෙක් වූ ක්ෂත්‍රියවරු වංකගිරි පෙදෙසෙහි වනවාසය පටන් ගත්තෝය.

මද්දී තවුස් තොමෝ මහසත්හුගෙන් වරයක් ආයාචනා කරන්නී මෙය කීවාය. "ස්වාමීනී, නුඹවහන්සේ එලවැල සොයා වනගැබට නොවදිනු මැනව. දරුවන් හා මෙහි මැ වැඩහිඳ තවුස්දම් පිරුව මැනව. මම් වනයට යන්නෙමි. එලවැල නෙළා එන්නෙමි." එතැන් පටන් ඕ හුදෙකලාවේ ම නිතිපතා වනවැදුනාය. තවුසිය විසින් නෙළා ගෙනෙනා එලවැලෙන් ක්ෂත්‍රියයෝ සිව් දෙන මැ යැපෙත්.

මහසත් තෙමේ ද මද්දී තවුසියගෙන් වරයක් ඉල්ලා සිටියේය. "මද්දී, භවතී... අපි දැන් තවුස්හු වෙමු. මේ පැවිදි බඹසරට කිළුට වනාහී මාගම බව තී දන්නී යැ. එහෙයින් මෙතැන් පටන් නොකල්හි අවේලායෙහි මා සිටිනා කුටියට තී නොවැද්ද මනා යැ."

"එසේ යැ ස්වාමීනී, තොපගේ මේ උතුම් බඹසරට ඒකාන්තයෙන් ම මම් බැතිසිත් ඇත්තෙමි. නුඹවහන්සේගේ කෙලෙස් තවනා දිවිය සරු කරගත මැනව. ඒකාන්තයෙන් ම මම් ද නුඹවහන්සේට අවනත වැ පිළිපදින්නෙමි" කියා මද්දී ඒ වරය පිළිගත්තාය.

එතැන් පටන් මහබෝසත් තෙමේ මෙත් සිත වඩන්ට පටන් ගත්තේය. සිත සංසිඳී ගොස් මෙත් ගුණයෙන් හද පිරී ගියේය. මහසත්හුගේ මෙත් බෙලෙන් හාත්පස තුන් යොදුන් දුරක් දක්වා හැම තිරිසන් සත්හු ද එකිනෙකා කෙරෙහි මෙත් සිත් උපදවා ගත්තෝය.

සිරිමත් වෙසතුරු දාව 103

මද්දී තවුසිය හිමිදිරියෙහි අවදි වන්නීය. වළඳින පැන්, පරිභෝග කරන පැන් ගෙනෙන්නීය. මුව දෝනා පැන්, දැහැටි දඬු නිසි තැන තබන්නීය. අසපු බිම රටා මවා අමදින්නීය. අනතුරුව සිඟිති තවුසන් පිය තවුසාණන් වෙත තබා පැසත්, අල සාරන උලත්, එලවැල නෙළනා කෙක්කත් ගෙන වනවදින්නීය. සන්ධ්‍යායෙහි පැස පුරවා එලවැල ගෙනෙන්නීය. අනතුරුව විලට බැස ස්නානය කොට දරුවන් ද නහවන්නීය. ඉක්බිති කුටි දොර බිමැ හිඳ ක්ෂත්‍රියයෝ සිව් දෙන එලවැල අනුභවයෙන් අහරකිස කරත්. ඉක්බිති මද්දී තොමෝ සිය දරු සිඟිත්තන් ගෙන කුටියට පියනගන්නීය. වෙසතුරු තවුස් තෙමේ බවුන් වඩන්නේය. මේ නියමයෙන් ඔවුහු වංකගිරි පර්වත කුසෙහි වාසය කරන කල්හි සත් මසෙක් ගෙවී ගියේය.

ක්ෂත්‍රියයන්ගේ වනවැදුම නිමා විය.

එසමයෙහි දුන්නිවිට්ඨ නම් බමුණු ගමැ ජූජක නමින් එක් බමුණු මහල්ලෙක් විසීය. හේ භික්ෂායෙහි හැසිරී සියයක් කහවණු රැස්කොට එක් බමුණු ගෙයෙකැ රැකවලට තබා යළි ධන සොයනු වස් පිටත් වැ ගියේය. ජූජක බමුණු ගිය කල්හි බමුණු ගෙදර නිවැසියන් හට ඔහු තැබූ කහවණු වියදම් වූයේය. ජූජක තෙමේ නැවත අවුත් කහවණු සියය ඉල්ලා සිටියේය. ඔවුහු කහවණු දෙන්ට නො පොහොසත් වූවෝ අමිත්තතාපා නමැති සිය යොවුන් බමුණු දියණිය ජූජක බමුණු මාල්ලාට පාවා දුන්හ.

ජූජක තෙමේ තමා ලත් යොවුන් බිරිය ගෙන දුන්නිවිට්ඨ බමුණු ගමට ගොස් වාසය කරන්ට පටන්

ගත්තේය. එකල්හි අමිත්තතාපාවෝ සිය හිමි මාල්ලෙකු නමුදු බැතිමත් වැ සැළැකුවාය. මෙහෙවර කළා යැ. එහෙයින් ඒ ගමෙහි සිටි අන්‍ය යොවුන් බැමිණියෝ ඇයගේ ආචාර සම්පත් කෙරෙහි උරණ වැ මෙසේ කතිකා කළෝය. "එම්බා යෙහෙළියෙනි, බලව්. අමිත්තතාපාවෝ කඩ දත් ඇති බමුණු මාල්ලෙකුට සළකන අයුරු. හහ්... මෙය දැකැ අප හිමියෝත් 'අමිත්තතාපා සිය හිමිට සෙයින් මැ අපට ද සලකව්. කුමක් හෙයින් තොපි පමා වව් ද?' කියා අපට තර්ජනය කරන්නාහ. එහෙයින් අපි එක් වැ මේ අමිත්තතාපා මෙ ගමින් පලවාහරින්නෙමු" යි කියා නදියේ නහනතොට ආදී තන්හි ඕ හට පරිභව කරන්ට පටන් ගත්තාහුය. එය ගාථායෙන් මෙසේ දැක්වේ.

268. කලිඟු රටැ දුන්නිවිට්ඨ නම් ගමැ ජූජක නම් එක් බමුණෙක් විසීයැ. මේ බමුණහුට අමිත්තතාපා නමින් නවයොවුන් අඹුවක් සිටින්නීය.

269. එකල්හි නදී තොටට ආ දිය අදින බමුණු නාරීහු දිය ගෙනෙනු වස් එහි ආ අමිත්තතාපා දැකැ කුහුල් හටගත් සිතින් බඳු වැ පරිභව කළෝය.

270. අහෝ... අමිත්තතාපා... තී ගැන අපට ඇත්තේ මහත් මැ දුකකි. යහහැ... තීගේ මව් නම් සැතිරියකි. පියබමුණහු ද තිගේ සතුරෙක් මැ යි. යම් මාපිය කෙනෙක් සිය දැරි නවයොවුනෙන් දිලෙන කල්හි එවන් තී ජරපත් මාල්ලාට දුන්නාහු නොවැ.

271. අහෝ... ඒකාන්තයෙන් මැ තිට රහසේ ඤාතීහු මන්ත්‍රණය කොට අහිතවත් දැයෙක් කළාහු යැ. යම් නෑ කෙනෙක් සිය දැරි නවයොවුනෙන් දිලෙන කල්හි එවන් තී ජරපත් මාල්ලාට දුන්නාහු නොවැ.

272. අහෝ... ඒකාන්තයෙන් මැ තිගේ මව්පියෝ තිට සතුරු වූවාහුය. යම් මාපිය කෙනෙක් සිය දැරි නවයොවුනෙන් දිලෙන කල්හි එවන් තී ජරපත් මාල්ලාට දුන්නාහු නොවැ.

273. අහෝ... තී ගැන අපට ඇත්තේ මහත් මැ දුකෙකි. තිගේ ඤාතීහු රහස් මන්ත්‍රණය කොට තිට නොකටයුත්තෙක් කළාහුය. යම් මාපිය කෙනෙක් සිය දැරි නවයොවුනෙන් දිලෙන කල්හි එවන් තී ජරපත් මාල්ලාට දුන්නාහු නොවැ.

274. අහෝ... තී ගැන අපට ඇත්තේ මහත් මැ දුකෙකි. තිගේ ඤාතීහු රහස් මන්ත්‍රණය කොට තිට පව්කමෙක් කළාහුය. යම් මාපිය කෙනෙක් සිය දැරි නවයොවුනෙන් දිලෙන කල්හි එවන් තී ජරපත් මාල්ලාට දුන්නාහු නොවැ.

275. අහෝ... තී ගැන අපට ඇත්තේ මහත් මැ දුකෙකි. තිගේ ඤාතීහු රහස් මන්ත්‍රණය කොට තිට අමනාපයෙක් කළාහුය. යම් මාපිය කෙනෙක් සිය දැරි නවයොවුනෙන් දිලෙන කල්හි එවන් තී ජරපත් මාල්ලාට දුන්නාහු නොවැ.

276. අහෝ... ජරපත් හිමියෙකු හා අමනාපවාසයෙන් කෙසේ නම් වසන්නී ද තී? යම්බඳු තී ජරපත් මාල්ලෙකුගේ ගෙයි වසන්නී නම් ඔය දිවියට වඩා තිගේ මරණය උතුම්.

277. සිරියෙන් හොබනා රුවැති කළණියේ, තී මෙවන් ළපැටි නව යොවුනේ සිටි කල්හි තිගේ යම් මාපිය කෙනෙක් ජරපත් මාල්ලෙකුට තී පාවා දුන්නෝ ද...

අඥෝමැයි! අන් පියකරු සැමියෙකු තිට නොලත්හ යි හඟිමු.

278. තී වැඩිවිය පත් දා දුන් යාගයේ මුල් මැ බත්පිඬ කන්ට ජරපත් කපුටෙක් ආයේ වනැ. තී නිසි අයුරෙන් අග්නිහෝත්‍ර පූජා නොකළා වනැ. යම් මාපිය කෙනෙක් මෙවන් ළපැටි නවයොවුනේ සිටි තී ජරපත් මාල්ලෙකුට පාවා දුන්නාහු එහෙයිනි.

279. ඒ තී පෙර අත්බවෙකැ උතුම් බඹසර වසනා, බහුශ්‍රැත, සුසිල්වත් මහණ බමුණන් හට ආක්‍රෝශ කළා වනැ. යම් මාපිය කෙනෙක් මෙවන් ළපැටි නවයොවුනේ සිටි තී ජරපත් මාල්ලෙකුට පාවා දුන්නාහු එහෙයිනි.

280. විෂඝෝර නාගයෙකු විසින් තී ඩසින ලද්දී නම් එහි දුකෙක් නැත්තේ යැ. සැතෙකින් තී පහර ලද්දී නම් එහි දු දුකෙක් නැත්තේ යැ. යම් නව යොවුන් ළඳක් තොමෝ සිය ජරපත් හිමියා නිතොර දකින්නී ද අහෝ... එය මැ යි දුක. එය දරුණු යැ.

281. ජරපත් හිමියෙකු හා ළපැටි ළඳකට කෙළි කවට සිනා නැත්තේ යැ. කාමරතියෙක් ද නැත්තේ යැ. මියුරු අල්ලාප සල්ලාපයෙක් ද නැත්තේ යැ. දත් කඩ මාල්ලහුගේ සිනහ, කිමැ තිට හොබනේ ද?

282. අමිත්තතාපා, මෙය අසව. යම් කලෙක යොවුන් මානවකයෙක් එවන් ළඳක හා රහස් තැනෙක මුළුගැන්වී දොඩමලු වෙත් ද, එසඳ ඔවුන් ළය පිරි යම් සෝතැවුල් වෙත් නම්, ඒ හැම එහි නැසී යන්නාහ.

283. අහෝ... ළදැරියකි තී. රූ ඇත්තී යැ. යොවුන් පුරුෂයන් විසින් වෙසෙසින් පතන ලද්දී යැ. පලා යව. ගොස් මාපියන්ගේ ගෙයි වසව. මේ ජරපත් වූවෙක් කෙසේ නම් කම්සුවයෙන් තී සතුටු කරන්නේ ද?

අමිත්තතාපා කඳුළු වගුළාය. සුසුම් ඉහළ අදිමින් ළය උස් පහත් කෙරෙමින් ඉකිබින්දාය. දියතොටැ ස්ත්‍රීන් විසින් පරිභව ලද ඕ දියකළය ගෙන හඬ හඬා ගෙට දිව ආවාය. "හෝ... භවතී, කිමැ... මේ... ඉකිබිඳ හඬන්නේ?" යි මහලු බමුණු විසින් අසන ලද්දී මෙය කියා සිටියාය.

284. "එම්බා බමුණ, තෝ ජරපත් යැ. කඩ දත් යැ. තා වැනි ජරපත් මාල්ලෙකු හා වසන්නීය කියා මා හට මෙ ගමැ ස්ත්‍රීහු පරිභව කෙරෙත්. අද සිට මම් තට දිය ගෙනෙන්නියක වී නදියට නොයන්නෙමි."

285. "භවතී... කම් නැත. එසේ වේවා! තී මට මෙහෙ නොකරව. මා හට දිය ගෙන ඒමත් නොකරව. මම් මැ දිය ගෙනෙන්නෙමි. භවතී, මා කෙරෙහි මුසුප්පු නොවුව මැනව."

286. "එම්බා බමුණ, යම්බඳු තෙපි සිය අඹුවට දිය රැගෙන එන්නහු නම් සැමියන් ලවා මෙහෙ කරගන්නා එබඳු කුලයෙහි මම් නූපන්නෙමි. එම්බා බමුණ, තෙපි මෙසේ දනිව්. මම් තොපගේ ගෙයි නොවසමි.

287. ඉදින් තෝ මා හට දාස කොල්ලෙකු හෝ දාසී කෙල්ලක හෝ නො ගෙනෙන්නෙහි නම් බමුණ, තෝ මෙසේ දනුව. මම් තොපගේ ගෙයි නොවසමි."

288. "අහෝ... බැමිණිය, මවිසින් ලබන ලද ශිල්පයෙකුදු නැත්තේ යැ. ධනයෙක් හෝ ධාන්‍යයෙක් ද නැත්තේ යැ. එවන් මම් කොහින් නම් භවතීට දාස කොල්ලෙකු හෝ දාසි කෙල්ලක රැගෙන එන්නෙම්? මම් මැ භවතීට උවැටැන් කරන්නෙමි. අහෝ... මා කෙරෙහි උරණ නොවී සිටිය මැනව."

එසැණින් මාරපාක්ෂික දේවතාවෙකුගේ බැල්ම අමිත්තතාපා වෙත වැටුණේය. ඒ හේතුවෙන් ඕ මෙසේ කීවාය.

289. "හැයි බමුණ, නොදන්නෙහි ද? මෙහි එව. මවිසින් අසන ලද මේ වචනය තට කියන්නෙමි. වෙසතුරු රජතෙමේ වංකගිරියෙහි වසන්නේ යැ.

290. තා එහි යව. එහි ගොස් වෙසතුරු නිරිඳහුගෙන් දාස කොල්ලෙකුත් දාසී කෙල්ලකුත් ඉල්ලා සිටුව. එසඳ තා විසින් ඉල්ලන ලද ඒ වෙසතුරු නිරිඳු තෙමේ දාසී කොල්ලෙකුත් දාසී කෙල්ලකුත් තට දෙන්නේ මැ යි."

291. "අහෝ භවතී, ඇසුව මැනව. මා මහලු යැ. දුබල යැ. අහෝ... වංකගිරිය ඉතා දුර යැ. යන්ට ඉතා අපහසු මගෙකි. භවතී, නො වැලපී සිටුව මැනව. සිත දොම්නස් වැ නො සිටුව මැනව. මම් මැ තිට උවැටැන් කරන්නෙමි. මා කෙරෙහි නො කිපී සිටිය මැනව."

292. "හහ්..! බමුණ, යුද පිණිස සටනට නොගිය අයෙක් යුද්ධයක් නැති කල්හි ම පරාජිත වූයේ යම් සේ ද

එසෙයින් මැ තා වෙසතුරු නිරිඳු වෙත නොගොස් මැ පැරදී ගියෙහි ය.

293. ඉදින් බමුණ, මෙය අසව. තෙපි මා හට දාස කොල්ලෙකු හෝ දාසී කෙල්ලක හෝ නො ගෙනෙන්නහු නම් බමුණ, මෙසේ දනිව්. මම් තොපගේ ගෙයි නො වසන්නෙමි. එසේ මැ තට නො රිසි දැයෙකුත් කරන්නෙමි. එය තාගේ ළයට දුක් ගෙන දෙන්නේය.

294. යම් කලෙක සැම ඍතුවකදී ම පවත්නා නකත් කෙළියෙහි අන්‍ය පුරුෂයන් හා තුටුවෙමින් මා සිටින අයුරු දකින්නහු නම් එය තොප ළය කකියවන්නක් නොවේ ද?

295. මා දක්නට නැති නිසාවෙන් හැඬූ කඳුළින් වසනා කල්හි ජරපත් ඒ තොපගේ වක ගැසී ගිය පිට තව තව බොහෝ වක ගැහෙන්නේය. තා හිසෙහි පැසී ඇති නරකෙස් ද බොහෝ වන්නේය."

296. එකල්හි සිය යොවුන් බිරියගේ වසඟයට පත් බමුණු තෙමේ බොහෝ සේ භීතියට පත්වූයේය. ඇය කෙරෙහි වූ බලවත් කාමරාගයෙන් පීඩිත වැ බැමිණිය අමතා මෙය කීය.

297. "එසේ නම් බැමිණියෙනි, තී මා හට ගමනට ඇවැසි දෑ සපයා දෙනු මැනව. සංකුල කැවුම් ද සකුරු කැවුම් ද මීපිඬු ද අග්ගලා ද බත් තළියක් ද මනාව සැකසුව මැනව.

298. එසේ යැ. මම් තිට දෑ කුලගොතින් සම වූ දාස කොල්ලෙකුත්, දාසී කෙල්ලකුත් ඒකාන්තයෙන් ම

රැගෙන එන්නෙමි. ඔවුහු දිව රෑ දෙක්හි නොමැලිව තිට සේවා කරන්නාහුය."

එකල්හි අමිත්තතාපා ගමනට ඇවැසි දෑ වහා පිළියෙල කොට දුන්නාය. බමුණු තෙමේ දුබල තැන් තරයේ බැඳ දොර පිළිසකර කළේය. වනයෙන් දර ගෙනවුත් මිටි බැඳ තැබුයේය. නදියෙන් දිය ඇද ගෙයි සියලු බඳුන් පිරවීය. ගෙයිදී ම තවුස් වෙස් ගත්තේය. සිය යොවුන් අඹුවට ඔවදන් දෙන්ට පටන් ගත්තේය. "භවතී, සොඳුරී, මෙතැන් පටන් තී නොකල්හි ගෙන් පිටත නොයනු සොඳේ. මා යළි පැමිණෙන තුරා නොපමා වුව සොඳේ !" යි ඔවදන් දී පාවහන් පැළැඳැ ඔලොගුව උරෙහි ලා අමිත්තතාපාවන් තෙවරක් පැදකුණු කොට කඳුළු පිරි නෙතින් ඈ දෙස යළි යළිත් බලා බිමට යොමු වූ මුහුණු ඇතිව පිටත් වැ ගියේය.

299. මෙසේ කී බමුණු තෙමේ වහන් සඟල ලිහා පැළැඳ, සිය අඹු හට රහසේ ම ඔවදන් දී ඈ පැදැකුණු කොට,

300. තවුස් වත් සමාදන් වැ කඳුළු සලමින්, වැලපෙන මුහුණින් යුතුව පිටත් වැ ගියේය. දැසි දස්සන් සොයමින් සැරිසරා යන්නේ සමෘද්ධිමත් සිවි රට කරා ගියේය.

301. එහි ගොස් යම් තැනක ජනයෝ රැස් වූවාහු වෙත් ද, එතැනට එළැඹ ඔවුන්ගෙන් මෙය විචාළේය. "භවත්නි, කොහි යැ අප වෙසතුරු රජහු? කොහිදී ඒ අපි වෙසතුරු රජු දකින්නමෝ ද?"

302. යම් ජනයෝ එහි රැස්ව සිටියාහු ද, ඒ ජන තෙමේ බමුණු හට මෙය කීයේය. "එම්බා බමුණ, තා වැන්නවුන් විසින් පමණ ඉක්මවා පොළඹවන ලද්දා වූ දානය හේතුවෙන් අප දැහැමි නිරිඳාණෝ සිය රටින් නෙරපන ලද්දාහුය. මහවනයේ වංකගිරියේ යැ හේ දැන් වසන්නේ.

303. එම්බා බමුණ, තා වැන්නවුන් විසින් පමණ ඉක්මවා පොළඹවන ලද දානය හේතුවෙන් දැහැමි ක්ෂත්‍රිය නිරිඳාණෝ සිය අඹුදරුවනුත් ගෙනැ ගොස් වංකගිරියේ යැ වසන්නේ.

එම්බා බමුණ, මෙසේ තෙපි අපගේ රජහු නැසුවාහුය. නැවතත් ඉල්ලාගෙන මෙහි ආවාහු ද? සිටු තෝ" කියා කැටමුගුරු ගත් අත් ඇති මිනිස්සු බමුණහු ලුහුබැන්දෝය. මාරපාක්ෂික දේවතාවුන් විසින් මෙහෙයවන ලද හේ දිව යන්නේ වංකගිරියට යන මාවතට බටුයේය.

304. කාමයෙහි ගිජු වූ ජරපත් බමුණු තෙමේ සිය යොවුන් බැමිණිය විසින් චෝදිත වූයේ වනමෘගයන් ගැවසීගත්, කඟවෙහෙණුන්, දිවියන් විසින් සෙව්නා ලද ඝෝර වනයේ වින්ද යුතු යම් දුකෙක් වේ ද, ඒ හැම දුක් අනුභව කෙළේය.

305. බෙලි ලීයෙන් කළ සැරයටිය ද, ගිනි පුදන සැන්ද ද, පැන් කෙණ්ඩිය ද ගෙන කැමති දෑ දෙන වෙසතුරු නිරිඳු සිටින්නේ යම් තැනෙක්හි ද ඒ මහවෙනෙහි වැදුනේය.

306. මහවනයට වන් බමුණු තෙමේ යන මං නොදැන මුළාවට පත්වැ මහහඬින් වැලපුණේය. එකල්හි

වනදොරටුව රක්නා චේතිය පුත්‍රයාගේ සුනඛ රළ අවුත් ඔහු වටකොට ගත්තාහුය.

307. කම් සුවයෙහි ගිජු වූ, අසංයත වූ ජූජක තෙමේ වනවැදී වංකගිරියට යන මාවතේ මං මුළා වූයේ තමා වටකොට සිටිනා සුනඛයන්ගෙන් ගැලවෙනු වස් රුකෙක නැගැ ගත්තේ මේ ගාථා කීයේය.

308. අහෝ... කවරක්හු නම් මා හට, රාජපුත්‍ර වූ, උතුම් වූ, මසුරු සිත් දිනූ, අපරාජිත වූ, භය වූවනට නිර්භය දෙන්නා වූ වෙසතුරු නිරිඳාණන් වසන තැන පවසත් දෝ !

309. යමෙක් වනාහී හැම සත්නට පිහිට වන මිහිතලය සෙයින් යදියනට පිහිට වූයේ ද, මේ ධරණීතලය බඳු ඒ වෙසතුරු මහරජහු වසනා තැන කවරක්හු නම් මා හට පවසත් දෝ !

310. යමෙක් වනාහී හැම නදීන්ට පිහිට වන මහසයුර සෙයින් යදියනට පිහිට වූයේ ද, මහජලනිධියට උපමා ඇති ඒ වෙසතුරු මහරජහු වසනා තැන කවරක්හු නම් මා හට පවසත් දෝ !

311. සොඳුරු ඉවුරුතල ඇති, පිවිතුරු වූ, සිහිල් පැන් ඇති, පිපීගිය සුදු පියුමෙන් හෙබි, විසිරැ ගිය කුසුම් රේණු ඇති, මනරම් විලෙකට උපමා ඇති ඒ වෙසතුරු මහරජහු වසනා තැන කවරක්හු නම් මා හට පවසත් දෝ !

312. මහමගැ හටගත් සුවිසල් ඇසතු රුකෙකි. එහි සිහිල් ඡායා ඇත්තේ යැ. මනහර යැ. ගමනින් ක්ලාන්ත

වූවෝ එහි පැමිණෑ ගිමන් නිවත්. එවන් මහඇසතු රුකට උපමා ඇති ඒ වෙසතුරු මහරජහු වසනා තැන කවරක්හු නම් මා හට පවසත් දෝ !

313. මහමගැ හටගත් සුවිසල් නුග රුකෙකි. එහි ද සිහිල් සෙවණ ඇත්තේ යැ. මනහර යැ. ගමනින් ක්ලාන්ත වූවෝ එහි අවුත් ගිමන් නිවා ගනිත්. එවන් මහනුග රුකට උපමා ඇති ඒ වෙසතුරු මහරජහු වසනා තැන කවරක්හු නම් මා හට පවසත් දෝ !

314. මහමගැ හටගත් සුවිසල් අඹ රුකෙකි. එහි ද සිහිල් සෙවණ ඇත්තේ යැ. මනහර යැ. ගමනින් ක්ලාන්ත වූවෝ එහි අවුත් ගිමන් නිවා ගනිත්. එවන් මහඅඹ රුකට උපමා ඇති ඒ වෙසතුරු මහරජහු වසනා තැන කවරක්හු නම් මා හට පවසත් දෝ !

315. මහමගැ හටගත් සුවිසල් සල් රුකෙකි. එහි ද සිහිල් සෙවණ ඇත්තේ යැ. මනහර යැ. ගමනින් ක්ලාන්ත වූවෝ එහි අවුත් ගිමන් නිවා ගනිත්. එවන් මහසල් රුකට උපමා ඇති ඒ වෙසතුරු මහරජහු වසනා තැන කවරක්හු නම් මා හට පවසත් දෝ !

316. මහමගැ හටගත් මහ රුකෙකි. එහි ද සිහිල් සෙවණ ඇත්තේ යැ. මනහර යැ. ගමනින් ක්ලාන්ත වූවෝ එහි අවුත් ගිමන් නිවා ගනිත්. එවන් මහ රුකෙකට උපමා ඇති ඒ වෙසතුරු මහරජහු වසනා තැන කවරක්හු නම් මා හට පවසත් දෝ !

317. අහෝ... මහ බිහිසුණු වනයට වැදී මෙසේ වලප්නා මා හට යමෙක් 'වෙසතුරු නිරිඳු සිටිනා තැන

මම් දනිමි' යි කියා කියයි නම් මසිතෙහි සතුට දනවන්නේ හේ යැ.

318. අහෝ... මහ බිහිසුණු වනයට වැදී මෙසේ වලප්නා මා හට යමෙක් 'වෙසතුරු නිරිඳු සිටිනා තැන මම් දනිමි' යි කියා කියයි නම් ඒ එක් වදනින් පමණක් බොහෝ පින් උපදවන්නේ යැ.

එකල්හි වෙසතුරු නිරිඳුගේ රැකවලට තැබූ චේතපුත්‍රයා මුවදඩයම් ගොස් සිටියේය. හේ වනයෙහි සරන්නේ මහලු බමුණහුගේ වලප ඇසුයේය. හේ මෙසේ සිතී. 'මොහු බ්‍රාහ්මණයෙකි. වෙසතුරු නිරිඳාණන් වසන තැන දැන ගනු රිසියෙන් වැලැපෙයි. මොහු වනාහී යහපත් කරුණෙක් උදෙසා පැමිණියෙක් නම් නොවෙයි. ඒකාන්තයෙන් මැ මද්දී බිසව් හෝ සිඟිති කුමාරවරුන් හෝ ඉල්ලන්ට ම ආයේ වනැ. මෙහි මැ මම් මොහු මරන්නෙමි' යි දුනු ඊතල මානා ගනිමින් "එම්බා බමුණ, සිටු! මම් තට ජීවිතය නොදෙන්නෙමි" යි හඬ නගා ගර්ජනා කෙළේය.

319. වනයේ මුවදඩයම් පිණිස හැසිරෙමින් සිටි චේතපුත්‍ර තෙමේ බමුණු හට මෙසේ පිළිවදන් කීය. "එම්බා බමුණ, තා වැන්නවුන් විසින් අතිදානයෙන් බලවත් වෙහෙසට පත් කරන ලද ක්ෂත්‍රිය රජතෙමේ සිය රටෙන් පිටුවහල් කරන ලද්දේ දැන් වසන්නේ වංකගිරියේ යැ.

320. එම්බා බමුණ, තා වැන්නවුන් විසින් අතිදානයෙන් බලවත් වෙහෙසට පත් කරන ලද ක්ෂත්‍රිය රජතෙමේ සිය රටෙන් පිටුවහල් කරන ලද්දේ අඹුදරුවන් ද රැගෙන අවුත් දැන් වසන්නේ වංකගිරියේ යැ.

සිරිමත් වෙසතුරු දාව 115

321. නොකටයුතු දේ කරන, අනුවණ, තෝ සිය රටින් නික්මැ මේ බිහිසුණු වන වැදී වෙසතුරු රාජපුතු සිටිනා තැන සොයන්නෙහි දියෙහි මසුන් සොයනා කොකෙක් බඳු යැ.

322. එම්බා බමුණ, ඒ නොසරුප් දෑ කරනා තා හට මෙහි මම් ජීවිතය නොදෙන්නෙමි. මවිසින් විදිනු ලබන මේ ඊය තගේ රුධිරය පානය කරන්නේය.

323. එම්බා බමුණ, මම් තා විද මරා තාගේ හිස සිඳ තල්පකක් සේ වෙන් කොටැ නහර සහිත හද සිඳැ දඩයම් දේවතාවුනට වනමාවතෙහි සිටැ පන්ථසකුණ නමැති බිලිපුද කරන්නෙමි.

324. එම්බා බමුණ, ඒ මම් තගේ හද උපුටා තා මසිනුත් රුධිරයෙනුත් හිස්මොළයෙනුත් වන යකුන්ට හෝම කරන්නෙමි.

325. තා බමුණෙකු හෙයින් තගේ මසින් කරන ලද බිලිපුද මනා යාගයෙක් වනු ඇත. මනා හෝමයෙක් වනු ඇත. එසඳ අප වෙසතුරු නිරිඳහුගේ බිසව් හෝ දරු කුමරුන් හෝ තා නොගෙන යන්නෙහි ය."

මෙය ඇසූ ජූජක බමුණු තෙමේ මරණ භයින් තැතිගත්තේය. බොහෝ කොට මුසා ගොතමින් මෙසේ කීයේය.

326. එම්බා චේතපුත්‍රය, අසව මා බස. බමුණාත් දූතයාත් නොමැරිය යුත්තේය. එහෙයින් දූතයා නොමරත් මැ යි. මෙය සනාතන දහමෙකි. දනුව චේතපුත්‍රය, මම් වනාහී සිවිරටින් ආ දූතයෙක්මි.

327. දැන් සිව්රට සියල්ලෝ සංසිඳී ගියාහුය. පියරජතෙමේ පුතු දකින රිසියෙන් මගැ බලා සිටියි. වෙසතුරු නිරිඳහුගේ මව් තොමෝ දුබල වූවා යැ. කල් නොයා ඇගේ නෙත් දිරා යනු ඇත.

328. එම්බා චේතපුත්‍රය, අසව මා බස. මම් වනාහී ඔවුන් විසින් එවන ලද දූතයෙක්මි. වෙසතුරු රාජපුත්‍රයා කැඳවාගෙන යන්නෙමි. ඉදින් දන්නෙහි නම් රජු වසනා තැන කියව.

එකල්හි චේතපුත්‍ර තෙමේ මෙසේ සිතුවේය. 'අහෝ... මා අතින් වූයේ බලවත් වරදෙකි. මෙතෙමේ රාජදූතයෙකි. නිරිඳු කැඳවාගෙන යනු පිණිස පැමිණියේය' යි සොම්නසින් සුනඛයන් බැඳ තබා බමුණා රුකින් බිමට පමුණුවා කොළපත් අතුළ බිමැ අසුන් ගන්වා මේ ගාථාව කීයේය.

329. ප්‍රිය බමුණ, මා හට ඉතා ප්‍රිය වූ වෙසතුරු නිරිඳුන් හට ප්‍රිය වූ දූතයෙක් වහු යැ තෙපි. තොපට මම් පඬුරු දෙමි. මේ මී පිරුණු ලබුකැටය ද වියළි මුව මස ද තොපට දෙමි. කැමති සැප දෙන වෙසතුරු නිරිඳාණෝ යම් තැනෙක වෙසෙත් ද, ඒ පෙදෙස ගැන මම් තොපට නොවළහා මනාව පවසමි.

ජූජක බමුණු වත නිමා විය.

ඉක්බිති චේතපුත්‍ර තෙමේ ජූජක බමුණු ආහාරපානාදියෙන් සතප්වා මී ලබ්බ ද මුවගාතය ද දී මාවතෙහි සිටැ අප බෝසත්හු වසන තැන සිය දකුණත දිගුකොට පෙන්වමින් මෙසේ ගාථායෙන් කීය.

330. පිනැති බමුණ, බලව. අර දිස්වනුයේ ගන්ධමාදන පර්වතය ය. අප වෙසතුරු නිරිඳාණන් සිය දරුවන් හා සිටිනුයේ එහි යැ.

331. ඒ අප වෙසතුරු නිරිඳු තෙමේ එහි තවුස් වෙස් ගෙන ඇත්තේය. එල නෙළනා කෙක්ක ද ගිනි පුදනා යාග හැන්ද ද එහි ඇත්තේය. හේ ජටාධර යැ. අඳුන් දිවිසම් ධර යැ. බිමැ පත් ඇතිරියෙහි හොවියි. අග්නි දේවතාවුන් පුදයි.

332. ප්‍රිය බමුණ, අර බලව... අර එලහරිත වෘක්ෂයෝ නිල්වනින් පෙනෙනයුරු. මිහිතෙලෙන් පැන නැගුණු නිල් වළායෙක් බඳු යැ. නිල් අඳුන්කුළු පව්ව බඳු යැ.

333. එහි දැව, සල්, කිහිරි, කොළොම් මෙන්ම පවනින් සැලෙනා මාළුවා රුක් ඈ වෘක්ෂයෝ එක්වරක් සුරා බිව් මාණවකයෝ වැනෙන්නාහු බඳු වැ පවනින් වැනි වැනී සිටිත්.

334. රුක් ශාඛාවන්හි පක්ෂීන් මියුරු නද දෙන කල්හි දෙව්ගී බඳු වැ ඇසේ. වලිකුකුළු රංචු ද කොවුල් රංචු ද රුකින් රුකට පැන යත්.

335. අප වෙසතුරු තෙමේ යම් තැනෙක්හි දරුවන් හා වසයි ද එහි ශාඛා පත්‍රයෝ ද පවනින් සැලි සැලී තිබෙන්නාහු ය. ඒ වනාහී යන්නවුන් ආපසු ළඟට කැඳවන්නෝ වැන්නහුය. ආගන්තුකයන් සතුටු කරන්නෝ වැන්නහුය. එහි වසන්නෝ තුටු කෙරෙත්.

336. ඒ අප වෙසතුරු නිරිඳු තෙමේ එහි තවුස් වෙස් ගෙන ඇත්තේය. එල නෙළනා කෙක්ක ද ගිනි පුදනා යාග හැන්ද ද එහි ඇත්තේය. හේ ජටාධර යැ. අඳුන් දිවිසම් ධර යැ. බිමැ පත් ඇතිරියෙහි හොවියි. අග්නි දේවතාවුන් පුදයි.

337. එහි අඹ, දිවුල්, පැණිවරකා, සල්, දඹ, බුළු, අරළු, නෙල්ලි, ඇසතු, ඩෙබර ඈ වනඵල ඇත්තාහ.

338. එහි රන් තිඹිරි, නුග, දිවුල් ආදී වෘක්ෂයෝ ද ඇත්තාහ. එසේ මැ ඒ වෙනෙහි මියුරු රසැති වැල්මී රැක් ද ඇත. කුඩා රැක්හි දිඹුල එල යැ.

339. එහි කිරිපලු, එළගෙඳ ද ඇත්තේය. මධුරස වෑහෙන මිදි ද ඇත්තේය. එහි වසන්නෝ මියුරු රසැති ඒ එල අනුභව කරන්නාහ.

340. එහි ඇති ඇතැම් අඹරුක්හු මල් පිපී සිටිත්. ඇතැම් අඹරුක්හු එල හටගන්වමින් සිටිත්. ඇතැම් අඹරුක්හු විලිකුන් අඹයෙන් ද නිල් මැඩියන්ගේ පැහැගත් අමු අඹයෙන් ද සජ්ජිත වූවාහුය.

341. එහි රුක් යට සිටිනා තැනැත්තේ රුකට නොනැග ම උතුම් වූ වර්ණයෙන් ද ගන්ධයෙන් ද රසයෙන් ද යුතු විලිකුන් අඹ ද අමු අඹ ද නෙළා බුදින්නේය.

342. ප්‍රිය බමුණ, ඒ වෙනෙහි ඇති දෑ මට මහත් මැ අසිරියෙකි! විස්මයෙකි! වෙසතුරු නිරිඳු වසනා තැන දෙවියන් වසන නඳුනුයන සෙයින් හොබනේය.

343. ඒ මහා වෙනෙහි තල්රුක් ද, පොල්රුක් ද, ඉඳිරුක් ද ඇත්තේය. මල්වැලින් ගෙතූ සුපිපි වෘක්ෂයෝ

එහි ඇත්තාහ. ඒ වෘක්ෂයෝ ඔසොවන ලද ධජාග්‍රයන් වැන්න. වනරුක්හි පිපි කුසුම් දිස්වන්නේ නුබතෙලෙහි දිලෙනා තරු රැස සෙයිනි.

344. කෙළිඳ රුක්, කොට්ටං රුක්, තුවරලා, පළොල් ඈ වෘක්ෂයෝ ද මල් පිපී සිටිත්. එසේ මැ දොඹ රුක්, මහදොඹ රුක්, කොබෝලීල රුක් ඈ රුක්හු පිපි මල් ඇතිව සිටිත්.

345. එසේ මැ ඇහැළ රුක්, සෝම රුක්, අගිල් රුක්, බදුලු රුක් ඈ රුක්හු එහි බොහෝ යැ. අවරි රුක්, කුඹුක් රුක්, පිය රුක් ද මල් පිපී සිටිත්.

346. එසේ මැ එහි කෙළිඳ රුක්, සලල රුක්, බක්මී රුක්, කොහොඹ රුක්, දෙල් රුක්, දැව රුක්, සල් රුක් ඈ රුක්හු පිපි මල් වැ සිටිත්. ඉන් වගුල මල් පෙති රැස කමතක් වැන්න.

347. එහි වෙසතුරු නිරිඳු සිටිනා අසපුවට නුදුරින් මනරම් බිමෙකැ දෙවියන්ගේ නඳුනුයනෙහි මෙන් පියුම් මහනෙල් පිපී ගිය සම සතරැස් පොකුණෙක් ඇත්තේ යැ.

348. එසේ ම පියුම් රස බී මත් වූ කොවුලෝ ද මියුරු නද දෙත්. කුරවීකයෝත් ඍතු කල්හි පිපි රුක්හි හිඳ මහා වනය අභිනාද කෙරෙත්.

349. පිපි මල් රේණුයෙන් වෑහෙන මී නෙළුම් පතක් ගානේ ඇත්තේ යැ වැතිරී. එසේ මැ එහි දකුණු බටහිර ඈ හැම දිශායෙන් සිහිල් පවන් හමයි. ඒ මනරම් අසපුව පියුම් කෙසරු රේණුයෙන් ගැවසී ගත්තේය.

350. ඒ පොකුණෙහි මහ කෙකටිය අල ඇත්තේය. එසේ මැ ස්වයංජාත හැල්වී ද ඒ හැල්වී මිහිතෙලෙහි වැටී හටගත් කුඩා හැල් ද ඇත්තේය. මුළුදී ඔබ මොබ පිහිනා යන මත්ස්‍ය කැසුබුවෝ ද එහි ඇත්තාහ. බොහෝ කකුළුවෝ ද සිටිති. එහි නෙළිඹු අලයෙන් මී වැගිරෙයි. එය ගිතෙල් රස සේ මියුරු යැ.

351. අනේක සුගන්ධය මුසු වූ ඒ වෙනෙහි සුවඳ හමායයි. මල් අතුඉතියෙන් හමනා ඒ සුවඳ මන් මත් කරවයි. භෘංගයෝ ද පියුම් සුවඳ ඉව කෙරෙමින් ගුමු ගුමු නද දෙත්.

352. ඒ වෙනෙහි අනේක පක්ෂිහු ඇත්තාහ. ඔවුහු නේක වර්ණයෙන් බබළත්. එකිනෙකා කූජනය කරගනිමින් සිය අඹුවන් හා තුටු වෙත්.

353. එහි නන්දික නම් පක්ෂිහු ද ඇත්තාහ. එහි සිටිනා ජීවපුත්ත නමැති පක්ෂිහු 'දරුවන් සමග සිටිනා වෙසතුරු පිය හට සෙත් වේවා!' යි ගී ගයත්. 'තෙපි දරුවන් හා තුටු වව්' කියන පක්ෂිහු ද ඒ පොකුණෑ නිවෙස් කොට ඇත්තාහ.

354. යම් තැනෙකැ හිඳ අප වෙසතුරු තවුසාණෝ සිය දරුවන් හා බවුන් වඩත් ද, ඒ අසපු බිමැ අනේක පැහැ ගත් සුවඳ කුසුමින් යුතු මල්වැල් ගෙතී ඇති අයුරු ධජාග්‍රයන් බඳුවැ පෙනේ.

355. ඒ අප වෙසතුරු නිරිඳු තෙමේ එහි තවුස් වෙස් ගෙන ඇත්තේය. එල නෙළනා කෙක්ක ද ගිනි පුදනා යාග හැන්ද ද එහි ඇත්තේය. හේ ජටාධර යැ.

සිරිමත් වෙසතුරු දාව 121

අඳුන් දිවිසම් ධර යැ. බිමැ පත් ඇතිරියෙහි හොවියි. අග්නි දේවතාවුන් පුදයි.

මෙසේ චේතපුත්‍ර විසින් වෙසතුරු නිරිඳුන් වසන තැන කී කල්හි ජූජක තෙමේ මහත් සේ තුටු වැ පිළිසඳර දොඩමින් මෙසේ කීය.

356. "භවත් චේතපුත්‍රය, මේ බලව. මීයෙන් හනාලූ මේ අග්ගලා ඉතා මියුරු යැ. මනාව සැකසූ මීපිඬු ද අග්ගලා ද මම් තොපට දෙමි."

357. "නැත බමුණ, මේ මග උවරණ තොපට මැ වේවා! තොපගේ මග අඩුවැඩිය ගන්ට මම් නො රිසියෙමි. මා ළඟ ඇති දෙයිනුත් ගනුව. බමුණ, තෝ සුවසේ යා!

358. මේ පියවර මාවත වනාහී තොපට හමුවී ඇත. එය කෙලින් මැ ඇත්තේ වෙසතුරු නිරිඳුන්ගේ අසපුව වෙත යැ. තොප යන අතරමගැ මැලියම් දත් ඇති, හිසැ ධූලි ඇති අච්චුත නමැති එක්තරා තපස්වී කෙනෙක් වෙසෙත්. හේ ද තවුස් වෙස් ගත්තෙකි. එල නෙළන කෙක්කත්, ගිනි පුදන සැන්දත්, හිසැ ජටාත් සහිතයෙකි හේ.

359. බිමැ පත් ඇතිරියෙහි සැතැපෙන හේ ගිනිදෙවි පුදයි. බමුණ, තෝ ගොස් ඒ තපස්වීගෙන් අප වෙසතුරු නිරිඳහුගේ කුටියට යන මං අසව. හේ තට යන මග කියන්නේය."

360. මෙය ඇසූ ජූජක තෙමේ ඔද වැඩීගිය සිතින් චේතපුත්‍රයන් ද පැදැකුණු කොට අච්චුත නම් තවුස්

තෙමේ යම් තැනෙක සිටින්නේ ද, එහි පිටත් වැ ගියේය.

සුළු වන වැණුම නිමා විය.

361. ජූජක බමුණු තෙමේ එ වෙනෙහි තනි පියවර මාවතෙහි යන්නේ අච්චුත නම් තවුසක්හු සිටි තැනට ගොස් ඔහු බැහැදැක්කේය. දැකැ තවුස් හා පිළිසඳර දෙඩීයැ.

362. "කිමැ... භවතාණෝ නීරෝග වහු ද? කිමැ... භවත් හට කිසි දුකෙක් නැද්ද? කිමැ... වනමුල්ඵල අහරින් සුවසේ යැපෙන්නහු ද? කිමැ... මෙහි බොහෝ වනමුල්ඵලයෝ ඇත්තාහු ද?

363. කිමැ... ඩැහැ රුහිරු බොන මැස්සෝත් මදුරුවෝත් සිටිත් ද? එසේ මැ සර්පාදී දීර්ඝ ජාතීහු අල්ප වැ සිටිත් ද? වනමෘගාදීන්ගෙන් ගැවසීගත් මේ වෙනෙහි කිම ඔවුන්ගෙන් තොපට නැත්තේ ද හිංසා?"

364. "එසේ යැ බමුණ, මම් නීරෝගයෙමි. මට දුකෙක් ද නැත්තේය. එසේ මැ වනමුල්ඵලාදියෙන් අහරකිස කෙරෙමි. ඒවා මෙහි බොහෝ නොවැ.

365. එසේ මැ ඩැහැ ලේ බොන මැස්සෝත් මදුරුවෝත් සර්පාදී දීර්ඝ ජාතීහුත් මෙහි ස්වල්පයහ. වනමෘගාදීන්ගෙන් ගැවසීගත් මේ වෙනෙහි මට නැත්තේ යැ හිංසා.

366. මේ වන අසපුයෙහි බොහෝ වසර ගණනක් මුළුල්ලෙහි හුදෙකලායෙහි වසන මා හට කිසියම් අමනාප ව්‍යාධියෙක් උපන් විරූ බවෙක් නොදන්මි.

367. බමුණ, තොපගේ මෙහි ආගමනය මනා යැ. ස්වාගතයෙකි තොපට. තොපගේ ආගමනය නොමනා නොවේ. භවත, පා දොවැ කුටිය ඇතුලට එව.

368. බමුණ තිඹිරි ඵල, පිය ඵල, මියුරු කටුඑරමිණියා ඵල, දඬුවැල්බෑ මී ඇත්තේ යැ මෙහි. උතුම් උතුම් දෑ ගෙන වළඳ කරව.

369. මේ පැන් සිහිලැ. ගෙන ආයේ ගිරිකඳුරැලියෙනි. ඉදින් බමුණ, රිසියෙහි නම් සිහිල් පැන් වළඳව."

370. "භවත් තපස්විය, තොප විසින් යමක් දෙන ලද ද ඒ හැම මවිසින් පිළිගන්නා ලද්දේය. සියල්ල අනගි ලෙස කරන ලද්දේය. භවත් තපස්විය, සිවීන් විසින් නෙරනා ලදුව සඳමහරජහුගේ වෙසතුරු පුත් තෙමේ වසන්නේ මෙහි යැ. මම් ඔහු දක්නට ආමි. ඉදින් තෙපි දන්නහු නම් එහි යන මං කිව මැනව."

371. "භවත් බමුණ, තොප පින් පිණිස අප සිවිරජහු දක්නට ආයේ නොවේ. මනා පතිව්‍රතා ඇති රජහුගේ පින්වත් බිරිය පතන්නේ යැයි හඟිමි.

372. නො එසේ නම් කණ්හාජිනා දාසී කොට ජාලී කුමරහු දාස කොට ගෙන යනු රිසියෙහි යි හඟිමි. නො එසේ නම් මවත් දරුවනුත් වෙනෙන් රැගෙන යන්ට ආයේ වනැයි හඟිමි. එම්බා බමුණ, දැන් මෙකල්හි අප වෙසතුරු කෙරෙහි ධන ධාන්‍යාදී භෝගයෝ නැත්තාහ. හේ අත්‍යන්තයෙන් ම දිළිඳු යැ."

373. "අහෝ... භවත් තපස්වීහු විසින් මම් නොකිපෙන සැහැවි ඇත්තෙමි. භවත් තපස්විය, කිසිවක් ඉල්ලන්ට මම් නො ආමි. ආර්යයන්ගේ දැක්ම මනා නොවැ. ඔවුන් හා එක් වැ වුසුම සදා සුව නොවැ.

374. සිවීන් විසින් නෙරනා ලද අප වෙසතුරු සිවිරජහු මේ තාක් දවසක් නොදැක්ක විරූයෙමි. ඔහු දක්නට යැ මා ආයේ. ඉදින් දන්නහු නම් මට පවසව."

ජූජක තෙමේ මෙසේත් කීය. "භවත් තවුස, මම් තවුසාණන් විසින් නොකිපෙන සැහැවියෙමි. එමතු ද නොවේ; මම් වනාහී අප වෙසතුරු නිරිඳහුගෙන් කිසිවක් ඉල්ලන්ට නො ආමි. ආර්යයන්ගේ දැක්ම මනා නොවැ. ඔවුන් හා එක් වැ වුසුම සදා සුව නොවැ. මම් වෙසතුරු රජහුගේ ගුරුදෙවි බමුණු වෙමි. සිවීහු විසින් නෙරන ලද හේ මවිසින් ද එතැන් පටන් නොදැක්ක විරූ යැ. එහෙයින් ඔහු දක්නා රිසියෙන් යැ මේ ආයේ. භවත් තවුස, ඉදින් තෙපි දන්නහු නම් කියව මට."

ජූජකයා කියනුයේ සැබෑවෙකි යි සිතූ අච්චුත තවුස් තෙමේ මෙසේ කීයේය. "වේවා! භවත, මම් තොපගේ මනෝරථය ඉටුකරන්නෙමි. අද තෙපි මෙහි ම වසව්" කියා සිය කුටියෙහි වූ එලවැලින් මොනවට සැතැපවීය. පසුවදා වෙසතුරු නිරිඳුගේ වන කුටිය වෙත යන මග අත දිගු කොට දක්වමින් මෙසේ කීය.

375. බමුණ, අප වෙසතුරු රජාණෝ යම් තැනෙක හිඳ දරුවන් හා සුවසේ වසත් ද, අර පෙනෙන්නේ ඒ ගන්ධමාදන ශෛලමය පර්වතය ය.

376. තවුස් වෙස් ගත් හේ එල නෙළන කෙක්කත් අග්නි පූජා කෙරෙන යාග සැන්දත් ඇතිවැ ජටා මඬුළු ධරා, අඳුන් දිවිසම් ධරා සිටියි. සැතැපෙන්නේ පත්ඇතිරියෙහි බිම යැ. හේ ගිනිදෙවි පුදයි.

377. ප්‍රිය බමුණ, අර බලව... අර එලහරිත වෘක්ෂයෝ නිල්වනින් පෙනෙනයුරු. මිහිතෙලෙන් පැන නැගුණු නිල් වළායෙක් බඳු යැ. නිල් අඳුන්කුළු පව්ව බඳු යැ.

378. එහි දැව, සල්, කිහිරි, කොළොම් මෙන්ම පවනින් සැලෙනා මාළුවා රුක් ඈ වෘක්ෂයෝ එක්වරක් සුරා බිව් මාණවකයෝ වැනෙන්නාහු බඳු වැ පවනින් වැනි වැනී සිටිත්.

379. රුක් ශාඛාවන්හි පක්ෂීන් මියුරු නද දෙන කල්හි දෙව්ගී බඳු වැ ඇසේ. වලිකුකුළු රංචු ද කොවුල් රංචු ද රුකින් රුකට පැන යත්.

380. අප වෙසතුරු තෙමේ යම් තැනෙක්හි දරුවන් හා වසයි ද එහි ශාඛා පත්‍රයෝ ද පවනින් සැලි සැලී තිබෙන්නාහු ය. ඒ වනාහී යන්නවුන් ආපසු ළඟට කැඳවන්නෝ වැන්නහුය. ආගන්තුකයන් සතුටු කරන්නෝ වැන්නහුය. එහි වසන්නෝ තුටු කෙරෙත්.

381. ඒ අප වෙසතුරු නිරිඳු තෙමේ එහි තවුස් වෙස් ගෙන ඇත්තේය. එල නෙළනා කෙක්ක ද ගිනි පුදනා යාග හැන්ද ද එහි ඇත්තේය. හේ ජටාධර යැ. අඳුන් දිවිසම් ධර යැ. බිමැ පත් ඇතිරියෙහි හොවියි. අග්නි දේවතාවුන් පුදයි.

382. වෙසතුරු නිරිඳහු සිටිනා ඒ වෙනෙහි පැතිර සිටි ලුණුවරණ මල් යැ. නව නිල් තෘණයෙන් වැසීගත් එ බිමැ ධූලි රජස් නොනැගෙයි.

383. මොණරහුගේ ගෙලෙහි ඇති නිල් පැහැගත්, පොලාලූ පුළුනෙහි පහස ගත් ඒ තෘණ ජාතීහු සතරඟුල් නො ඉක්මැ වැඩෙත්.

384. එසේ මැ එහි අඹ, දඹ, දිවුල් ඇත්තේ යැ. කුඩා රුක්හි දිඹුල් එල යැ. අනුභව කළයුතු ඵලබර රුකින් ඒ වනය මනහර යැ.

385. නිතොර ගැවසීගත් මත්ස්‍ය රංචු ඇති, වෛදූර්ය මාණික්‍යයේ වර්ණය බඳු පැහැගත්, පිවිතුරු, සුවඳ දිය ගලාහැලෙන දියඇළි ඇති ඒ වනය මනරම් යැ.

386. එයට නුදුරින් රම්‍ය වූ බිමෙක සිත්කලු පොකුණෙකි. එහි පියුම් මහනෙල් පිපී ඇත. ඒ පොකුණ වනාහී දෙව්පුරයෙහි නඳුනුයන වැන්න.

387. බමුණ, ඒ සම සතරැස් පොකුණෙහි තුන් අයුරෙකින් මහනෙල් පිපෙයි. ඒ නිලුපුල් යැ, හෙල්මැලි යැ, රතුපුල් යැ.

388. එසේ මැ වෙසතුරු නිරිඳු සිටිනා වනකුටිය ඇති ඒ වෙනෙහි මුචලින්ද නම් විලෙකි. එහි සුදු පටපිළි අතුළ සෙයින් හෙල්මැලි පියුම් පිපී ගොස් පිරී පැතිරී ඇත්තේ යැ. ඒ වටා කොළොම් රුක් ගැවසුණේය.

389. එසේ මැ බමුණ, ඒ මුචලින්ද විල්හි පියුම් පෙනෙන්නේ තෙරක් නැති සේ යැ. ගිම්හානයේත්,

හේමන්තයේත් පිපි පියුම්හු දණක් පමණ දියෙහි පැතිරී සිටින්නාහ.

390. පැතිරැ පිපී ගිය කුසුමින් හමා යැ සුගන්ධය. භෘංගයෝ ද පුෂ්ප සුගන්ධයට ආශක්ත වැ වටකොට ගුමු ගුමු නදත්.

391. බමුණ, එ විල් තෙරෙහි පිපි මල් ඇති කොළොම් යැ. පලොල් යැ. එසේ මැ සුපිපි කොබෝලීල වෘක්ෂයෝ ද ඇත්තාහ.

392. එසේ මැ එහි අගුන රුක්, වැල් කිණිහිරි, කර රුක්, එරබදු, නා ඈ රුක්හු පිපීගිය මල් ඇතිව මුචලින්ද විල් තෙර වටා සිටින්නාහ.

393. එසේ මැ මහරි, හෙළපලු, ගොඩපියුම් රුක්හි පිපි මලින් සුවඳ හමයි. මහ නික, සුළු නික, පිය රුක් ද එහි සුපිපි පියුමෙන් සැදුණේය.

394. එසේ මැ පගුරු, මුහුලු, සල්, මුරුංගා ඈ රුක්හු ද මල් පිපී ඇත්තාහ. දුනුකේ, කිණිහිරි, කණේරු ඈ රුක්හු ද මල් පිපී ඇත්තාහ.

395. මහ කුඹුක්, සුළු කුඹුක්, මහ උක් ඈ වෘක්ෂයෝ ද පිපි මල් වැ සිටින්නාහ. කෑල රුක්හි මනාව පිපී ගිය මල් දිස්වන්නේ දිලෙන ගිනි පුලිඟු සේ යැ.

396. ඇත්දෙමට, රුක්අත්තන, රඹ, වනුක්, දුනුවලා, ඇට්ටේරියා, වරණ රුකින් ද එ වනය හොබනේය.

397. තෙළිඹු රුක්, හීන් සල් රුක් ඈ වෘක්ෂයෝ ද පිපි මල් වැ සිටින්නාහ. එසේ මැ හෙළවසුප්, තුවරලා, මැසි, කුලාවර ඈ වෘක්ෂයෝ ද ඇත්තාහ.

398. එහි ඇති යොවුන් රුක්, වැඩිහිටි රුක් සියල්ල අකුටිල වැ පිපි කුසුමින් යුතුවැ අසපු දෙපසෙහි ගිනිහල්ගෙය හාත්පසින් වටකොට සිටින්නාහ.

399. එසේ මැ ඒ මුචලින්ද විල් තෙර දඹල ද බොහෝ යැ. සිහින් මුගු ද, මහ මෑ ද, කටුකොහිල ද ඇත්තේ යැ.

400. මනා ඉවුරු ඇති ඒ විල්හි පවන් වැදී නගනා දිය රැළි ඇත්තේය. භෘංග නාදයෙන් හෙබි හුඹු ගස් හා රත්කරල් ගස් ද ඇත්තේ යැ.

401. බමුණ, එසේ මැ එහි හෙළකලවැලින් ගැවසීගත් වෘක්ෂයෝ සිටිත්. එහි පිපි මල් සුවඳ සතියක් පුරා රුක්ගොමුයෙන් නොවෙන්වැ සිටියි.

402. මුචලින්ද විල දෙපස පිපි කුසුම් ඇති රුක්හු සිටියාහුය. ඉන්දීවර රුකින් ඒ දෙපස හොබනේය. එහි පිපි කුසුම් සුගන්ධ ය. අඩ මසක් පුරා ඉන්දීවර රුක්ගොමුව හැර නොයයි.

403. එහි පිපී ගිය දියබෙරලිය මල්, සේතවාරි මල්, නිල්කටරොලු මල් ද ඇත්තේය. කටරුකින් ද තුල්සි රුකින් ද ගැවසුණේය.

404. රුක් ශාඛායෙන් හමනා පුෂ්ප සුගන්ධය ඒ වනයට පිවිසෙන්නවුන් මත් මත් කරවයි. මල් සුවඳ වටා බඹරු නද දෙත්.

405. එසේ මැ බමුණ, ඒ විල අසබඩ තුන් අයුරෙකින් කැකිරි උපදියි. එක් කැකිරි ඵලයෙක් කළයක් බඳු යැ. අනික් දෙවගය මිහිඟු බෙර සදිසි යැ.

406. එසේ මැ එහි බොහෝ අඹ, හරිතායුත, නාදි, ලුහුණු ඇත්තේය. ඉඳි රුක්, තල් රුක් ද බොහෝ යැ. ඉන්දීවර රුක් ද බොහෝ යැ.

407. එසේ මැ සමණවැල්, හිරුවැල්, කැලිය, මීගෙඳි, හෝපලු, නිතු, ලබු, කොමඩු, හිඟිති රුක් ද ඇත්තේය.

408. කටුකරලු, අනේජ, මල් රුක් ද ඇත්තේය. නාගවල්ලි, ඉරමුසු රුක්හි නැගී ආ පිපි කුසුම් ඇත්තාහුය.

409. රන් කටුකරඬු, වැකොඳ, විනිරුක්, ඉද්ද රුක්, වැල්සමන්, යොහොඹු, ගඳඇඹුල, පියුමතුරා ඈ පියුම් රුකින් ඒ අවට හොබනේය.

410. පලොල්, සුරිඳු රුක්, කිණිහිරි රුක් ඈ රුක්හු ගිනිසිළු සෙයින් පිපීගිය මලින් හෙබියාහුය. අතුරන ලද රන් දැල් වැන්න.

411. දියෙහිත් බිමෙහිත් උපදනා යම් කුසුම්හු වෙත් ද, ඒ තාක් මැ කුසුම්හු එහි මෙසෙයින් දිස්වන්නාහ. සැබැවින් ම මුචලින්ද විල මහත් මැ දියකඳෙකි.

412. එසේ මැ ඒ මුදලිඳු විලෙහි දිය ගොදුරු කොටැ සිටින්නෝ රෝහිත මත්ස්‍යයෝ යැ. ඉස්සෝ යැ. හුංගෝ යැ. කිඹුල්ලු යැ. මෝරු යැ.

413. එසේ මැ මී, වැල්මී, පතොක්, රුක්මල්, කලුනීර, වම්මුතු, සතපුප්ඵ, ලෝලුප ඈ රුක්හු ද,

414. තුවරලා, තුංගවණ්ටක, පද්මක, නාරද, කුට්ඨ, කටාමක, හරේණුක කුසුමින් ද බොහෝ සුවඳ හමයි.

415. එසේ මැ හරංකහ, සිරියල්, හිරිවේරිය, ගුගුල්, විභේධිකා, සොරමල්, තකුල්, කපුරු, කලිඟු මල් ද එහි බොහෝ යැ.

416. බමුණ, එසේ මැ ඒ වෙනෙහි සිංහයෝ යැ, ව්‍යාඝ්‍රයෝ යැ, වළවාමුඛී යකින්නියෝ යැ, හස්තීහු යැ, ඒණී මුවෝ යැ, පසද මුවෝ යැ, රෙහෙ මුවෝ යැ, සරභ මුවෝ ඈ අනේක වනමෘග ජාතීහු සිටින්නාහ.

417. එසේම එහි කැණහිල්ලු යැ, මීමින්නෝ යැ, වන බළල්ලු යැ, රුක් නහවෝ යැ, සෙමෙර මුවෝ යැ, තිත් මුවෝ යැ, වා මුවෝ යැ, මහ වඳුරෝ යැ, ඇලි වඳුරෝ යැ, විල් තෙර ගොදුරු ගන්නා රිළා වඳුරෝ යැ.

418. ගෝන්නු යැ, හඟමොරැලි යැ, වළස්සු යැ, දඩගෝන්නු යැ, කඟවෙණ්හු යැ, හූරෝ යැ, මුගටීහු යැ, කලවැද්දෝ ඈ වනමෘගයෝ ද එ විල අසබඩ බොහෝ යැ.

419. එසේ මැ මීගවයෝ යැ, රුක්නහවෝ යැ, සිවල්හු යැ, උණහපුලුවෝ යැ, හාත්පස සරනා තලගොයෝ යැ, ගජකුම්භුවෝ යැ, චිත්‍රයෝ යැ, දීපියෝ යැ ඈ වනමෘගයෝ බොහෝ යැ.

420. එසේ මැ සාවෝ යැ, සිනිඹිල්ලෝ යැ, සිංහයෝ යැ, කොක්නහවෝ යැ, සරභ මුවෝ යැ, මයුරයෝ යැ, සුදු හංසයෝ යැ, වලිකුකුළෝ යැ,

421. සුවර කුරුල්ලෝ යැ, වනසැවුලෝ යැ, හස්තීහු යැ, එකිනෙකා හට රාව ප්‍රතිරාව දෙන කොක්කු යැ,

කණකොක්කු යැ, බකමුහුණෝ යැ, කිරල්හු යැ, කොස්වාලිහිණියෝ යැ, දියකාවෝ යැ,

422. උකුස්සෝ යැ, ලෝතුඩුවෝ යැ, හුණුසපුළුවෝ යැ, ජීවත් වෙව කියා නද දෙන ජීවංජීවක කුරුල්ලෝ යැ, කපිඤ්ජක කුරුල්ලෝ යැ, තිත්වටුවෝ යැ, වඩු කුරුල්ලෝ යැ, බටු කුරුල්ලෝ යැ,

423. මද්දාලක කුරුල්ලෝ යැ, සළුපිංජකයෝ යැ, හණ්ඩු තිත්වටුවෝ යැ, දනව් ලිහිණියෝ යැ, පිඟුහැලියෝ යැ, ගෝධක කුරුල්ලෝ යැ, අඟුහැලියෝ යැ,

424. කුරවීකයෝ යැ, වැහිලිහිණියෝ යැ, මහමූණෝ යැ, කබරුස්සෝ ඈ වනමෘගයෝ එහි බොහෝ යැ. එ වෙනෙහි මේ ආදී අනේක මෘගපක්ෂීහු ගැවසී ගත්තාහුය. ඔවුහු අනේක රවින් නාද පතුරුවන්නාහ.

425. එසේ මැ එ වෙනෙහි මිහිරි සරින් නද දෙන චිත්‍රාජීශතපත්‍ර නම් පක්ෂීහු වෙසෙසක් ඇත්තාහ. ඔවුහු සිය පක්ෂි ධේනූන් හා මධුර සල්ලාපයෙහි යෙදෙමින් කූජනය කරගතිත්.

426. එසේ මැ එහි බොහෝ පක්ෂීහු යැ. ඔවුහු නිබඳ මියුරු නාද පතුරන්නාහ. ඔවුන්ගේ නෙත් දෙපස සුදු පැහැ ඇත්තේය. අලංකාර නෙත් ඇත්තාහ. මනහර පියාපත් ඇත්තාහ.

427. එහි තව පක්ෂීහු ඇත්තාහ. ඔවුහු ද නිබඳව මියුරු නද පතුරත්. හිසැ සිළු ඇත්තාහ. නිල් ගෙල ඇත්තාහ. ඔවුහු ද එකිනෙකා කූජනය කරගන්නාහ.

428. එසේ මැ එහි වලිකුකුළෝ යැ, කකුළුවෝ යැ, කොට්ටෝරුවෝ යැ, තල්රෙහෙණුවෝ යැ, කලලොහොල්ලු යැ, කලුහොල ලිහිණියෝ යැ, දියකෙරළියෝ යැ, සැළලිහිණියෝ යැ, ගිරවෝ යැ,

429. එසේ මැ එහි කහකුරුල්ලෝ යැ, තඹතොලුවෝ යැ, සුදුලිහිණියෝ යැ, නාළකලිහිණියෝ යැ, ඇත්ගිජුලිහිණියෝ යැ, හිංගුරාජ ලිහිණියෝ යැ, මහදිය කෙරළියෝ යැ, කෝකිළයෝ යැ,

430. එසේ මැ එහි කලු උකුස්සෝ යැ, සුදු උකුස්සෝ යැ, හංසයෝ යැ, හැදිමුව කුරුල්ලෝ යැ, පරිවදන්තිකයෝ යැ, පාක හංසයෝ යැ, අතිබල ලිහිණියෝ යැ, වලිකුකුළෝ යැ, ජීවංජීවකයෝ යැ,

431. එසේ මැ එහි පරවියෝ යැ, හැල්බෝ ලිහිණියෝ යැ, නදීන්හි හැසිරෙන සක්වාලිහිණියෝ යැ, උදය සවස මිහිරි නද දෙන ඇත්කඳ ලිහිණියෝ යැ,

432. මෙසේ ඒ වෙනෙහි අනේක පැහැගත් බොහෝ පක්ෂීහු සිටින්නාහ. ඔවුහු සිය පක්ෂි ධේනූන් හා මධුර සල්ලාපයෙහි යෙදෙමින් එකිනෙකා කූජනය කරගන්නාහ.

433. ඒ මුචලින්ද විල අසබඩ සැරිසරන්නාහු අනේක වර්ණවත් පැහැගත් බොහෝ සියොත්හු මියුරු නද පතුරමින් කූජනය කරන්නාහ.

434. එහි කුරවි කෙවිල්ලෝ නම් පක්ෂීහු ද සිය පක්ෂි ධේනූන් හා එක්ව මුචලින්ද විල් තෙර සරන්නාහු මියුරු නදින් කූජනය කරමින් ප්‍රීති වෙන්නාහ.

435. එසේ මැ ඒ වෙනෙහි ඒණිමුවෝ ද, පසද මුවෝ ද ගැවසෙන්නාහ. හස්තීහු විසිනුත් සෙවිනා ලද්දේය. අනේක තුරුලතායෙන් ගැවසුණේය. කදලීමුවන් විසිනුත් සෙවිනා ලද්දේය.

436. එසේ මැ එහි යායට අබ වැවී ඇත්තේය. හූරුහැල් ද වරාක ධාන්‍ය ද ඇත්තේය. වගා නොකළ ඒ බිමැ ස්වයංජාත හැල් ද ඇත්තේය. වනමුල්ඵලවැල ද බොහෝ යැ.

437. බමුණ, මේ තනි පියවර මගෙක් අප සිටි තැනට එයි ද, ඒ මග වනාහී කෙලින් මැ යන්නේ වෙසතුරු නිරිඳහුගේ අසපුවට යැ. යම් තැනෙක්හි වෙසතුරු නිරිඳාණෝ සිය බිසව් හා දරුවන් සමග සංසිඳී වසන්නාහු ද එහි පැමිණියෙකු පිපාසයත් ක්ෂුධාග්නියත් අරතියත් නොලබන්නේය.

438. තවුස් වෙස් ගත් හේ ඵල නෙළන කෙක්කත් අග්නි පූජා කෙරෙන යාග සැන්දත් ඇතිවැ ජටා මඬුළු ධරා අඳුන් දිවිසම් ධරා සිටියි. සැතැපෙන්නේ පත්ඇතිරියෙහි බිම යැ. හේ ගිනිදෙවි පුදයි.

439. මෙය ඇසූ ජූජක තෙමේ ඔද වැඩීගිය සිතින් අච්චුත තපස්වීන් පැදැකුණු කොටැ වෙසතුරු නිරිඳු තෙමේ යම් තැනැක සිටින්නේ ද, එහි පිටත් වැ ගියේය.

මහ වන වැණුම නිමා විය.

ජූජක තෙමේ අච්චුත තවුසාණන් කියූ මගින් ගියේය. සම සතරැස් පොකුණ වෙතට ද ආයේය. හේ මෙසේ සිතීය. 'දැන් ඉතා සවස් යැ. මෙකල්හි මද්දී තොමෝ

අරණ්‍යයෙන් එලවැල නෙළා එන්නීය. මාගම්හු වනාහී දන් දීමට අන්තරාය කරන්නීහු යැ. සෙට ඕ යළි එලවැල පිණිස වන වත් කල්හි අසපුවට යන්නෙමි. ගොස් වෙසතුරුගෙන් දරුවන් ඉල්ලාගෙන ඈ යළි එන්ට පළමු පැනැ ගන්නෙමි' යි සිතා අසපුවට නුදුරෙහි පව්වෙක සමබිමකට නැගැ පහසු තැනෙක වැදහොත්තේය.

එදා අළුයම් රැයෙහි මද්දී තොමෝ ස්වප්නයක් දුටුවාය. එය මෙබඳු සිහිනයෙකි. එක්තරා කාලවර්ණ රුදුරු පුරුෂයෙක් එක් කසාවතක් හැඳ අනික පොරොවා, රත්මල් මාලා පැළැඳ, අසිපතක් අතැතිව ගර්ජනා කරමින් අවුත්, අසපු කුටියට පිවිසැ මද්දියගේ හිසැ බැඳි ජටායෙන් ඇද බිම උඩුකුරුව හෙළා, ඇගේ පියකරු පුළුල් දෙනුවන් උපුටා, දෑත් සිඳ, ළය පලා ලෙහෙ බිඳු වැගිරෙන ඈ හද රැගෙන පලාගියේ යැ!

ඕ තොමෝ එකෙණෙහි මැ භීතියට පත්වැ නැගිට්ටාය. 'අහෝ... එය ඉතා බිහිසුණු ස්වප්නයෙකි. මාගේ වෙසතුරු හිමි හා සදිසි සිහින එලාඑල කියන්නා වූ අන්‍යයෙක් මට නැත්තේය. මම් දැන් මැ ගොසින් ඒ කිමෙකැ යි අසන්නෙමි' යි නැගිට වෙසතුරු නිරිඳහුගේ වනකුටියට ගොස් දොරට තට්ටු කළාය. එසඳ මහසත් තෙමේ කුටිය තුළ සිටියදී ම "කවරහු ද තෙපි?" යි විචාළේය. "ස්වාමීනී, මද්දී වෙමි." "කිම මද්දියෙනි? අපගේ කතිකාවත බිඳ කවර හෙයින් නොකල්හි ආවා ද තී?" "කමා වුව මැනව ස්වාමීනී, මම් වනාහී ක්ලේශ වසඟ ව නොආමි. අහෝ... මවිසින් බිහිසුණු ස්වප්නයෙක් දක්නා ලද්දේය." එකල්හි වෙසතුරු නිරිඳු තෙමේ කුටි දොර හැර ඈ කැඳවා බිම ඇතිරියෙහි හිඳුවා විමසීය. "එසේ නම් කියව මද්දියෙනි"

එකල්හි ඕ තමා සිහිනය දුටුයේ යම් අයුරින් ද, එසේ මැ සැලකළාය. මහබෝසත් තෙමේ සිහින ඵල විමසන්නේ 'ඒකාන්තයෙන් මැ මාගේ දාන පාරමිතාව සම්පූර්ණ වැ නිමාවට යන්නේ යැ. හෙට යදියෙක් මවෙත අවුත් මා දරු සිඟිත්තන් ඉල්ලන්නේය. මද්දීව අස්වසා යැව්ව මනා යැ' යි සිතා මෙසේ තෙපෙළේය. "මද්දී, තී හට නොඑාසු සැතපීම්, නොඑාසු බොජුන් නිසායෙන් සිත ඇලැළී ගියේ වනැ යි සිතම්හ. භය නොවව." යි ඕ අස්වසා පිටත් කරවීය. මද්දී තොමෝ සැනැසුම් සුසුම් හෙළමින් සිය කුටියට ගියාය.

රැය පහන් වූ කලැ වෙනදා සෙයින් මැ කළයුතු හැම වත් සපුරා කොට දෙදරුවන් වැළඳ, හිස සිඹැ මෙසේ කීවාය. "මා අදරැති දරුවෙනි, තොප මෑණියන් රෑ ඉතා බිහිසුණු ස්වප්නයෙක් දුටු විරූ යැ. එහෙයින් අප්‍රමාදී වව්" යනාදී ඔවදන් දී වෙසතුරු නිරිඳු වෙත අවුත් "දේවයන් වහන්ස, අද කිසියම් වචනාතික්‍රාන්ත බියෙකින් මසිත සැලෙයි. දරු සිඟිත්තන් කෙරෙහි නොපමා වුව මැනව" යි කියා දරුවන් මහසත් හට පවරා පැසත් අතට ගෙන, අල සාරන හුලත් ගෙන, කඳුළු ගලාබස්නා නෙතින් යළි යළිත් දරුවන් දෙස බල බලා ඵලවැල පිණිස වනවැදුනාය.

ජූජක තෙමේ 'දැන් වනාහී මද්දී අරණ්‍යයට ගියා වන්නී ය' යි සිතා පර්වත සමබිමෙන් බැස එක්පියවර මග ඔස්සේ අසපුවට මුහුණ ලා ආයේය. මහබෝසත් තෙමේ සිය කුටියෙන් නික්මැ ගල්පුවරුව මත රන්පිළිමයක් සේ අසුන් ගෙන සිටියේය. 'දැන් යාචකයා එන්නේ යැ' යි පිපාසිත ව සිටින සුරාසොණ්ඩකු සෙයින් ඔහුගේ පැමිණීම වන තුරු නෙත් දල්වා ඈත බලා සිටියේය. දරු

සිඟිත්තෝ බෝසත්හු පාමුල කෙළිදෙලෙන් කල් යවත්. නෙතු පිය නොසලා මග බලා සිටින වෙසතුරු නිරිඳු තෙමේ ජූජක බමුණා පැමිණෙනු දුටුයේය. සත් මසක් බහා තැබූ දන්වැට යළිත් පටන් ගත් සෙයින් 'බ්‍රාහ්මණය, තෙපි එව්' කියා සොම්නස් වැ ජාලිය කුමරහු අමතා මේ ගාථා පැවසීය.

440. "පුත ජාලී, නැගී සිටුව. පෙර ගමන් යව. එකලැ ජයතුරා නුවරට නා නා දිශායෙන් යදියෝ ආ සෙයින් අදත් යදියෙකුගේ ඒමක් පෙනේ. ඒ බමුණු දුටු සැණින් මසිත සොම්නසින් පිරී ගියේය. ගිමනින් තැවුනෙකු සැටදහසක් සිහිල් දිය කළ ස්නානය කරනා සෙයිනි."

441. "මම් ද දකිම් පියාණෙනි, බමුණෙකු සෙයින් යමෙකු දිස්වෙයි ද හේ ඉල්ලාගෙන එන්නෙකු සේ ය. එසේ යැ. හේ අපට ආගන්තුකයෙක් නොවන්නේ ද!"

මෙසේ කියා කුමර තෙමේ ගරු බුහුමන් දක්වා හුන් තැනින් නැගිට වහා පෙර ගමන් කොට බමුණුහු වෙත ගියේය. තවුස් පිරිකර සිය අතට දෙන ලෙස ඉල්ලීය. එකල්හි බමුණු තෙමේ ජාලී කුමරහු දෙස දෑස් ඔරොවා බලා 'හෝ... මේ වෙසතුරුහුගේ පුත් ජාලී කුමරා වනැ. මුල පටන් මැ නපුරු බසින් කියැ යුත්තේය' යි සිතා "එම්බා කොලුව, ඉවත් වෙව. ඉවත් වෙව" කියා අසුරක් ගැසීය. දරු තෙමේ බියපත් විය. පසුපසට ගියේය. 'අහෝ... මේ බමුණු තෙමේ ඉතා සැඩපරුෂ ය. කවරෙක් ද මොහු?' කියා ජාලිය කුමරු බමුණා දෙස බලන කල්හි දහඅට වැදෑරුම් පුරුෂ දෝෂයන් ජූජක සිරුරෙහි ඇති බව

දුටුයේය. බමුණු තෙමේ බෝසතුන් වෙත එළඹ පිළිසඳර දොඩන්නේ මෙය කීය.

442. "කිම, භවත් වෙසතුරු තෙමේ නීරෝග ද? කිම, භවත් තෙමේ නිදුක් ද? කිම වනමුල්ඵලාහාරයෙන් යැපෙන්නෙහි ද? කිම, මේ වෙනෙහි බොහෝ යැ ඵලවැල?

443. කිම, ඩැහැ ලේ බොන මැසි මදුරුවෝ, සර්පාදී දීර්ඝ ජාතීහු අල්ප වැ සිටිත් ද? කිම, වනමෘගාදීන්ගෙන් ගැවසීගත් මෙවෙනෙහි හිංසායෙක් නැද්ද?"

444. "භවත් බමුණ, අපි නීරෝග වම්හ. එසේ මැ බමුණ, නිදුක් වම්හ. එසේ මැ වනමුල්ඵලාදියෙන් අහර කිස කරම්හ. මෙ වෙනෙහි බොහෝ යැ ඵලවැල.

445. එසේ මැ ඩැහැ ලේ බොන මැසි මදුරු, සර්පාදීහු අල්පයහ. වෙනෙහි ගැවසීගත් වනමෘගාදීන්ගෙන් අපට කිසි හිංසායෙක් නැත්තේය.

446. සත් මසක් මුළුල්ලෙහි මේ වන අරණෙහි ජීවශෝකී වැ වෙසෙන අපි බෙලි ලීයෙන් කළ සැරයටියක් අතැතිව, ගිනි පුදන යාග හැන්දත්, පැන් කෙණ්ඩියත් රැගෙන, දේවතාවුන් විසිනුත් වර්ණනා කරන ලද මේ බමුණානන් යැ පළමු කොට දැක්කේ.

447. බමුණ, එහෙයින් තොපගේ මෙහි ආගමනය මනා යැ. ස්වාගතයෙකි තොපට. තොපගේ මෙහි ඒම නොමනා ඒමක් නොවේ. පින්වතාණෙනි, පා දොවැ කුටියට පිවිසෙව.

448. බමුණ, මෙහි තිඹිරි, පියල්, මී, කටුඑරමිණියා ඈ එල ඇත්තේය. දඬුවැල්බෑ මී ඇත්තේය. උතුම් උතුම් දෑ ගෙන රිසි සේ වළඳිව්.

449. බමුණ, මේ පැන් ද සිහිලැ. ගිරිකඳුරින් හැලෙනා ගඟුලින් යැ ගෙන ආයේ. ඉදින් තෙපි සිහිල් පැන් බොනු රිසියහු නම් වළඳිව්.

450. බමුණ, තෙපි කවර කරුණක් නිසාවෙන්, කවර හේතුවක් නිසාවෙන් මෙවන් ගැඹුරු වනගැබකට වැදුනෙහු ද? මවිසින් පුළුවුස්නා ලද මෙය කියව් මා හට."

451. "අහෝ... වෙසතුරු නිරිඳාණෙනි, පස් මහනදීන්හි හැම කල්හි පිරීගිය උදකප්ප්‍රවාහය වෙතැ පවස් ඇතියෝ පැමිණෙත්. අවුත් අතිනුත් බඳුනෙනුත් දිය ගෙන කොතරම් නම් පානය කළ නමුදු ඒ නදීන්හි දිය අවසන් නොවෙයි. තෙපිදු එසේ මැ යි. දන් දීමෙහි ලා සැදැහෙන් පිරී ගිය සිත් ඇති තොපගෙන් ඉල්ලන්ට මැ ආයෙමි. වෙසතුරු නිරිඳාණෙනි, මවිසින් ඉල්ලන ලද තෙපි මේ දෙදරු මා හට දස්සන් කොට දන් දෙව්."

ජූජකගේ මෙබස් ඇසූ මහසත් තෙමේ උපන් සොම්නස් ඇත්තේ විය. දකුණත දිගු කොට රන් නික දහසක් තබන සෙයින් වංකගිරි පව්ව පාමුල නින්නාද කෙරෙමින් මේ ගාථා කීයේය.

452. "එසේ යැ... බමුණ, එසේ යැ. මම් මේ දෙදරු දන් දෙමි. අකම්පිතයෙමි. තෙපි මේ දරු දෙදෙනා හට ස්වාමි වැ රැගෙන යව්. වැලිදු කියැ යුත්තෙක්

ඇත්තේය. මේ සිඟිත්තහුගේ මව් රජදූ හිමිදිරියෙහි එල නෙළනට වන වැදුනාය. සන්ධ්‍යායෙහි ඕ යළි එන්නී ය.

453. එහෙයින් බමුණ, එක් රැයෙක් මෙහි වසව. හිමිදිරියෙහි පිටත් වැ යව. මද්දී විසින් නහවන ලදුවැ හිසැ සිඹ සනහා මල්දම් ගෙලෙහි පළඳා සිටින දෙදරුවෝ නොවැ.

454. එහෙයින් බමුණ, එක් රැයක් මෙහි වසව. හිමිදිරියෙහි පිටත්ව යව. එකල්හි මද්දී විසින් නා නා කුසුමෙන් හොබනා ලදුවැ නා නා සුවඳින් අලෙවි දෙන ලදුවැ මගතොටැ සාදුක් නිවනු වස් වනමුල්එල ඇතිව දෙදරු රැගෙන යව."

455. "අහෝ... වෙසතුරු නිරිඳාණෙනි, එය මම් නොරිසියෙමි. යාම මැ රිසියෙමි. මෙහි විසුවහොත් තොප මට දෙන ලාභයට අන්තරාය වන්නේය. එසේ හෙයින් මම් යන්නෙමි.

456. මහරජුනි, නාරීහු වනාහී ඉල්ලා වෙත පැමිණෙන්ට නොනිස්සෝ යැ. ඔවුහු තොප පිනටත්, අප ලාභයටත් අන්තරාය කරන්නීහු ය. නාරීහු දනිත් යැ මන්ත්‍ර. හැම දකුණතින් දී වමතින් ගනිත්.

457. සැදැහැයෙන් දන් දෙන තෙපි මේ දෙදරු සිය මව්ට නොදක්වව්. එසේ වුවහොත් ඕ තොප දනට අන්තරාය කරන්නීය. මහරජුනි, මම් යන්නෙමි.

458. වෙසතුරු නිරිඳාණෙනි, තොපගේ දරු දෙදෙන කැඳවව්. මේ දෙදරුවෝ සිය මව් නොදකිත්වා!

සැදැහැයෙන් දන් දෙන තැනැත්තහුට පින් වැඩෙන්නේය යන කරුණ තෙපි මනාව දන්නහුය.

459. වෙසතුරු නිරිඳාණෙනි, තොප දෙදරු කැඳවව්. මේ දෙදරුවෝ සිය මව් නොදකිත්වා! මා වන් බමුණක්හුට සිය පුත්‍ර ධනය දන් දී මහරජුනි, තෙපි යන්නාහු නොවැ දෙව්ලෝ!"

එකල්හි අප වෙසතුරු නිරිඳාණෝ ජූජක හට මෙබස් පැවසූහ.

460. "බමුණ, ඉදින් පතිව්‍රතතා ඇති මා බිරිය දක්නට තෝ නොරිසියෙහි නම් මේ ජාලීත්, කණ්හාජිනාත් යන දෙදරුවන් රැගෙන ගොස් සිය මුත්තණුවන් වන සඳමහරජුට දක්වාලව.

461. මියුරු තෙපුල් දොඩනා මේ සිඟිත්තහු දැක අතිශය තුටුපහටු සිත් ඇති සඳමහරජතෙමේ ඒකාන්තයෙන් ම තට බොහෝ ධනය දෙන්නේය."

462. "නැත... නැත... වෙසතුරු නිරිඳුනි, එකල්හි මා වෙතින් මොවුන් පැහැර ගැනුමෙහි බිය වෙමි. රාජපුත්‍රය, අසව මවදන්. එසේ වුවහොත් සඳමහරජතෙමේ මා දරු සොරෙකැයි කියා මා හට දණ්ඩන පිණිස ඇමතියන්ට දෙන්නේය. මා විකුණන්නේ හෝ වෙයි. නසන්නේ හෝ වෙයි. එකල්හි මම් ධනයෙන් ද දාස ලාභයෙන් ද පිරිහුනෙම් බැමිණිය විසින් ද ගැරහිය යුතු වන්නෙමි."

463. "බමුණ, නැත. එය එසේ නොවේ මැ යි. ප්‍රිය තෙපුල් ඇති මේ සිඟිත්තහු දැක සිවි රට සෙත සදනා

ධර්මයෙහි පිහිටි සඳමහරජතෙමේ ප්‍රීති සොම්නස් ලැබ නිසැකව ම තට බොහෝ ධනය දෙන්නේය.”

464. “එම්බා වෙසතුරු රාජපුත්‍රය, තෙපි මට යම් අනුශාසනයෙක් කරව් ද එය මම් නොකරන්නෙමි. මේ දෙදරු ගෙන ගොස් මාගේ ප්‍රිය අඹුව හට වාල් මෙහෙයට දෙන්නෙමි.”

465. දරු සිඟිත්තෝ කෲර වූ බමුණාහුගේ බස් අසා හයින් තැතිගත්හ. ජාලී, කණ්හාජිනා දෙදෙන ඒ ඒ තන්හි පැන දිවගොස් සැඟැවුනෝය.

ජූජක තෙමේ දරුවන් නොදැක බෝසත්හට නින්දා පරිභව කෙළේය. “එම්බා වෙසතුරුවෙනි, තෙපි දැන් ම මා හට දරුවන් දන් දුන්නෙහු ය. යළි මම් ජයතුරා නුවර නොයන්නෙමි යි කී කල්හි, මා ප්‍රිය අඹුවට මොවුන් වාලුන් කොටැ දෙන්නෙමි යි කී කල්හි රහසේ සංඥා දී දරුවන් පලවාහැර කිසිවක් නොදන්නා සෙයින් හිඳිනා සැටි! හහ්... තා බඳු අන් මුසාවාදියෙකු ලොවැ නැතැයි සිතම්හ.”

එය ඇසූ මහසත් තෙමේ දොම්නසට පත්වූයේය. දරුවෝ පලාගියෝ වනැ යි සිතා “බමුණ, එසේ නොසිතව. මම් මුසා නොකියමි. මම් මැ ගොස් දරුවන් ගෙනෙන්නෙමි” කියා හුනස්නෙන් නැගිට කුටිය පිටුපසට ගොස් ඔවුන් වනවදුලට පිවිසි බව දැන ඔවුන්ගේ සිඟිති පියවර ලකුණු ඔස්සේ පොකුණු තෙරට ගොස්, පොකුණට බැසගත් පියවර දැක, දියෙහි බැසැ සැඟැවී සිටියෝ වනැ යි සිතා ජාලී කුමරහු අඬගා කැඳවමින් මේ ගාථා පැවසීය.

466. මා ප්‍රිය පුත, මවෙත එනු සොඳේ! මාගේ දාන පාරමිතාව මුදුන්පත් කරව මා දරුව. මහද තෙමාලව. මවදන් කරව.

467. අදරැති පුත, මේ භව සයුරෙහි මා හට නිසල වැ ගමන් යන නෞකාවක් වව. මම් ද ඉපදෙන මැරෙන සසරෙන් පළමුකොටැ එතෙර වන්නෙමි. දෙව් මිනිස් ලෝවැසියන් ද තොප ද එතෙර කරවන්නෙමි.

ජාලී කුමර තෙමේ සිය පියාණන්ගේ වදන් අසා මෙසේ සිතීය. 'එසේ යැ. මපියාණෝ මා අමතන සේක. මේ බමුණු තෙමේ මා හට කැමැත්තක් කෙරේවා! මම් පියාණන් හා කථා දෙකක් නොකියන්නෙමි' යි පියුම්පත් මැත් කොට සිඟිති හිස බැහැරට ගෙන දිවැ අවුත් මහසත්හුගේ දකුණු පා මත වැටී කෙණ්ඩා සන්ධිය දැඩිව වැළැඳැගෙන වැලැපෙන්ට වන. "මපුත, කොහි යැ නැගෙණි?" "පියාණෙනි, මේ සත්වයෝ වනාහී භයක් උපන් කල්හි තුමූ මැ රැකගන්නාහ." එකල්හි බෝසත් තෙමේ මා හා කරන ලද කතිකාවතෙක් වන්නේ යැයි දැන "මැණියනි, කණ්හාජිනායෙනි, මෙහි එනු සොඳේ!" යි අඬගා මේ ගාථාවන් පැවසීය.

468. මා අදරැති මැණියනි, දූ සිඟිත්තෙනි, මවෙත එව. මාගේ දාන පාරමිතාව මුදුන්පත් කරව. මා ප්‍රිය දූසිඟිතියෙනි, මහද තෙමාලව. මවදන් කරව.

469. අදරැති මා දූ, මේ භව සයුරෙහි මා හට නිසල වැ ගමන් යන නෞකාවක් වව. මම් ද ඉපදෙන මැරෙන සසරෙන් පළමුකොටැ එතෙර වන්නෙමි.

දෙව් මිනිස් ලෝවැසියන් ද තොප ද එතෙර කරවන්නෙමි.

එසඳ කණ්හාජිනා ද සිය පියාණන් හා දෙකථායෙක් නොකියන්නෙමි යි අයියණ්ඩිය සෙයින් ම පොකුණෙන් නැගී දිවැ අවුත් මහසත්හුගේ වම් පා මත වැටී කෙණ්ඩා සන්ධිය දැඩිවැ වැළඳ වැලපෙන්ට වූවාය. ඔවුන්ගේ සිඟිති නෙතින් ගලා ගිය කඳුළු දහරාවෝ අප මහබෝසත්හුගේ පිපි පියුම් පැහැගත් පා මත වැගිරී ගියාහුය. එකල්හි මහසත්හුගේ දෙනෙතින් ද රූරා වැගිරී ගිය කඳුළින් දරුවන්ගේ රන් පලක බඳු පිට තෙමී ගියේය.

ඉක්බිති මහසත් තෙමේ දරුවන් නැගිටුවා අස්වසා "මපුත ජාලියෙනි, කිම... මාගේ දානාධ්‍යාශය නොදන්නෙහි ද? පුත, මාගේ දාන පාරමිතාව මුදුන් පමුණුවාලව" යි පවසා ගවයන් හට මිල නියම කරන සෙයින් එහි මැ සිටි ජාලී කුමරුට මිලක් නියම කෙළේය.

"මපුත ජාලී, ඉදින් දාස භාවයෙන් නිදහස් වනු කැමැත්තෙහි නම් මේ බමුණහුට රන් නික දහසක් දී නිදහස ලබව. එසේ මැ අදරැති පුත, මේ නැගෙණිය දෙස බලව. මේ සිඟිත්තිය අතිශය මනහර රූ ධරන්නී ය. ඉදින් යම් කිසි නීච ජාති කෙනෙක් බමුණහුට කිසියම් ධනයක් දී තොප නැගණිය දාසියක කොට ජාතිසම්භේද කරන්නාහු නම්, රජෙකු හැර අනිකක්හුට සියල්ල සියය බැගින් ලබාදී ඈ ගත හැක්කෙක් නැත්තේය" යි කියා කණ්හාජිනාවන්ට ද මිලක් නියම කෙළේය. "පුත, තොප නැගෙණිය මොහුගේ දාසභාවයෙන් නිදහස් වනු කැමැත්තී නම් ඒ මෙසේ යැ. දාසයන් සියයෙක, දාසියන් සියයෙක, ඇතුන් සියයෙක, අසුන් සියයෙක, වෘෂභයින් සියයෙක,

රන් නික සියයෙක ආදී වශයෙන් සියල්ල සියය බැගින් දී දාසී භාවයෙන් මෝ නිදහස් වේවා!" යි මෙසේ සිය දරුවන් හට මිලක් නියම කොට ඔවුන් සංසිඳුවා අසපුවට කැඳවාගෙන පැමිණියේය. ඉක්බිති පැන් කෙණ්ඩිය අතට ගෙන "බමුණ, ඒකාන්තයෙන් මෙහි එව" යි අමතා 'මා හට සර්වඥතා ඤාණය පිණිස මෙය ප්‍රත්‍ය වේවා!' යි අදිටන් කොට පැන් වඩා "එම්බා බමුණ, මා දෑස වන් ප්‍රිය වූ මේ දරු සිඟිත්තන්ටත් වඩා සිය ගුණයෙනුත් දහස් ගුණයෙනුත් සියක්දහස් ගුණයෙනුත් සර්වඥතා ඤාණය ම මට ප්‍රියතර වන්නේ ය" යි කියමින් මිහිකත කම්පිත වැ නාද දෙමින් සිටියදී බමුණහුට සිය ප්‍රිය දරු සිඟිත්තන් දන් දුන්නේය.

එම අරුත පවසමින් අප ශාස්තෘන් වහන්සේ මෙය වදාළ සේක.

470. සිවිරට සිරි සෙත සදනා වෙසතුරු නිරිඳු තෙමේ සිය ප්‍රිය දරුවන් වන ජාලීත්, කණ්හාජිනාත් කැඳවා ගෙනවුත් බමුණහුට දන් දුන්නේය.

471. ජාලී, කණ්හාජිනා යන සිය දරුවන් දෙදෙනා කැඳවාගෙන වෙසතුරු තෙමේ හටගත් ප්‍රීති සොම්නසින් යුතුවැ උත්තම දානයක් කොට බමුණහුට දන් දුන්නේය.

472. සිය දරුවන් දන් දුන් කල්හි මිහිකත් තොමෝ හඬන්නියක සේ කම්පා වූවාය. එසඳ බිහිසුණු බවෙක් ඇතිවූයේය. ලොමුඩහගැනුම් ඇති වූයේය.

473. සිවි රට සෙත සදනා වෙසතුරු නිරිඳු තෙමේ ඇඳිලි බඳිනා ලද අත් ඇතිවැ, සුවසේ වුසූ දෙදරුවන් බමුණු

හට දන් දුන්නේ ද එකල්හි මිහිකත හඬන්නියක සෙයින් කම්පා වූවාය. බිහිසුණු බවෙක් ඇති වූයේය. ලොමුඩහගැනුම් ඇතිවූයේය.

වෙසතුරු නිරිඳහුගේ දාන තේජසින් මහපොළොව කම්පා විය. සිනේරු පර්වතරාජයා පහළට නැමී ගියේය. සියලු දේවතාවෝ 'සාධු සාධු' යි හඬ නැගුවෝය. බඹලෝ දක්වා ඒ සාධු නාදය පැවැත්තේය. ක්ෂණික වැස්සෙක් වැස්සේය. නොකල්හි විදුලි කෙටිලි පැතිර ගියේය. හිමවත්වැසි සිංහාදී මෘගජාතීහු සකල හිමවත ඒකනින්නාද වන සෙයින් එක්පැහැර හඬින් නාද කළෝය. මෙබඳු බියජනය දෑ ඇතිවූයේය.

474. එකල්හි ජූජක නම් ඒ කෲරතර බමුණු තෙමේ වන වදුලට රිංගා ගත්තේය. දතින් සිඳගත් වැලක් ගෙන ආයේය. දෙදරුවන්ගේ අත් බැඳ වේවැලින් පහර දෙන්ට පටන් ගත්තේය.

475. වෙසතුරු සිවිරජු නෙතු පිය විදහා බලා සිටියදී බමුණු තෙමේ සිය සැරයටිය ද රැහැන ද ගෙන දරුවන්ට තලමින් ගෙන යන්නේය.

එකල්හි පහර වැදුනු වැදුනු තැනින් දරුවන්ගේ සිනිඳු සම සිඳුණේය. ලෙහෙ වැගිරුණේය. පහර දෙන කල්හි එකිනෙකා තම තමන්ගේ පිට බමුණාහුට දුන්නේය. ඉක්බිති එක් විෂම තැනෙක්හිදී ජූජකයා පය පැකිළී වැටුණේය. දරුවෝ සිය මොළකැටි අත්වලින් ඒ දැඩි වැල ලිහා පලා අවුත් හඬ හඬා මහබෝසත්හු වෙත දිවැ ආහ.

476. පය පැකිළී වැටුණු බමුණහු අතින් ගැලවීගත් ජාලී පුතු බෝසතුන් වෙත පලා අවුත් කඳුළු වැගිරෙන නෙතින් සිය පියාණන් දෙස බැලීය.

477. දරු තෙමේ සැඩ පවනින් සැලෙන බෝපතක් සෙයින් කම්පිත වැ පියාණන් පා වැන්දේය. පා වැඳ මෙවදන් තෙපළේය.

478. "මපියාණෙනි, වනයට නික්මැ ගිය මෑණියෝ නොආ කල්හි ම නුඹවහන්සේ අපව බමුණහුට දුන්නාහුය. අහෝ... පියාණෙනි, අප මෑණියන් යම්තාක් දකින්නමෝ ද ඉන් පසු අපව දන් දුන මැනව.

479. පියාණෙනි, වනයට නික්මැ ගිය අප මෑණියෝ නොආ කල්හි ම නුඹවහන්සේ අපව බමුණහුට දුන්නාහුය. අප මෑණියෝ යම්තාක් මෙහි එන්නී ද ඒ තාක් මැ අප නොදෙනු මැනව. මෑණියන් ආ කල්හි මේ බමුණු තෙමේ අපව විකිණුව ද කම් නැත්තේය. නැසුව ද කම් නැත්තේය.

480. අහෝ පියාණෙනි, මේ බමුණු තෙමේ බකල වූ පා ඇත්තේය. කුණු වූ නිය ඇත්තේය. එල්බෙන මස්පිඬු ඇත්තේය. දිගු උඩුතොල ඇත්තේය. වැගිරෙන කෙළ ඇත්තේය. හූරු දත් සේ බැහැර නෙරි දත් ඇත්තේය. බුන් නාසා ඇත්තේය.

481. සැළියක් බඳු උදරය ඇත්තේය. බුන් පිටිඇට ඇත්තේය. වපර වූ ඇස් ඇත්තේය. තඹ වන් රැවුල ඇත්තේය. ඉදීගිය නරකෙහෙ ඇත්තේය. රැළි

නැගුණු සම ඇත්තේය. තල කැලලෙන් ගැවැසී ගත්තේය.

482. බළලුන් සෙයින් පිඟුවන් ඇස් ඇත්තේය. කටිය, පිට, කඳ යන තුන් තැනින් වකුටු යැ. විකට පා ඇත්තේය. දිගු සිරුර ඇත්තේය. අඳුන් දිවිසමින් සන්නද්ධ යැ. බිහිසුණු යැ. මපියාණෙනි, මූ යකෙකි!

483. මපියාණෙනි, මූ මිනිසෙක් නොවේ දෝ හෝ යි මස් ලේ බුදින යකෙක් දෝ හෝ යි හඟිමි. යම් සේ මේ මහවනයට අවුත් පුත්‍ර ධනය ඉල්ලුවේය. අහෝ පිසාචයෙකු විසින් අපව ඬැහැගෙන යන කල්හි පියාණෙනි, ඒ අප දෙස නෙතු සඟල නොපියා උදාසීන වැ බලාසිටිනුයේ මන්ද?

484. අහෝ පියාණෙනි, ලොවැ මාපියවරුන්ගේ ළය වනාහී දරුවන් කෙරෙහි හුණු වන්නේ නොවේද? දරුවන්ට වන් දුක නොඉවසන්නේ නොවේ ද? එනමුදු පියාණෙනි, නුඹවහන්සේගේ ළය ගලකි යි හඟිමි. අයෝමය පටෙකින් තරව බඳනා ලද්දේ යැයි හඟිමි. යම් බඳු නුඹවහන්සේ ධනය සොයා ආ බමුණෙක්හු විසින් අපව තරකොට ගැටගසන ලද බව නොදන්නහු ද? අහෝ... මේ බිහිසුණු වැද්දෙකු විසින් අප බැඳ ගවයන්ට සෙයින් තලාපියයි.

485. අහෝ පියාණෙනි, මේ කණ්හාජිනාවෝ මෙහි මැ සිටීවා! මෝ නොදන්නී ය කිසි දුකෙක්. රැලෙන් මගහැරුණු සිඟිති මුවැත්තියක් මව්දෙන නොදැක හඬනා සෙයින් මෝ හඬන්නී ය.”

ජාලී කුමර තෙමේ හඬ හඬා මෙසේ කී කල්හි අප මහබෝසත් තෙමේ එක් වචනයකුදු නොදොඩා නිහඬව බලා සිටියේය. එකල්හි ජාලී පුතු මාපියන් අරබ යළි හඬ හඬා මෙබස් කීය.

486. පියාණෙනි, මා හට ලැබෙන යම් දුකෙක් ඇත්ද එය මට එතරම් දුකෙක් නොවේ. මේ දුක වනාහී පුරුෂයෙකු ලැබුව මනා යැ. යම් බඳු අප මෑණියන් යළි දකිනු නොලබම් ද එය යැ මා හට මහත් මැ දුක!

487. පියාණෙනි, මා හට ලැබෙන යම් දුකෙක් ඇත්ද එය මට එතරම් දුකෙක් නොවේ. මේ දුක වනාහී පුරුෂයෙකු ලැබුව මනා යැ. යම් බඳු අප පියාණන් යළි දකිනු නොලබම් ද එය යැ මා හට මහත් මැ දුක!

488. පියාණෙනි, අතිශය මනහර රූ ඇති කණ්හාජිනාවන් නොදක්නා ඒ දිළිඳු අප මෑණියෝ බොහෝ කල් වැලපෙන්නී යැයි හඟිමි.

489. එසේ මැ අතිශය මනහර රූ ඇති කණ්හාජිනාවන් නොදක්නා ඒ දිළිඳු අප පියාණෝ බොහෝ කල් වැලපෙන්නාහ යි හඟිමි.

490. පියාණෙනි, අතිශය මනහර රූ ඇති කණ්හාජිනාවන් නොදක්නා ඒ දිළිඳු අප මෑණියෝ බොහෝ කල් අසපුවෙහි හිඳ වැලපෙන්නී යැයි හඟිමි.

491. එසේ මැ අතිශය මනහර රූ ඇති කණ්හාජිනාවන් නොදක්නා ඒ දිළිඳු අප පියාණෝ බොහෝ කල් අසපුවෙහි හිඳ වැලපෙන්නාහ යි හඟිමි.

492. ඒ දිළිඳු මැණියෝ නිදි නැති අඩරැයක් හෝ මුළු රැය හෝ නිදි නොලැබ අප ගැන සිත සිතා බොහෝ කල් වැලපෙන්නී යැයි හඟිමි. එකල්හි ඕ තොමෝ දිය සිඳී වියැලී ගිය නදියක් සෙයින් වියැලී යන්නී යැයි හඟිමි.

493. ඒ දිළිඳු පියාණෝ නිදි නැති අඩරැයක් හෝ මුළු රැය හෝ නිදි නොලැබ අප ගැන සිත සිතා බොහෝ කල් වැලපෙන්නාහ යි හඟිමි. එකල්හි හේ දිය සිඳී වියැලී ගිය නදියක් සෙයින් වියැලී යන්නේ යැයි හඟිමි.

494. කෙළිදෙලෙන් හුන් අපට සෙවණ දුන් මේ දඹරුක් යැ. මේ එල්බගිය අතු ඇති සිඳුවර රුක් යැ. නා නා වෘක්ෂයෝ යැ. එසේ යැ. මේ හැම සිත්කලු රුක් හැරපියා අද අපි යම්හ.

495. මේ ඇසතු රුක් යැ. මේ පැණිවරකා රුක් යැ. මේ නුග රුක් යැ. මේ හෙළකෙඳි ඇසතු රුක් යැ. මේවා අපට නා නා ඵල දුන් රුක් යැ. මේ හැම සිත්කලු රුක් හැරපියා අද අපි යම්හ.

496. මේ උයන් ඇත්තේය. මේ සිහිල් දිය ගලනා නදිය යැ. යම් තැනෙක පෙර අපි කෙළි සෙල්ලම් කළෙමු ද ඒ මෙහි යැ. අද අපි මේ හැම හැරපියා යම්හ.

497. මේ පර්වත මුදුනෙහි අනේක සිත්කලු පුෂ්පයෝ ඇත්තාහ. පෙර අපි කුසුම්දම් පැළඳීමු ද මේ ඒ කුසුම් යැ. අද අපි මේ හැම හැරපියා යම්හ.

498. මේ පර්වත මුදුනෙහි මියුරු රසැති නොයෙක් එලවැල ඇත්තේය. පෙරැ අපි යම් මියුරු එල වැළඳීමු ද, අද අපි මේ හැම හැරපියා යම්හ.

499. මේ අපගේ සෙල්ලම් ඇත්තු යැ. මේ සෙල්ලම් අසුන් යැ. මේ සෙල්ලම් ගවයෝ යැ. පෙර අපි සෙල්ලම් කෙළෙමු නම් ඒ මොවුන්ගෙනි. අද අපි මේ හැම හැරපියා යම්හ.

මෙසේ වැලපෙමින් සිටියදී ජූජකයා යළි නැගිට අවුත් නැගෙණිය හා ජාලිය පුතු වේවැලින් තලමින් ගෙන ගියේය.

500. බමුණාහු විසින් දරුවන්ගේ අත් බැඳ පහර දෙමින් ගෙන යන කල්හි සිඟිත්තෝ සිය වෙසතුරු පියරජු හට මෙබස් කීහ. "අදැති පියාණෙනි, අප රෝදුකින් තොරවැ ගිය වග මෑණියන්ට කිව මැනව. නුඹවහන්සේ ද සුබී සුවපත් වව්.

501. පියාණෙනි, මේ අප කෙළි සෙල්ලම් කළ ඇත් රූ යැ. මේ අස් රූ යැ. මේ ගව රූ යැ. අප මෑණියන් හට මේවා දුන මැනව. එකල්හි ඕ මේවා දැක දරු දුක දුරලන්නී ය.

502. පියාණෙනි, මේ අප කෙළි සෙල්ලම් කළ ඇත් රූ යැ. මේ අස් රූ යැ. මේ ගව රූ යැ. අප මෑණියන් හට මේවා දුන මැනව. එකල්හි ඕ මේවා දෙස නෙත් දල්වා යළි යළි බලා සිටින්නී ය. එසඳ ඕ දරු දුක නිවාගන්නී ය."

එකල්හි අප මහබෝසතුන් හට සිය පෙම්වත් දරුවන් අරභයා බලවත් දරු දුකෙක් පැන නැංගේය. සිය ළය

උණු වී ගියේය. කේසර සිංහයෙකු විසින් ඩැහැගන්නා ලද මත්ත හස්තියෙකු සේ, රාහු මුඛයට පිවිසි පුන් සඳක් සේ දැඩි ලෙස කම්පනයට පත්වැ සිය ප්‍රකෘති ස්වභාවයෙන් නොසිටියැ හැකිවැ කඳුළු වැගිරෙන දෙනෙතින් යුතුව වහා කුටියට වැදී බැගෑ සිතින් වැලපෙන්ට පටන් ගත්තේය.

503. එසඳ වෙසතුරු නිරිඳු තෙමේ සිය දරු සිඟිත්තන් දන් දී දරුවන්ගේ වලප දැක ඉවසනු නොහැකිව දරාගත නොහැකි දරු දුකින් සැණෙකින් කුටියට වැද බැගෑ සිතින් හඬා වැලපෙන්ට පටන් ගත්තේය.

504. අහෝ... මා දරු සිඟිත්තෝ සා පිපාසා දුකින් පෙළෙන කල්හි කවරක්හුට නම් හඬගා කියන්නාහු ද? සන්ධ්‍යායෙහි බොජුන් වළඳන වේලෙහි මා දරුවන්ට කවරෙක් නම් කිසිවක් දෙන්නේ ද?

505. අහෝ... මා දරු සිඟිත්තෝ සා පිපාසා දුකින් පෙළෙන කල්හි කවරක්හුට නම් හඬගා කියන්නාහු ද? සන්ධ්‍යායෙහි බොජුන් වළඳන වේලෙහි 'මෑණියනි, අපට බොහෝ සා දුක් යැ. බොජුන් දෙව' යි දැන් කවරෙකුගෙන් ඉල්ලන්ට ද?

506. පයැ ලූ වහන් නැති මා දරු සිඟිත්තෝ කෙසේ නම් පා ගමනින් යන්නාහු ද සැට යොදුනෙක්! ඔවුන්ගේ සිඟිති පා ගමන් වෙහෙසින් ඉදිමී ගිය කල්හි අහෝ කවරක්හු නම් ඔවුන් දෑතින් ඔසොවා වඩාගනිත් ද?

507. කිසි දොසෙක් නැති මා දරුවනට මා ඉදිරියෙහි ම පහර දෙන්ට තරම් හේ කෙසේ නම් ලජ්ජා නැතියෙක් ද? ඒකාන්තයෙන් ම ඒ බමුණු තෙමේ අලජ්ජියෙකි.

508. යමෙක් වනාහී ප්‍රවේණි දාසියකගේ හෝ දාසයෙකුගේ හෝ පරපුරෙන් ආ දාසයෙක් වේ නම් ඔහුටත් වඩා හීන වූ දාසයෙක් ඇත් ද ලජ්ජායෙන් යුතු කවරෙක් නම් එවන් දාසයෙකුට හෝ එසේ පහර දෙන්නේ ද? නොදෙන්නේ මැ යි.

509. කෙමනකට සිර වී ගිය මහා මසෙකු සෙයින් මා ද අසරණ වැ නෙත් විදහා බලා සිටියදී ම ප්‍රිය දරු සිඟිත්තන් හට හේ ආක්‍රෝශ පරිභව කෙළේයැ. වේවැලින් දැඩිව තැලී යැ.

510. අහෝ... මේ නොඉවසිය හෙන දරු දුකින් පෙළෙන මම් කුමක් කෙරෙම් ද? කඩුව ඉණෙහි බැඳ දුන්න ද ගෙන ඔහු හඹා ගොස් මා දරුවන් යළි රැගෙන එම් දෝ ! අහෝ... දරුවන් හට වධ දීම දුකෙකි !

සිය දරු සිඟිත්තන් කෙරෙහි බලවත් ස්නේහයෙන් යුතු බෝසත් තෙමේ මෙසේ සිතමින් සිටි කල්හි මෙවන් සිතිවිල්ලෙක් සිතීය. 'අහෝ... මේ බමුණු තෙමේ මා දරුවන් ඉතා කෲර ලෙස පෙළයි. මොහු ලුහුබැඳ ගොස් මරා දරුවන් රැගෙන එන්නෙමි. දරුවන්ට වන් දුක ඉතා මහති. මෙය නොසිදු විය යුත්තෙකි... එහෙත් අහෝ... දානයක් දී පසුව තැවීම සත්පුරුෂ ධර්මය නොවේ ය' යි යළි සිතීය.

511. මාගේ දරු සිඟිත්තහු යම් කරුණක් නිසාවෙන් දැඩි දුකින් පෙළෙත් ද, මා දරුවන්ට වන් දුක ඒකාන්තයෙන් මැ මා ළය දැඩි වැ කකියවයි. හද සසල කරවයි. අහෝ... එනමුදු මේ දාරක දානය පෙර බෝසත්වරුන්ගේ පරපුරට අයත් දහමක් නොවේ ද! දන්නා කවරෙක්හු නම් දන් දී තැවෙත් ද!

අප මහබෝසත් තෙමේ එසැණින් සියලු බෝසත්වරුන්ගේ ප්‍රවේණි ධර්මය සිහි කෙළේය. එසඳ සියලු බෝසත්වරුන්ගේ ධන පරිත්‍යාගය, සිරුරු අවයව පරිත්‍යාගය, ජීවිත පරිත්‍යාගය, දරු සම්පත් පරිත්‍යාගය හා පතිනි පරිත්‍යාගය යන මේ පංච මහා පරිත්‍යාගයන් පරිත්‍යාග නොකොට කිසි කලෙකත් බුද්ධත්වයට නම් පත්වීමෙක් නැත්තේය. මම් ද බෝසත් දහම තුළ සිටින්නෙක්මි. මවිසින් ද දූපුතුන් දන් නොදී බුදු බව ලබන්ට නොහැක්කෙමි. එම්බා වෙස්සන්තරයෙනි, කිමැ... තෝ අනූනට දාස බව පිණිස දෙන ලද දරුවන්ගේ දුක්ඛිත බව නොදන්නෙහි ද? යම් කරුණක් නිසාවෙන් බමුණහු ලුහුබැඳ ජීවිතක්ෂයට පමුණුවන්නෙමි යි හැඟීමෙක් උපන්නෙහි ද? ලැජ්ජා වව. දානය දී පසුවැ අනුතාපය නම් තොපට අනුරූප නොවන්නෙකි' යි මෙසේ තෙමේ මැ තමාහට පරිභව කෙළේය. ඉදින් හේ දරු සිඟිත්තන් මරන්නේ නමුත් දරුවන් දන් දුන් තැන පටන් ඔවුන් මා අයත් නොවේ කියා දැඩිව ගත් අදිටනින් යළි කුටියෙන් නික්මැ කුටි දොර අසල පාසාණ ඵලකයෙහි රන් පිළිමයක් සෙයින් එරමිණිය ගොතා හිඳගත්තේය.

ජූජකයා කෲර ලෙස වේවැල් පහර දෙමින් දරුවන් ඇදගෙන ගියේය. එකල්හි ජාලිය කුමර තෙමේ මෙසේ විලාප දෙමින් හඬ හඬා ගියේය.

512. අහෝ... මෙලොව ඇතැම් නරයෝ වනාහී 'යමක්හුගේ සමීපයෙහි සිය මව් නැත්තී ද එසඳ ඒ අයුරින් මැ හේ ද නැත්තේ යැ' යි සත්‍යයෙක් ම කීවාහුය.

513. එව මා නැගෙණි කණ්හාජිනාවෙනි, මැරී යම්හ. අපට දිවියෙන් ඵලෙක් නැත්තේය. ධනපිපාසිත කෲරතර බමුණෙක්හුට පියරජු විසින් අපි දෙන ලද්දෝ වම්හ. යම් බමුණෙක් තෙමේ ගෙරින්ට සෙයින් ඉතා සැහැසිව අපට වධ දෙයි.

514. කෙළිදෙලෙන් හුන් අපට සෙවණ දුන් මේ දඹරුක් යැ. මේ එල්බගිය අතු ඇති සිඳුවර රුක් යැ. නා නා වෘක්ෂයෝ යැ. එසේ යැ. මේ හැම සිත්කලු රුක් හැරපියා අද අපි යම්හ.

515. මේ ඇසතු රුක් යැ. මේ පැණිවරකා රුක් යැ. මේ නුග රුක් යැ. මේ හෙළකෙඳි ඇසතු රුක් යැ. මේවා අපට නා නා එල දුන් රුක් යැ. මේ හැම සිත්කලු රුක් හැරපියා අද අපි යම්හ.

516. මේ උයන් ඇත්තේය. මේ සිහිල් දිය ගලනා නදිය යැ. යම් තැනෙක පෙර අපි කෙළි සෙල්ලම් කළෙමු ද ඒ මෙහි යැ. අද අපි මේ හැම හැරපියා යම්හ.

517. මේ පර්වත මුදුනෙහි අනේක සිත්කලු පුෂ්පයෝ ඇත්තාහ. පෙර අපි කුසුම්දම් පැළඳීමු ද මේ ඒ කුසුම් යැ. අද අපි මේ හැම හැරපියා යම්හ.

518. මේ පර්වත මුදුනෙහි මියුරු රසැති නොයෙක් එලවැල ඇත්තේය. පෙර අපි යම් මියුරු එල වැළඳීමු ද, අද අපි මේ හැම හැරපියා යම්හ.

519. මේ අපගේ සෙල්ලම් ඇත්තු යැ. මේ සෙල්ලම් අසුන් යැ. මේ සෙල්ලම් ගවයෝ යැ. පෙර අපි සෙල්ලම් කෙළෙමු නම් ඒ මොවුන්ගෙනි. අද අපි මේ හැම හැරපියා යම්හ.

සිරිමත් වෙසතුරු දාව 155

ජූජකයා නැවත එක් විෂම ස්ථානයකදී පය පැකිළී වැටුණේය. එසැණින් මැ බමුණු අතින් ගැලවීගත් දරු සිඟිත්තෝ පහර ලද කුකුළු පැටවුන් සෙයින් සැලෙමින් එක්වන් වේගයෙන් දිව අවුත් පියා වෙත ආහ. එම අරුත පවසමින් අප ශාස්තෘන් වහන්සේ මෙය වදාළ සේක.

520. මෙසේ අත් බැඳ ඇදගෙන යනු ලබන ජාලී කණ්හාජිනා දරු සිඟිත්තෝ බමුණු අතින් ගැලවී තන්හි තන්හි දිවැ ගියෝය.

එසඳ ජූජකයා රැහැනත් සැරයටියත් අතින් ගෙන කල්පාන්තයෙහි ඇවිලගත් ගින්නක් සෙයින් යළි නැගිට ගත්තේය. "හහ්.... බොල, පලායන්ට සැබෑ සමත්හු යැ තෙපි?" යි කියා යළි දැඩිව රැහැනින් බැඳ ඇදගෙන ගියේය.

521. ජූජක තෙමේ රැහැන ද සැරයටිය ද ගෙන යළි වෙසතුරු නිරිඳු අසලට පැමිණියේය. දෙදරුවන් ඇද තරයේ බැඳගත්තේය. වෙසතුරු නිරිඳු නෙත් විදහා බලාසිටියදී කෲර ලෙස තලමින් ඇදගෙන ගියේය.

එකල්හි නැවතත් ඇදගෙන යනු ලබන කල්හි කණ්හාජිනා සිඟිත්තී නැවතී හැරී බලන්නී සිය පියාණන් හා මෙබස් දෙඩුවාය.

522. කණ්හාජිනාවෝ පියරජුට මෙය කීවාය. "මපියාණෙනි, මේ බමුණාහු මා හට දණ්ඩෙන් පහර දෙන්නේ සිය ගෙයි උපන් දැස්සකට සේ යැ.

523. අහෝ පියාණෙනි, මොහු බමුණෙක් නොවේ. බමුණෝ වනාහී යහපත් යැ. පියාණෙනි, යකෙක්

බමුණු වෙසින් අවුත් අපව කන්ට ගෙන යයි. පිසාචයෙකු විසින් ඩැහැගෙන යනු ලබන අප දෙස නෙත් නොපියා උපේක්ෂායෙන් බලා සිටිනුයේ මන්ද පියාණෙනි?

අහෝ පියාණෙනි, අප ගිරි ද්වාරයට නොපැමිණ සිටියදී මැ මේ පිසාචයා සිය රත්පැහැ දෙඇසින් ලෙහෙ බිඳු වගුරුවමින් අපව කන්ට හෝ දුරු මිරිස් දමා පිසින්ට හෝ ඇදගෙන යන කල්හි නෙත් විදහා අප දෙස බලා උපේක්ෂායෙන් සිටින්නේ මන්ද පියාණෙනි? එසේ නම් තෙපි හැම කල්හි සුඛිත වව්."

හඬා වැලපෙමින් යන සිඟිති දියණිය දෙස බලා සිටි අප මහබෝසතුන් තුළ අතිශය බලවත් ශෝක දුකෙක් පැන නැංගේය. ළය උණු වී ගියේය. නැහැයෙන් හුස්ම ගත නොහැකිවැ රත්වැ ගිය ආශ්වාස ප්‍රශ්වාසයන් මුඛයෙන් හළේය. සිය නෙත් සඟලින් කඳුළු සදිසි ලේ දහරා ගලා බසින්ට විය. හේ මෙවන් දුකක් වින්දේ ස්නේහ දෝෂයෙන් විනා අන් කරුණෙකින් නොවේ. එකල්හි හෙතෙමේ මවිසින් ස්නේහ නොකොට මැදහත් සිත් ඇතිකරගත යුත්තේය යි සිය ශෝක හුල ප්‍රඥා බලයෙන් දුරුකොට ප්‍රකෘතියෙන් ම හිඳිනා ආකාරයෙන් හුන්නේය. ගිරි ද්වාරයට නොපැමිණි කුමරී තොමෝ වැලැපෙමින් ගියාය.

524. අහෝ... අපගේ සිඟිති පා බලවත් වැ දුක් දෙයි. යා යුතු මග ද ඉතා දුර යැ. ගමන ඉතා වෙහෙස යැ. හිරු ද අවරට බර වැ එල්බෙයි. බමුණු තෙමේ අපව ඉක්මන් කෙරෙයි.

525. අහෝ... වංකගිරි පර්වතවාසී දේවතාවෙනි, වනවැසි දේවතාවෙනි, ඇපි බැගෑපත් වැ හඬගා කියම්හ. මේ පියුම් විල්හි අරක්ගත් නාග දේවතාවුන් හට සිරසින් වඳිම්හ. මනරම් තොට ඇති නදියෙහි අරක්ගත් දේවතාවුන් ද වඳිම්හ.

526. තෘණදේවතාවෙනි, එල්බෙන ලතාවන්හි දේවතාවෙනි, ඖෂධී දේවතාවෙනි, ගිරි දේවතාවෙනි, වන දේවතාවෙනි, අහෝ... අප මෑණියන්ට කිව මැනව අප නීරෝග යැයි කියා. මේ බමුණු තෙමේ අපව වධ දෙමින් ඇදැගෙන යයි.

527. භවත්නි, තෙපි අප මෑණී මද්දී දේවීන්ට මෙය කියත්වා! ඉදින් අප ලුහුබඳිනු කැමැති වන්නී නම් හනික අප අනුව යන්ට කියත්වා!

528. මේ එක් පියවර මගෙක් එයි ද කෙලින් ම යන්නේ අසපුවට යැ. එමගින් ම තී යව. තී දරුවන් නොලස් වැ දකුව යි කියත්වා!

529. අහෝ... එම්බා මෑණියෙනි, හිසැ ජටා බැඳි තවුසියෙනි, වනමුල්ඵලවැල ගෙනෙන්නී දරුවන් නැති හිස් අසපුව දැකැ තී ළයෙහි දුකෙක් නොවේවා යි කියත්වා!

530. යම් මවක් වනාහී ධනය සොයන බමුණක්හු විසින් ඬැහැගෙන යනු ලබන සිය දරුවන් ගැන නොදන්නී ද, යම් රුදුරු පිසාචයෙක් ගෙරින්ට සෙයින් ඒ දරුවන් තල තලා රැගෙන යන වග නොදන්නී ද, අහෝ... අපගේ ඒ මෑණියන් විසින් අද බොහෝ

වේලා ගෙන වෙනෙහි එලවැල නෙළන ලද්දේ වනැ!

531. අද අපි සන්ධ්‍යායෙහි එලවැල නෙළා ආ අදරැති මැණියන් දකිමු නම් යෙහෙකි! එකල්හි දඬුවැල්බෑ මීයෙන් මිශ්‍ර කළ මියුරු එලවැල ඕ මේ බමුණාහුටත් දෙන්නී යැ නු!

532. එසඳ එලවැල වළඳා බඩසා නිවාගත් මේ බමුණාහු දැඩි කොට නොපෙළා නොකලබල වැ අප ගෙන යන්නේය. අහෝ... අප සිඟිති පාදයෝ ඉදිමී ගියෝ යැ. බොහෝ රිදෙති. එනමුදු බමුණු තෙමේ වෙළෙවි වැ අප ඇදැගෙන යයි!" කියමින් මව් සෙනෙහසට ගිජු දරු සිඟිත්තෝ වන මගැ වැලැපුණෝ ය.

දරු සිඟිත්තහුගේ වලප නිමා විය.

යම් රජක්හු විසින් මිහිකත උන්නාද කොටැ හඬවා ප්‍රිය දරු සිඟිත්තන් බමුණාහුට දන් දුන් කල්හි බඹලෝ දක්වා ඒකකෝලාහලයෙක් ඇතිවූයේය. එයින් කම්පිත හදැති හිමවත්වැසි දේවතාවෝ බමුණාහු විසින් ඇදැගෙන යනු ලබන දරුවන්ගේ වලප අසා මෙසේ කතිකා කළෝය.

"එම්බා දේවතාවෙනි, ඉදින් මද්දී තොමෝ වෙනදා සෙයින් නිසි කලැ අසපුවට එන්නී නම් දරුවන් නොදැක වෙසතුරු නිරිඳු විචාරා බමුණාක්හුට දරු දන් දුන් වග දැනැ ස්නේහයෙන් හරිත වැ දරු පියවර පසුපස හඹාගොස් මහත් දුකෙක් අනුභව කරන්නී ය. අහෝ... එසේ වෙන්ට දීම නො මැනවි." යි කියා තුන් දේවතා කෙනෙකුන් හට "දෙව්පුතුනි, තෙපි සිංහ, ව්‍යාඝ්‍ර, දිවි වෙස් ගෙන මව්

දේවියගේ ගමන් මග වළකාලව්. ඉදින් ඕ අයැදින්නී නමුත් හිරු අවරට යන තුරු ඇගේ ගමනට අවකාශ නොදෙව්. යළි සඳ එළියෙන් අසපුවට එන්නී ද එ අයුරු කරව්. එසේ මැ අනාය වූ සිංහ, ව්‍යාඝ්‍රාදී වනමෘගාදීන්ගෙන් විය හැකි අනතුරු වළකව්. රැකවල් සලසව්" කියා අණ කළාහුය.

533. දරු සිඟිත්තන්ගේ වලප අසා එ වෙනෙහි දේවතාවෝ දෙව්පුතුන් තිදෙනෙකුට කීයෝය මෙවදන්. "එම්බා දෙව්පුතුනි, තෙපි සිංහ, ව්‍යාඝ්‍ර, දිවි යන වනමෘග යන්ගේ වෙස් ගනිව්.

534. අපගේ මද්දී රාජපුත්‍රී ඵලවැල නෙළා සන්ධ්‍යායෙහි වනයෙන් පිටතට නොපමුණුවව්. ඕ තොමෝ සඳ එළියෙන් මැ යාවා! අප බොජුන් ගන්නා විජිතයෙහි කිසිදු වනමෘගයෝ ඈ නොපෙළත්වා!

535. ඉදින් සිංහයෙක් හෝ ව්‍යාඝ්‍රයෙක් හෝ දිවියෙක් හෝ අනාරක්ෂිත ඈ දිවි තොර කරයි නම් එකල්හි ජාලිය කුමරුගේ දිවි නොපවතින්නේය. කණ්හාජිනාගේ කිසෙයින් පවත්නී ද! එසඳ බිසව් තොමෝ සිය හිමි, දරු යන දෙපාර්ශ්වයෙන් ම අහිමි වන්නී යැ. එහෙයින් තෙපි මැනැවින් ඕ රැක්ක මනා යැ."

එකල්හි දෙව්පුත් තිදෙන 'යහපති' යි ඒ දේවතාවුන්ට පිළිවදන් දී සිංහ, ව්‍යාඝ්‍ර, දිවි වෙස් ගෙන මද්දී එන මගැ පිළිවෙළින් වැදැහොත්තාහුය. එසඳ මද්දීත් 'මවිසින් අද ඉතා නපුරු ස්වප්නයෙක් දක්නා ලද්දේය. එහෙයින් නොලස්වැ ඵලවැල නෙළා අසපුවට යා යුත්තී වෙමි' යි සිතා සැලෙන සිතින් ඵලවැල නෙළුවාය. එසඳ අතින්

නෙළූ එළ බිම වැටෙයි. එසැවූ කෙක්ක බිම වැටෙයි. දකුණැස වේගයෙන් සැලෙයි. එල ඇති රුක් එල නැති රුක් සෙයින් ද එල නැති රුක් එල රුක් සෙයින් ද පෙනෙයි. යා යුතු දිශා නොපෙනෙයි. එකල්හි ඕ 'අහෝ... කිමැ මේ! මින් පෙර මෙවන් දැයෙක් නොවූ විරූ යැ. අද යැ අමුතු!' යි සිතුවාය.

536. අහෝ... කිමැ මේ! අල සාරන හුල ද ගිලිහේ යැ අතින්! දකුණැස සැලේ යැ වේගයෙන්! පෙර එල බර වැ තිබූ රුක් අද සිස් වැ පැනෙයි. හැම දිශාවෝ මුළා වැ පැනෙත්.

537. ඒ මම් සන්ධ්‍යායෙහි අසපුවට යන්නෙම් හිරු අවරට යන කල්හි වනමෘගයෝ මා යන මගැ අවුරා සිටියෝය.

538. අහෝ... හිරු අවරට මැ බර වැ එල්බෙයි. ඒකාන්තයෙන් මැ අසපුව දුර යැ. මෙ වෙනෙන් යමක් ගෙන යන්නෙම් ද ඔවුහු වළඳින්නෝ ඒ බොජුන් යැ.

539. මා නොඑන්නී දැකැ අපගේ ක්ෂත්‍රිය ස්වාමිදේව තෙමේ බඩසායෙන් පෙළෙන සිඟිත්තන් සනහමින් තනි වැ කුටියෙහි හිඳනේ යැයි හඟිමි.

540. එකල්හි අසරණ බැගෑපත් මා දරුවෝ සන්ධ්‍යායෙහි බොජුන් බුදින වේලෙහි කිරට හඬා කිරි නොලදින් නිදන සිඟිත්තන් සෙයින් එලවැලට හඬා නොලබා මැ නිදන්නාහු යැයි හඟිමි.

541. එකල්හි අසරණ බැගෑපත් මා දරුවෝ සන්ධ්‍යායෙහි බොජුන් බුදින වේලෙහි පැනට හඬා පැන් නොලදින්

නිදන සිඟිත්තන් සෙයින් එලවැලට හඬා නොලබා මැ නිදන්නාහු යැයි හඟිමි.

542. එසඳ අසරණ බැගෑපත් මා දරුවෝ මව් දෙන එනතුරු පෙර මග අවුත් බලා සිටිනා වසු පොව්වන් සෙයින් මා එන පෙර මග බලා සිටිති යි හඟිමි.

543. එසඳ අසරණ බැගෑපත් මා දරුවෝ මව් හංස ධේනුව එනතුරු විල් දිය මත රැඳී පෙර මග බලා සිටිනා හංස පෝතකයන් සෙයින් මා එන පෙර මග බලා සිටිති යි හඟිමි.

544. එසඳ අසරණ බැගෑපත් මා දරුවෝ අසපුවට නුදුරින් රැඳී සිට මා එනතුරු නෙත් දල්වා බලා සිටිති යි හඟිමි.

545. අහෝ... එක ම මගෙකින් නොවැ යන්ට ඇත්තේ. එ ද එක් පිය මාවතක් නොවැ. දෙපසැ විල් යැ. හෙල් යැ. යම් මගෙකින් අසපුවට වදිනෙම් ද එවන් අන් මගෙක් නොදක්මි.

546. මෙ බහල වෙනෙහි මෘගරාජන් හට නමස්කාර වේවා! තෙපි ධර්මය තුළ මා හට සෝවුරු වව්. අහෝ... යදින්නා වූ මා හට යන්ට මග දෙව්!

547. සිව් රටින් නෙරනා ලද සිරිමත් වෙසතුරු නිරිඳහුගේ ඇඹෙණියෝ මම් යැ. දශරථ රාජපුත්‍ර රාම ගේ බාල නැගෙණි සීතා දේවී රාම කුමරහුගේ අගමෙහෙසී වැ සිය පතිදේවතා රාම කුමරුහට නොපමා වැ උවටැන් කළා යම් සේ ද, මම් ද එසේ මැ වෙසතුරු මහිමියාණන් හට උවටැන් කරමි. අනිකක්හු නොපතමි.

548. තෙපිදු මා හට යන්ට මග දී සන්ධ්‍යායෙහි තුටු සිතින් බොජුන් බුදිනා මා දරුවන් දකිව්. මම් ද ජාලී, කණ්හාජිනාවන් දකිමි. අහෝ... මා හට යන්ට දෙව්!

549. බලව්. සෝවුරෙනි, අල හා එලවැල මෙ බොහෝ යැ. වැළැඳිය යුතු දෑ බොහෝ යැ. තොපට මෙයින් අඩක් දෙන්නෙමි. අහෝ... යදිනා මා හට යන්ට දෙව්!

550. අප මව් තොමෝ ද රාජපුත්‍රී යැ. පිය තෙමේ ද රාජපුත්‍ර යැ. තෙපි දු මා හට ධර්මයෙන් සෝවුරු වව්. අහෝ... අයැදිනා මා හට යන්ට මග දෙව්!

එකල්හි තුන් දෙව්පුත්හු වේලාව සලකා බලා 'දැන් මෝ හට යන්ට මග දෙන්ට කල් යැ' යි දැනැ එයින් නැගිට වනගැබට වැදුනෝය.

551. ළතැවුලෙන් බරවැ දොඩනා, බැගෑ බවින් මුසු බොහෝ මියුරු වදන් ඇසූ ඒ බිහිසුණු වනමෘගයෝ මගෙන් ඉවත් වැ වනවදුලට වැදුණෝය.

වනමෘගයන් ඉවත් වැ ගිය කල්හි මද්දී තොමෝ වහ වහා අසපුව වෙත පියමැන්නාය. එදා පුන් පොහෝ දා යැ. සඳවතුරු පොළෝ තෙලෙහි ගලා ගියේ යැ. ඕ පැමිණ සක්මන් කෙළවරෙහි නැවතී සිට, පෙර යම් තැනෙක්හි සිය දරු සිඟිත්තහු දකින්නී ද එතැන දරුවන් නොදක්නී මෙසේ කීවාය.

552. වෙනදා සියොලඟැ ධූලි තැවරුණු මා දරු සිඟිත්තෝ මව් දෙන එනතුරු පෙර මග බලා සිටින

වසු පොව්වන් සෙයින් මා එන පෙර මග අවුත් මෙතැන්හි නෙත් දල්වා බලා සිටිත්.

553. වෙනදා සියොලඟැ ධූලි තැවරුණු මා දරු සිඟිත්තෝ හංස ධේනුව එනතුරු විල් දිය මත රැඳී බලා සිටිනා හංස පෝතකයින් සෙයින් මා එන පෙර මග අවුත් මෙතැන්හි නෙත් දල්වා බලා සිටිත්.

554. වෙනදා සියොලඟැ ධූලි තැවරුණු මා දරු සිඟිත්තෝ අසපුව නුදුරෙහි සිට මා එන පෙර මග අවුත් මෙතැන්හි නෙත් දල්වා බලා සිටිත්.

555. එසඳ මා දරු සිඟිත්තෝ දෙකන් සිළු උඩට නගා ගත් මුව පොව්වන් වැන්න. එන්නී මා දැක ආනන්දයෙන් ප්‍රමුදිත වැ මා වට කොට එල්බෙමින් දුව පැන මව් ළය සොලවත්. එහෙත්... අද ඒ ජාලී, කණ්හාජිනා දරුවන් නොදක්මි.

556. පැටවුන් හැර දමා ගොදුරු සොයා ගිය එළු දෙනක සෙයින්, මුව දෙනක සෙයින්, කැදැල්ල හැර දමා ගොදුරු සොයා ගිය පක්ෂි ධේනුවක සෙයින්, පැටවුන් අත්හැර ගොදුරු සොයා ගිය සිංහ ධේනුවක සෙයින් මම් ද අදරැති සිඟිත්තන් හැර දමා ගොදුරු පිණිස වන වැදුනෙමි. එහෙත්... අද ඒ ජාලී, කණ්හාජිනා දරුවන් නොදක්මි.

557. පොද වැසි ඇදහැලෙන පර්වත සාණුයෙහි ඇවිද ගිය හස්තීන්ගේ පියවර සටහන් සෙයින් මා දරුවනුත් ඔබ මොබ දුව පැන කෙළැ ඇවිදි තන්හි මේ සිඟිති පා සටහන් යැ. අසපු නුදුරෙහි තන්හි තන්හි ඔවුන්

කෙළි පිණිස රැස්කළ මේ වැලි පොදි යැ. එහෙත්... අද ඒ ජාලී, කණ්හාජිනා දරුවන් නොදක්මි.

558. සියොලඟ ධූලි තවරා, වැල්ලෙන් ගැවසීගත් දරු සිඟිත්තෝ මා වටා දිවැ එත්. අහෝ... එහෙත්... අද ඒ ජාලී, කණ්හාජිනා දරුවන් නොදක්මි.

559. යම් මා දරු සිඟිත්තෝ මින් පෙරැ වෙනෙන් මා එන සඳ දුරැදී මැ දැකැ පෙර මග ගමන් පිණිස දිව එන්නාහු නොවෙත් ද! එහෙත්... අද ඒ ජාලී, කණ්හාජිනා දරුවන් නොදක්මි.

560. ගොදුරු පිණිස ගිය එළදෙනත්, මුව දෙනත් නැවත එනතුරු මග බලමින් සිටිනා පොව්වන් සෙයින් මා දරුවෝත් අසපු පෙර මග අවුත් වෙනදා දුර සිටැ මා එනු නෙත් විදහා බලා සිටිත්. එහෙත්... අද ඒ ජාලී, කණ්හාජිනා දරුවන් නොදක්මි.

561. මේ වනාහී ඔවුන් කෙළි පිණිස ගත් පෙරැලී වැටී ගිය රන් පැහැ බෙලි එල යැ. එහෙත්... අද ඒ ජාලී, කණ්හාජිනා දරුවන් නොදක්මි.

562. මා දෙතන කිරෙන් පිරී ඇත්තේ යැ. මා ළය ද පැලී යන සෙයින් කකියයි. එහෙත්... අද ඒ ජාලී, කණ්හාජිනා දරුවන් නොදක්මි.

563. වෙනදා එක් සිඟිත්තෙක් මා හිණ වැළඳ ගනියි. අනිකෙක් මා තනෙහි වැළඳ ගනියි. එහෙත්... අද ඒ ජාලී, කණ්හාජිනා දරුවන් නොදක්මි.

564. යම් දරු සිඟිත්තෝ පස් වැලි වැකී ගිය සිරුරෙන් යුතු වැ ඒ සන්ධ්‍යායෙහි මා ඇකයෙහි තුටු සිතින්

පෙරලෙත් ද එහෙත්... අද ඒ ජාලී, කණ්හාජිනා දරුවන් නොදක්මි.

565. අහෝ... කිමැ මේ! වෙනදා මේ අසපුව දරු නදින් කෙළි මඬලක් සේ වැටහුනි. අද ඒ දරුවන් නොපෙනෙනා අසපුව කරකැවෙන්නාක් මෙනි.

566. අහෝ... කිමැ මේ! අද අසපුව ගැඹුරු නිහඬ බවෙකින් මට වැටහේ. වනකවුඩෝවත් නොහඬත්. මා දරුවෝ මිය ගියාහු හො!

567. අහෝ... කිමැ මේ! අද අසපුව ගැඹුරු නිහඬ බවෙකින් මට වැටහේ. පක්ෂීහුත් නොහඬත්. මා දරුවෝ මිය ගියාහු හො!

මෙසේ ඕ වේගයෙන් සුසුම් ලමින් හඬා වැටෙන්නී මහබෝසතුන් වෙත දිව ගියාය. එල පැස පසෙකින් තැබුවාය. මහසත්හු දෙස කඳුළු වෑහෙන නෙතින් බලා සිටියාය. සිය දරුවන් පෙනෙන්ට නැත්තේය.

568. අහෝ ස්වාමීනී, කිමැ මේ! තුෂ්ණීම්භූත වූයෙහි. ඒ බිහිසුණු ස්වප්නය දුටු රැය සේ යැ මහද! වනකවුඩෝවත් නොහඬත්. මා දරුවෝ මිය ගියාහු හො!

569. අහෝ ස්වාමීනී, කිමැ මේ! තුෂ්ණීම්භූත වූයෙහි. ඒ බිහිසුණු ස්වප්නය දුටු රැය සේ යැ මහද! පක්ෂීහුවත් නොහඬත්. මා දරුවෝ මිය ගියාහු හො!

570. අහෝ ආර්ය පුත්‍රයෙනි, කිමැ මේ! මා දරුවන් වනමෘගයෝ ඩැහැගෙන ගොදුරු කොට ගත්තාහු ද?

ඕජස් රහිත ජනශූන්‍ය මේ බහල වෙනෙහි කවරක්හු විසින් මා දරුවෝ ඩැහැගෙන යන ලද්දාහු ද?

571. නො එසේ නම් නුඹවහන්සේ විසින් මා දරුවෝ දූත මෙහෙවරෙහි යවන ලද්දාහු ද? නො එසේ නම් මියුරු වදන් තෙපලන දරුවෝ කුටියෙහි වැද සැතැපෙන්නාහු ද? නො එසේ නම් කෙළි දෙලෙන් මත් වැ මුළා සිතින් බැහැර නික්මැ ගියාහු ද?

572. මා වෙසතුරු ස්වාමීනී, ඒ මා දරුවන්ගේ අඳුන් වන් කෙස් අද මට නොපෙනෙන්නේ කිම! රන් දැල් බඳු ළපැටි අත් පා නොපෙනෙන්නේ කිම! අහෝ... හිමවතෙහි ඇත්කඳලිහිණිහු සිටින්නාහ යි මා අසා ඇත. ඒ ලිහිණිහු බැසැ දරුවන් ඩැහැගෙන ගියාහු ද? නො එසේ නම් කවරක්හු විසින් මා දරුවෝ ඩැහැගෙන යන ලද්දාහු ද?

මෙසේ මද්දී තොමෝ වෙසතුරු නිරිඳු අබියස වැතිරී හැඬූ කඳුළින් මොරගෑවාය. මහසත් තෙමේ හුන් වන මැ නිහඬ වැ බලා සිටියේය. එසඳ දේවී තොමෝ "අහෝ... කුමක් හෙයින් මා හා නොදොඩනා සේක් ද? මාගේ කවර නම් දොසෙක් වී ද?" යි අසමින් මෙය කීවාය.

573. ස්වාමීනී, අද ඒ ජාලී, කණ්හාජිනා දරු සිඟිත්තන් නොදක්මි. දරු නොදක්නා දුකටත් වඩා නුඹවහන්සේ මා හා නොදොඩනා සේක් ද, ඒ දුක ඉතා මහත් යැ. අහෝ... හුලෙකින් විදුම් ලද වනයක් වන් රිදුමෙකි !

574. අද ඒ දරු සිඟිත්තන් නොදක්මි. නුඹවහන්සේ ද මා හා නොදොඩනා සේක. මේ දෙවෙනි හුල්

පහරින් ද මහද ඉතා දැඩි වැ රිදුම් දෙයි !

575. මාගේ රාජපුත්‍රයන් වහන්ස, අද මේ රැයෙහි නුඹවහන්සේ මා හා නොදොඩනා සේක් නම් මා දිවි පහවැ ගොස් ඇති වග හිමිදිරියෙහි ම නුඹවහන්සේ දකින්නාහ !

එසඳ මහසත් තෙමේ 'මෝ හට කිසියම් රළු බසෙකින් දෙඩුව මනා යැ. දරු දුක පහ කරවුව මනා යැ' යි සිතා මේ ගාථාවන් පැවසීය.

576. මද්දී, රාජපුත්‍රී යැ තී. යශස්විනී යැ. අතිශය මනහර රූසිරි ධරන්නී යැ. තී දන්නී යැ මේ හිමවතෙහි වනවැදි මිනිස්සු ද සිද්ධවිද්‍යාධරයෝ ද වරින්වර සරන්නාහ. කවරෙක් නම් දන්නේ ද! තී හිමිදිරියෙහි ගියා නොවැ. කිමැ මේ සඳවතුරු ගලනා රැයෙහි තී ආයේ?

"මද්දී, ළදරු සිඟිත්තන් හැරපියා වෙනෙහි වන් නමුදු නාරීහු වනාහී සස්වාමික පත්නීහු යැ. ඔවුහු මෙසේ නොවෙති. 'මා දරුවන්ගේ පවත් කිමැ! මා ස්වාමි තෙමේ පමා වූ කල්හි කිමෙක් සිතන්නේ ද!' මෙපමණකුදු තී තුළ නොවී යැ. හිමිදිරියෙහි නික්මැ එන්නී යැ රැ සඳ පානේ. දැන් මා දුගී බව දොසෙකි යි සිතා තර්ජනය කොට වංචා කොට දොඩන්නී ද?"

එකල්හි මද්දී තොමෝ වෙසතුරු නිරිඳහුගේ වදන් අසා මෙසේ තෙපළාය.

577. ස්වාමීනී, යම් බිහිසුණු වනමෘගයෝ දිය බොන්ට විලට ආවාහු යැ. ඔවුන්ගේ රුදුරු හඬ නුඹවහන්සේ නොඇසූ සේක් ද? සිංහ තෙමේ බිහිසුණු ගර්ජනා

නැගී යැ. ව්‍යාඝ්‍රයා ද එසෙයින් ම ගර්ජනා කෙළේ යැ. අහෝ... එසඳ වනගැබ ඒකනින්නාද විය.

578. එ මහාවෙනෙහි මා සරන කල්හි මෙවන් දුකෙක් මට උරුම වන වග පෙර නිමිතියෙන් දුටුයෙමි. ස්වාමීනී, අද අල සාරන හුල මා අතින් ගිලිහී වැටුණේය. උරෙහි ලූ එලවැල පැස ගිලිහී වැටුණේය. එල නෙළනා කෙක්ක ගිලිහී වැටුණේය.

579. ඉතින් ස්වාමීනී, එකල්හි මම් බිය වීමි. සැලීමි. වෙන් වෙන්වැ ඇඳිලි බැඳ හැම දිශාවන්ට වන්දනා කෙළෙමි. දේවතාවුන්ට උජ්ඣායනා කෙළෙමි. මෙයින් සෙත් වන්නේ යැයි කීමි.

580. 'මහිමි රාජපුත්‍ර තෙමේ කිසියම් සිංහාදී වන-මෘගයෙකු වෙතින් නොනැසේවා! මා දරුවෝ කිසියම් වලස් ආදී සතක්හු විසින් විපතට පත් නොවෙත්වා!' යි පතමින් දිශාවන්ට වන්දනා කෙළෙමි.

581. අහෝ... මා අද එලවැල නෙළා වෙනෙන් එද්දී සිංහයෙකුත් ව්‍යාඝ්‍රයෙකුත් දිවියෙකුත් යන බිහිසුණු වනමෘගයෝ තිදෙනෙක් අවුත් මා එන මගැ අවුරා සිටියාහු නොවැ. එහෙයිනි සඳපාන තෙක් සවස් වූයේ. කමා වුව මැනව ස්වාමීනී.

මහසත් තෙමේ ඕ සමගින් මෙතෙක් දෑ පමණක් කථා කෙළේ යැ. අරුණ නැගෙනා තෙක් අන් කිසි බසෙක් නොදෙඩී යැ. එතැන් පටන් මද්දී තොමෝ ඒ සඳ නැගි රැයෙහි අනේක ප්‍රකාරයෙන් හඬා දොඩා වැලැපෙන්නී මෙසේ කීවාය.

582. ස්වාමීනී, මම් හිසැ ජටා ධරා බඹසර රකින්නී වෙමි. දිව ඇ දෙක්හි අනලස් වැ වත්සපන් මාණවකයෙක් සිය ගුරු දෙවිඳුට සෙයින් මා හිමි හටත් දරු සිඟිත්තනටත් උවැටැන් කෙළෙමි.

583. තොප කැමැත්තෙන් තොප මැ පතමි. අඳුන් දිවිසම් හැඳැ වනමුල්ඵලවැල ගෙනෙන්නී වැ දිව ඇ සරමි. මා දරුවෙනි, අහෝ... තෙපි කොහි යැ!

584. මවෙත එව් දරුවෙනි, අවුත් බලව්. තොපට නහනු පිණිස රන්වන් කසා කල්ක කොට ගෙන ආමි. මේ රන්වන් බෙලි ඵල ගෙන ආමි. මේ බලව. මේ මියුරු රුක්ඵල යැ. දරුවෙනි, මේවා තොපට කෙළි පිණිස යැ.

585. දරුවෙනි, මේ නෙළිඹුදැලි යැ. මේ ඕලු යැ. මේ කෙකටිය යැ. දේවයන් වහන්ස, දඬුවැල්බෑ මිහියෙන් මුසුකරන ලද මේවා දරු සිඟිත්තන් හා එක්වැ වැළඳුව මැනව.

586. මේ පියුම ජාලිට යැ. මේ කුමුදු මල් දූට යැ. සිවිරාජයෙනි, මා දරු සිඟිත්තන් කැඳවුව මැනව. මේ මල් පැළැඳ සිඟිත්තන් නටන අයුරු බැලුව මැනව.

587. දේවයන් වහන්ස, අසපුයෙහි මවෙත අවුත් පෙරැලී මියුරු සිත්කලු තෙපුල් දොඩනා කණ්හාජිනාවන්ගේ බස් ඇසුව මැනව.

588. ස්වාමීනී, සිවිරටින් නෙරනා ලද ඇපි සම සුවදුක් ඇතියෝ වම්හ. අහෝ... සිවිරාජපුත්‍රයෙනි, ජාලී

කණ්හාජිනා මා දරුවන් දුටුවහු ද? ඉදින් දුටුවහු නම් දක්වාලුව මැනව. මෙසේ බලවත් වැ මා සසල කරවන්නේ මන්ද?

589. අහෝ... මම් වනාහී පෙර අත්බවෙකැ බඹසර සුරකින සිල්වත් බහුශ්‍රැත මහණ බමුණන් හට 'තොපගේ දූපුත්හු තොප නොදකිත්වා!' යි ආක්‍රෝශ කෙළෙම් දෝ හෝ! ඒ මම් අද ජාලී, කණ්හාජිනා දරු සිඟිත්තන් නොදක්මි.

මෙසේ මද්දී තොමෝ දරු දුකින් හඬා වැටෙන කල්හි මහසත් තෙමේ දෑසි පියා සෙල් පිළිමයක් සෙයින් නිහඬ වැ හුන්නේය. වෙසතුරු නිරිඳු ඕ හා නොදොඩන කල්හි සඳ එළියෙන් දරුවන් සොයා යන්නී පෙරැ සිය දරුවන් කෙළි සෙල්ලම් කළ දඹරුක් ඈ ඒ ඒ තන්හි ගොස් වැටි වැටී වැලපෙන්නී යැ.

590. අහෝ... මේ මා දරුවන්ගේ කෙළි බිම දඹරුක් යැ. මේ වැගිරෙන අතු ඇති සිඳුවර යැ. මේ නා නා වෘක්ෂ ජාතීහු යැ. අද මේවා පෙනෙත්. එනමුදු මා දරුවෝ නොපෙනෙත්.

591. මේ ඇසතු රුක් යැ. මේ පැණිවරකා රුක් යැ. මේ නුග රුක් යැ. මේ දිවුල් රුක් යැ. අද නා නා ඵල දරන මේ රුක්හු පෙනෙත්. එනමුදු මා දරුවෝ නොපෙනෙත්.

592. මේ සිත්කලු උයන් යැ. මේ සිහිල් දිය ගලනා නදිය යැ. පෙරැ මා දරුවන් කෙළි තැන් යැ. අහෝ... අද මේවා පෙනෙත්. එනමුදු මා දරුවෝ නොපෙනෙත්.

593. මේ පර්වත සාණුයෙහි නා නා පුෂ්පයෝ ඇත්තාහ. පෙරැ මා දරුවෝ මේ කුසුමින් මාලා ගොතා පළඳිත්. අහෝ... අද පිපි කුසුම් පෙනෙයි. එනමුදු මා දරුවෝ නොපෙනෙත්.

594. මේ පර්වත සාණුයෙහි නා නා මියුරු ඵල ඇත්තේ යැ. පෙරැ මා දරුවෝ ඒ මියුරු ඵල බුදිත්. අද මියුරු ඵල ඇති රුක්හු පෙනෙත්. එනමුදු මා දරුවෝ නොපෙනෙත්.

මෙසේ ඕ පර්වත සාණුයෙහි හැසිර දරු සිඟිත්තන් නොදැක නැවත අසපුවට ආවාය. දරුවන්ගේ කෙළිබඩු දෙස බල බලා මෙසේ හැඬුවාය.

595. පෙරැ මා දරුවෝ යම් කෙළිබඩුවලින් කෙළි සෙල්ලම් කළෝ ද, මේ ඒ ඇත්රූ යැ. මේ අස්රූ යැ. මේ ගවරූ යැ. අද මේවා පෙනෙත්. එනමුදු මා දරුවෝ නොපෙනෙත්.

596. පෙරැ මා දරුවෝ යම් කෙළිබඩුවලින් කෙළි සෙල්ලම් කළෝ ද, මේ ඒ රන්මුවෝ යැ. මේ සාවෝ යැ. මේ බකමූහුණෝ යැ. මේ කදලිමුවෝ යැ. අද මේවා පෙනෙත්. එනමුදු මා දරුවෝ නොපෙනෙත්.

597. පෙරැ මා දරුවෝ යම් කෙළිබඩුවලින් කෙළි සෙල්ලම් කළෝ ද, මේ හංසයෝ යැ. මේ කොස්වාලිහිණියෝ යැ. මේ විසිතුරු පිල්කළඹින් හෙබි මයුරයෝ යැ. අද මේවා පෙනෙත්. එනමුදු මා දරුවෝ නොපෙනෙත්.

අසපුවෙහි දරුවන් නොදුටු ඕ යළිත් හඬ හඬා වනවදුලට වැදුනාය. පිපී ගිය මල් ඇති වනගොමු යට බල බලා හඬමින් මෙය කීවාය.

598. පෙරැ මා දරුවෝ යම් තැනෙක්හි කෙළි සෙල්ලම් කළෝ ද, මේ හැම කල්හි පිපි මල් ඇති ඒ වනවදුල යැ. අහෝ... වන මල් පෙනේ. එනමුදු මා දරුවෝ නොපෙනෙත්.

599. පෙරැ මා දරුවෝ යම් තැනෙක්හි කෙළි සෙල්ලම් කළෝ ද, සක්වාලිහිණින් රැව්දෙන, පියුම්, නිලුපුල්, හෙල්මැලියෙන් ගැවසීගත් මේ මනරම් තඩාග යැ. අහෝ... අද මේවා පෙනේ. මා දරුවෝ නොපෙනෙත්.

කිසි තැනෙක්හි සිය දරුවන් නොදුටු මද්දී සිහිවිකල වූ එකියක සෙයින් හඬ හඬා මහබෝසතුන් වෙත එළැඹ නිහඬ වැ සිටිනයුරු දැක මෙය කීවාය.

600. දේවයන් වහන්ස, පෙරැ නුඹවහන්සේ දර බින්දාහු යැ. පැන් ගෙනාවාහු යැ. ගිනි දැල්වුවාහු යැ. කිමැ ස්වාමීනී, අද නුඹවහන්සේ විසින් බිඳින ලද දර නැත්තේ යැ. ගෙනෙන ලද පැන් නැත්තේ යැ. අවුළුවන ලද ගිනි නැත්තේ යැ. අහෝ ස්වාමීනී, කිමැ... බාල දරුවෙකු සෙයින් සිතිවිලිබර වැ?

601. මාගේ රාජපුත්‍රයන් වහන්ස, තෙපි මා හට ප්‍රිය යැ. වෙනත් ප්‍රිය වූවෙකු මෙ දිවියෙහි මට නැත්තේ යැ. තොප හා ප්‍රියසමාගමින් යුතු වැ සමසිත් ඇතිවැ විඳ දරාගත් දුක වෙනදා මා දකින කල්හි දුරුවෙයි. එහෙත් අහෝ අද කිමැ... දුක දුරු නොවෙයි! ඒ අද ජාලී කණ්හාජිනා නොදක්මි.

මද්දී එසේ කිවු නමුදු මහසත් තෙමේ නිහඬව මැ හිඳගත් වනැ මැ නොසෙල්වී හුන්නේය. ඕ සිය හිමියා

නොදොඩනා කල්හි සොවින් ඇලැලී ගොස් දැඩිව පහර කෑ කිකිළියක සේ සැලි සැලී ගොස් දරුවන් සොයා ඇවිද ගිය තැන් බලන්ට යළි යළිත් ගියාය. යළි යළිත් හැසිර හැරී ආවාය.

602. අහෝ දේවයන් වහන්ස, මා අදරැති දරුවන් නොදක්මි. යම් කිසිවක්හු විසින් ගෙන යන ලද්දාහු ද? නො එසේ නම් මිය ගියාහු ද? අද වනකවුඩෝ පවා නාද නොකෙරෙත්. අහෝ... මා දරු නැසුණාහු දෝ හො !

603. අහෝ දේවයන් වහන්ස, මා අදරැති දරුවන් නොදක්මි. යම් කිසිවක්හු විසින් ගෙන යන ලද්දාහු ද? නො එසේ නම් මිය ගියාහු ද? අද සියොත්හු පවා නාද නොකෙරෙත්. අහෝ... මා දරු නැසුණාහු දෝ හො !

මෙසේ කී කල්හි ද මහසත් තෙමේ නොසෙල්වී බලාගත් වනැ මැ නිහඬ වැ හුන්නේය. දරු දුකින් ඇලලී ගිය ඕ දරු සොයා යන්නී තුන්වන වරටත් ඒ ඒ තන්හි පවන් බඳු වේගයෙන් දුව ඇවිද බලන්නී ඒ රැය පුරා දරුවන් සොය සොයා පසළොස් යොදුනක පමණ දුරක් ඔබ මොබ දුව ඇවිද්දාය. එකල්හි ඉතා සෙමින් ඒ රැය ගෙවී ගියේය. අරුණ උදා විය. මද්දී තොමෝ යළිත් බෝසත්හු කරා එළැඹ සමීපයෙහි වැතිරී හඬා වැලපෙන්ට වූවාය.

604. මද්දී තොමෝ ඒ වංකගිරියෙහි පර්වතයන්ට ද වනයන්ට ද වැදී දරුවන් සොය සොයා ඇවිද යන්නී 'ජාලී මෙහි එනු සොඳේ ! කණ්හාජිනා මෙහි එනු සොඳේ ! මා දරුවෙනි, තෙපි කොහි යැ?' යි

කියමින් අඬගස ගසා ඇවිද යළි අසපුවට අවුත් ස්වාමියා වෙත ගොස් හඬයි.

605. අහෝ දේවයන් වහන්ස, මා අදරැති දරුවන් නොදක්මි. යම් කිසිවක්හු විසින් ගෙන යන ලද්දාහු ද? නො එසේ නම් මිය ගියාහු ද? අද වනකවුඩෝ පවා නාද නොකෙරෙත්. අහෝ... මා දෙදරු නැසුණාහු දෝ හො !

606. අහෝ දේවයන් වහන්ස, මා අදරැති දරුවන් නොදක්මි. යම් කිසිවක්හු විසින් ගෙන යන ලද්දාහු ද? නො එසේ නම් මිය ගියාහු ද? අද සියොත්හු පවා නාද නොකෙරෙත්. අහෝ... මා දෙදරු නැසුණාහු දෝ හො !

607. අහෝ දේවයන් වහන්ස, මා අදරැති දරුවන් නොදක්මි. රුක්මුල්හි, පර්වත ගුහාවන්හි, වන-ගොමුහි සොය සොයා සෙව්ව නමුත් නොදක්මි.

608. මෙසේ අතිශය උත්තම රූ ධර, යශස්විනී මද්දී රජ දූ හිසැ අත් බැඳ හඬ හඬා එහි මැ බිමැ සිහිසුන් වැ ඇදවැටුනාය.

මහසත් තෙමේ වහා නැගී සිටියේය. මද්දී දෙස බලා සිටියේය. ඕ මිය ගියාය යි සිතා කම්පා වූයේය. දුරු රටෙක මද්දී මිය ගියා යැ ! අහෝ... ඉදින් මෝ තොමෝ යම් හෙයකින් ජයතුරා නුවර කලුරිය කළා නම් මහත් පුද සත්කාර ලබන්නී ය. ජයතුරා රට ද රම්‍ය රට ද සොවින් සැලෙන්නේය. අහෝ... අද මම් මේ වෙනෙහි තනි වීමි. කුමක් නම් කරන්නෙම් ද! යි උපන් බලවත් ශෝකයෙන්

සිහි උපදවාගෙන ඈ තතු දැනගන්නෙමි යි සිතා ඈ ළයෙහි අත තබා සිටියේය. ඈ හද ගැහෙනා වේගය සියතට දැනුණේය. ඉක්බිති බෝසත් තෙමේ කෙණ්ඩියෙන් පැන් ගෙන ඉස්සේය.

සත් මසක් මුළුල්ලෙහි මද්දීගේ රන්වන් සිරුරට අත නොතැබූ නමුත් බෝසත් නිරිඳු තෙමේ උපන් බලවත් ශෝකය හේතුවෙන් තමන් පැවිදි වූ වග ද සිහිකොට ගත නොහී, කඳුළු වැගිරෙන නෙතින් යුතුව ඇගේ හිස ඔසොවා ගත්තේය. සිය කලවා මත තබාගත්තේය. කෙණ්ඩියෙන් පැන් ගෙන ඇගේ මුව ද හද ද පිරිමදිමින් හුන්නේය. සුළු මොහොතෙකින් මද්දී සිහි ලැබුවාය. ඕ සැණෙකින් නැගිට විලියෙන් බර වැ ගොස් වහා එකත්පස් වැ හිඳ මහබෝසත්හුට වැන්දාය.

"අහෝ ස්වාමීනී, මා දරු සිඟිත්තෝ කොහි යැ?"

"දේවී, මද්දී... එක්තරා බමුණෙක් මෙහි ආයේය. හේ දාස මෙහෙවරට දරුවන් ඉල්ලා සිටියේය. මවිසින් දරු සිඟිත්තෝ දන් දෙන ලද්දාහ."

609. වෙසතුරු තෙමේ තමා අසළ සිහිසුන් වැ ඇදවැටුණු රාජපුත්‍රියගේ මුවත්, ළයත් දියෙන් තෙමීය. ඉක්බිති ඕ අස්වැසිලි ලද්දාය. සිය දරුවන් බමුණාහුට දන් දුන් වග අසා මද්දී මෙය කීවාය. "දේවයන් වහන්ස, මා දරු දෙදෙන බමුණාහුට දන් දී මුළු රැය පුරා මා හඬා වැලපී දරුවන් සොයමින් ඔබ මොබ ඇවිද ගියෙමි. මෙතෙක් මා හට නොකීයේ මන්ද?"

610. "මද්දී, මුලින් මැ තිට දුකක් කරන්ට මම් නොකැමැති වීමි. ඒ බමුණු තෙමේ දිළිඳු යැ.

වයෝවෘද්ධ යැ. යාචකයෙකි. මවිසින් දරුවෝ දෙන ලද්දාහු ඔහුට යැ. භය නොවව. අස්වැසිලි ලබව.

611. මද්දී, මා දෙස බලව. දරුවන් දෙස නොබලව. දැඩි ලෙස හඬා නොවැලපෙව. ජීවත් වන්නමෝ නීරෝගව වසන්නෙමු නම් දරුවන් ද ලබන්නෙමු.

612. දරුවන්, ධනය, ධාන්‍ය, ගෙයි අන්‍ය වූ ධනයෙක් ඇත් ද, යදියන් ඉල්ලාගෙන ආ කල්හි දැක සත්පුරුෂ තෙමේ එ හැම දන් දෙන්නේය. හේ උත්තමාර්ථය පතමින් ළය පලා හදවත වුව දන් දෙන්නේය. මද්දී, අසව. දරුවන් කෙරෙහි පිහිටි මාගේ උතුම් දානය අනුමෝදන් වව."

613. "දේවයන් වහන්ස, දරුවන් කෙරෙහි පිහිටි තොපගේ උතුම් දානය මම් අනුමෝදන් වෙමි. මැනැවැ ස්වාමීනී, දන් දී සිත පහදාගත මැනව. බොහෝ සෙයින් මැ දන් දෙන්නෙක් වුව මැනව.

614. මාගේ රාජපුත්‍රයන් වහන්ස, සිවිරට වැසියන්ගේ සිරි සෙත සදනා යම් බඳු නුඹවහන්සේ මසුරුමලින් පීඩා විඳිනා මෙලොව මිනිසුන් අතරෙහි සිට බමුණක්හු හට සිය නෙත් සඟල වන් දරුවන් දන් දුන් සේක් ද! අහෝ... මෙය වනාහී ඒකාන්තයෙන් මැ අද්භූතයෙකි! අසිරියෙකි! විස්මය දනවන්නකි!"

මද්දී තොමෝ සිය දරුවන් දස මසක් කුසෙහි දැරුවාය. දිනකට දෙතුන් වරක් නැහැවූවාය. කිරි පෙව්වාය. එලවැල වැළඳෙව්වාය. උරයෙහි හොවා ඇතිදැඩි කැරැවූවාය. එවන් දරුසිඟිත්තන් ය බෝසතුන් විසින් දන් දෙන ලද්දේ. එය අනුමෝදන් වෙමින් ය ඕ යටකී ගාථා කීයේ.

"මහරජාණන් වහන්ස, නැවත නැවතත්, මතු මතුවටත් දන් දෙන්නෙක් මැ වුව මැනව. ම විසින් දෙන ලද්දේ මනා වූ දනකැ යි පහන් සිත් ඇතිකරගත මැනව. නුඹවහන්සේ වනාහී මසුරුමලින් පෙළෙන ලොවෙහි සිය දරුවන් දන් දුන් සේක."

මෙසේ කී කල්හි මහබෝසත් තෙමේ මෙය කීය. "මද්දී, කුමක් නම් කියන්නී ද? ඉදින් මවිසින් දරුවන් දන් දී සිත පහදා ගැනීම නොවූයේ නම් මේ ආශ්චර්යයෝ පහළ නොවන්නාහ" යි මිහිකත හඬනැගුම් ආදී සියලු පෙළහර ඕ හට කීයේය. එසඳ මද්දී තොමෝ ඒ අසිරිය අසා දානය අනුමෝදන් වන්නී මෙය කීවාය.

615. "ස්වාමීනී, නුඹවහන්සේ විසින් මිහිකත හඬවන ලද්දී යැ. නුඹවහන්සේගේ යශෝරාවය දෙව්ලොව නැංගේයැ. හාත්පස විද්‍යුල්ලතාවෝ පැතිර ගියෝ යැ. වංකගිරි පර්වතයන්ගෙන් හඬ රැව් දිනි.

616. දේවයන් වහන්ස, නුඹවහන්සේගේ ඒ පුත්‍ර දානය නාරද හා පර්වත යන දෙනිකායෙහි දේවතාවෝත් අනුමෝදන් වන්නාහ. ඉන්ද්‍ර තෙමේත් බ්‍රහ්ම තෙමේත් ප්‍රජාපතීත්, සෝම, යම, වෛශ්‍රවණ දෙව්රජත් සක්දෙවිඳු සහිත තව්තිසායෙහි හැම දෙවියෝත් අනුමෝදන් වන්නාහ."

617. මෙසේ අතිශය මනහර උත්තම රූ ධර, යශස්වී, රජ දූ, මද්දී තොමෝ වෙසතුරු නිරිඳහුගේ උත්තම පුත්‍ර දානය අනුමෝදන් වූවාය.

මද්දී දේවී වලප නිමා විය.

මෙසේ වෙසතුරු නිරිඳු මද්දී බිසොව හා එකිනෙකා දානය පිළිබඳ සිත් පහන් කරවන කථා සල්ලාපයෙහි යෙදෙමින් සිටින කල්හි තව්තිසායෙහි අධිපති සක්දෙවිඳු තෙමේ මෙසේ සිතීය. 'වෙසතුරු නිරිඳාණෝ මිහිකත උන්නාද කරවමින් ජූජකයා හට ඒයේ සිය නෙත් සඟල වන් දරු දෙදෙන දන් දුන්නාහුය. ඉදින් දැන් වනාහී කිසියම් හීන ජාතික පුරුෂයෙක් අවුත් සියලු රූසිරින් හොබනා සිල්වත් මද්දී බිසව් ඉල්ලා සිටියහොත් වෙසතුරු තෙමේ ඈ දන් දෙන්නේය. එසඳ රජහු තනිවන්නේය. උපකාර රහිත වැ අනාථ වන්නේය. එය නොවියැ යුත්තෙකි.

එහෙයින් බමුණු වෙසින් මා ගොස් ආයාචනා කොට මද්දී බිසව් ඉල්ලාගෙන වෙසතුරු නිරිඳහුගේ දාන පාරමිතාව මුදුන්පත් කළයුත්තේය. නැවත කිසිවෙකු හට දන් නොදිය හැකි කොට වෙසතුරු නිරිඳු හට ම ඕ පවරා එන්නෙමි' යි සිතීය. සක්දෙව් තෙමේ හිරු නැගි වේලෙහි බමුණු වෙසින් වෙසතුරු නිරිඳු වෙත ආයේය.

618. ඉක්බිති රැය ගෙවී ගියේය. හිරු නැගී ආයේය. සක්දෙව් රජතෙමේ බමුණු වෙසක් ගෙන හිමිදිරියෙහි වෙසතුරු, මද්දී දෙදෙන අබියස පෙනී සිටියේය.

619. "කිම, භවත් වෙසතුරු තෙමේ නීරෝග ද? කිම, භවත් තෙමේ නිදුක් ද? කිම වනමුල්ඵලාහාරයෙන් යැපෙන්නෙහි ද? කිම, මේ වෙනෙහි බොහෝ යැ ඵලවැල?

620. කිම, ඩැහැ ලේ බොන මැසි මදුරුවෝ, සර්පාදී දීර්ඝ ජාතීහු අල්ප වැ සිටිත් ද? කිම, වනමෘගාදීන්ගෙන් ගැවසීගත් මෙ වෙනෙහි හිංසායෙක් නැද්ද?"

621. "භවත් බමුණ, අපි නීරෝග වම්හ. එසේ මැ බමුණ, නිදුක් වම්හ. එසේ මැ වනමුල්ඵලාදියෙන් අහර කිස කරම්හ. මෙ වෙනෙහි බොහෝ යැ ඵලවැල.

622. එසේ මැ ඩැහැ ලේ බොන මැසි මදුරු, සර්පාදීහු අල්පයහ. වෙනෙහි ගැවසීගත් වනමෘගාදීන්ගෙන් අපට කිසි හිංසායෙක් නැත්තේය.

623. සත් මසක් මුළුල්ලෙහි මේ වන අරණෙහි ජීවශෝකී වැ වෙසෙන අපි බෙලි ලීයෙන් කළ සැරයටියක් අතැතිව, ගිනි පුදන යාග හැන්දත්, පැන් කෙණ්ඩියත් රැගෙන, දේවතාවුන් විසිනුත් වර්ණනා කරන ලද මේ බමුණානන් යැ දෙවනුවැ දැක්කේ.

624. බමුණ, එහෙයින් තොපගේ මෙහි ආගමනය මනා යැ. ස්වාගතයෙකි තොපට. තොපගේ මෙහි ඒම නොමනා ඒමෙක් නොවේ. පින්වතාණෙනි, පා දොවැ කුටියට පිවිසෙව.

625. බමුණ, මෙහි තිඹිරි, පියල්, මී, කටුඑරමිණියා ඈ ඵල ඇත්තේය. දඬුවැල්බෑ මී ඇත්තේය. උතුම් උතුම් දෑ ගෙන රිසි සේ වළඳව.

626. බමුණ, මේ පැන් ද සිහිලැ. ගිරිකඳුරින් හැලෙනා ගඟුලින් යැ ගෙන ආයේ. ඉදින් තෙපි සිහිල් පැන් බොනු රිසියහු නම් වළඳිව්.

627. බමුණ, තෙපි කවර කරුණක් නිසාවෙන්, කවර හේතුවක් නිසාවෙන් මෙවන් ගැඹුරු වනගැබකට වැදුනෙහු ද? මවිසින් පුළුවුස්නා ලද මෙය කියව."

628. "අහෝ... වෙසතුරු නිරිඳාණෙනි, පස් මහනදීන්හි හැම කල්හි පිරීගිය උදකප්ප්‍රවාහය වෙත පවස් ඇතියවුන් අවුත් අතිනුත් බඳුනෙනුත් දිය ගෙන කොතරම් නම් පානය කළ නමුදු ඒ නදීන්හි දිය අවසන් නොවෙයි. තෙපිදු එසේ මැ යි. දන් දීමෙහි ලා සැදැහෙන් පිරීගිය සිත් ඇති තොපගෙන් ඉල්ලන්ට මැ ආයෙමි. වෙසතුරු නිරිඳාණෙනි, මවිසින් ඉල්ලන ලද තෙපි මේ ඇඹෙණියෝ මා හට දැස්සක් කොට දන් දෙව්."

සක්දෙවිඳු තෙමේ මෙය කීය. "භවත් වෙසතුරු නිරිඳාණෙනි, මම් මාල්ලෙක් මි. තොපගේ ඇඹෙණි මද්දී බිසව් ඉල්ලාගන්ට ආමි. මා හට ඕ දෙනු මැනව." මෙසේ කී කල්හි මහසත් තෙමේ 'බමුණ, මවිසින් ඊයේ තොප වන් බමුණක් හට මා නෙතු සඟල වන් දරුවෝ දන් දෙන ලද්දාහ. මහවනයෙක තනි වී සිටින මම් කෙසේ නම් මද්දී දන් දෙන්නෙම් දැ' යි යන සිතිවිල්ල වෙසතුරු සිතෙහි නොහටගත්තේය. හේ අත දිගු කොට රන් නික දහසෙක පසුම්බියෙක් දෙන සෙයින් නොගැලී, නොබැඳී, නොඇලුණු සිතින් යුතුවැ වංකගිරිය උන්නාද කරවමින් මේ ගාථාව පැවසීය.

629. එසේ යැ... බමුණ, එසේ යැ. මම් මේ බිසව් තොපට දන් දෙමි. අකම්පිතයෙමි. මවෙතින් යම් බිරිඳක් ඉල්ලා සිටියෙහි ද බමුණ, සිටින්නා වූ ඕ මම් නොසඟවමි. මසිත දන් දීමෙහි මැ ඇලී ගියේය.

මෙසේ කියා පැන් කෙණ්ඩිය අතට ගෙන බමුණහුගේ අත්ලෙහි මද්දී අත්ල තබා පැන් වඩා උතුම් රූසිරින් හොබනා සිල්වත් මද්දී බිසව් මහලු බමුණහුට දන්

දුන්නේය. එකෙණෙහි මැ හඬා වැටෙන්නියක සෙයින් මිහිකත සැලුණාය. අකාල වැසි වැටුණේය. නුබගැබ ගිගුම් දුන්නේය. විදුලිකෙටිලි පැතිරුණේය. බිහිසුණු බව ඇතිවුණේය. ලොමුඩැහැගැනුම් ඇතිවුනේය.

630. වෙසතුරු තෙමේ මද්දී බිසව්ගේ අත අල්ලාගත්තේය. පැන් කෙණ්ඩිය ද ගත්තේය. සිවි රට සිරි සෙත සදනා වෙසතුරු නිරිඳු තෙමේ සිය කීකරු පෙම්වත් ඇඹෑණිය වන මද්දී බිසව් බමුණහුට දානයක් කොට පිරිනැමීය.

631. වෙසතුරු නිරිඳු තෙමේ මද්දී බිසව් දන් දෙන කල්හි මිහිකත් තොමෝ හඬා වැටෙන්නියක සෙයින් කම්පා වූවාය. බිහිසුණු බවෙක් ඇති වූයේය. ලොමුඩහගැනුම් ඇති වූයේය.

වෙසතුරු නිරිඳහුගේ දාන තේජසින් පොළොව සැලී ගියේය. සිනේරු පර්වතරාජයා පහතට නැමී ගියේය. හැම දේවතාවෝ 'සාධු සාධු' යි හඬ නැගුවෝය. බඹලෝ දක්වා සාධු හඬ පැවැත්තේය. අකාල වැසි වැස්සේය. අකාල විදුලිකෙටිලි පැතිර ගියේය. වළාවෝ ගුගුළහ. හිමවත්වැසි සියලු මෘගජාතීහු සකල හිමව් පියස ඒකනින්නාද වන සෙයින් එක්පැහැර හඬින් නාද කළෝය. මෙබඳු බියජනක දෑ ඇතිවූයේය.

632. මද්දී තොමෝ සිය පණ වන් අදරැති වෙසතුරු නිරිඳාණන් තමාව බමුණු මාල්ලෙකුට දන් දෙන සඳ මුහුණ නොහකුලාගත්තාය. නොමනා බවෙක් නොවූවාය. නොහැඬුවාය. සුසුම් නොහෙළුවාය. ලොවෙහි යම් උතුම් දෙයක් ඇත් ද එය මා හිමියෝ

දන්නා සේකැ යි පිපී ගිය පියුමක් සෙයින් වෙසතුරු නිරිඳහුගේ මුහුණ බලමින් සිටියාය.

ඉක්බිති වෙසතුරු තෙමේ බමුණහුට මෙවදන් කීය. "එම්බා බමුණ, මේ මද්දී තොමෝ මට අප්‍රිය නොවන්නී යැ. ඉතා ප්‍රිය යැ. එහෙත් මද්දීටත් වඩා සිය ගුණයෙනුත් දහස් ගුණයෙනුත් සියදහස් ගුණයෙනුත් අධිකතර වැ සර්වඥතාඥානය මැ මට ප්‍රිය යැ. මවිසින් දෙන මේ පත්නීදානය සර්වඥතාඥාන ප්‍රතිවේධය පිණිස වේවා!" යි කියා සිය බිරිය දන් දුන්නේය.

ශාස්තෘන් වහන්සේ මේ ගාථා වදාළ සේක.

633. මපුතු ජාලිය කුමරු, දූ කණ්හාජිනා, ඇමෙණිය මනා පතිව්‍රතතා ඇති මද්දී බිසව් සිතින් අත්හැර දන් දෙන කල්හි බුදුබව පිණිස මිස අන් කරුණෙක් මසිතට නො ආයේය.

634. මා දරු සිඟිත්තෝ මා හට අප්‍රිය නොවෙත්. මද්දී දේවිය ද අප්‍රිය නොවෙයි. වැලිදු සර්වඥ බව ඒ හැමට වඩා මා හට ප්‍රිය යැ. ඉතා ප්‍රිය වූ මා අඹුදරුවන් දන් දුන්නේ එහෙයිනි.

ඉක්බිති මහසත් තෙමේ "මද්දී, තිට කෙබඳු දැ" යි අසා ඇගේ මුව දෙස බැලීය. එසඳ ඕ "මාගේ රාජපුත්‍රයන් වහන්ස, කුමක් නිසාවෙන් මදෙස බලනා සේක් ද?" යි කියා සිහනද පතුරන්නී මේ ගාථාව කීවාය.

635. කුමරියක වූ මම් යම් දිනෙක යම් කෙනෙකුන් හට ඇමෙණියක් වීම් ද, ඒ නුඹවහන්සේ මාගේ එක ම හිමියාණෝ යැ. අධිපතියාණෝ යැ. ඉදින්

නුඹවහන්සේ යමෙක්හු හට මා දන් දෙනු කැමති සේක් නම් ඔහුට මා දෙනු මැනව. ඉදින් හේ මා විකුණන්නේ නමුත් කම් නැත. නසන්නේ නමුත් කම් නැත!

එසඳ සක්දෙව් තෙමේ ඔවුන්ගේ අතිශය නොකැළැල් පිවිතුරු චින්තාවලිය දැනැ ස්තුති ප්‍රශංසා කෙළේ යැ.

636. ඔවුන්ගේ පිවිතුරු වූ නොකැළැල් වූ දානාධ්‍යාශය දත් සක්දෙව්රජතෙමේ මෙය කීය. "භවත්නි, ලොවෙහි යම් දිව්‍ය වූ සුඛයෙක් ඇත් ද, එසේ මැ මානුෂීය වූ යම් සැපයෙකුත් ඇද්ද, මසුරුබව නමැති සතුරා ඒ හැම සැප වළකයි. තොප විසින් සිය අඹුදරුවන් දන්දීමෙන් මසුරු සතුරා දිනන ලද්දේය.

637. තොප විසින් හඬවන ලද්දී යැ මේ මිහිකත. තොප යසගී තව්තිසාව තෙක් නැංගේ යැ. හාත්පස විද්‍යුල්ලතාවෝ නුබකුසැ නැටූහ. වංකගිරිය බැගෑ හඬින් නද දුන්නේය.

638. වෙසතුරු නිරිඳුනි, තොපගේ අසිරිමත් දානය නාරද හා පර්වත යන දෙනිකායෙහි දේවතාවෝ අනුමෝදන් වන්නාහ. ඉන්ද්‍ර තෙමේත්, මහබඹහුත්, ප්‍රජාපතීත්, සෝම, යම, වෛශ්‍රවණ දෙව්මහරජුත් අනුමෝදන් වෙත්. වෙසතුරු රජතෙමේ අතිශය දුෂ්කර වූවක් කෙළේ යැ කියා හැම දෙවියෝ අනුමෝදන් වන්නාහ.

639. දිය නොහැකි දේ දෙන්නවුන්, නොකට හැකි දේ කරන්නවුන් අනුකරණය කෙරුමට අසත්පුරුෂයෝ

අසමත්‍යහ. සත්පුරුෂයන්ගේ ධර්මය ඔවුන් හට වටහාගත නොහැක්කේය.

640. එහෙත් සත්පුරුෂයෝත් අසත්පුරුෂයෝත් මනුලොවින් චුතවැ ගිය කල්හි සිය කම්ඵල විසින් වෙන් වෙන් වැ යන්නාහ. අසත්පුරුෂයෝ නිරයට යන්නාහ. සත්පුරුෂයෝ දෙව්ලොව යැ.

641. යම් හෙයකින් මහවෙනෙහි හිඳ සිය දරුවන් දන් දුන්නේ ද, සිය ඇඹෙණිය දන් දුන්නේ ද, ඒ දානයෙන් නිපන් ශ්‍රේෂ්ඨ යානය අපායෙහි නොබැස තොපට දෙව්ලොවෙහි මැ විපාක දේවා! විපාකාවසානයෙහි තොපට මේ සා ආශා ඇති උතුම් සර්වඥතාඥානය මැ ලැබදේවා!

මෙසේ සක්දෙවිඳු තෙමේ වෙසතුරු නිරිඳහුගේ දානය අනුමෝදන් කොට 'මවිසින් කල් නොයවා මෝ මොහුට ම පවරා යන්ට වටනේ යැ' සිතා මෙය කීයේය.

642. භවත් වෙසතුරු නිරිඳුනි, සියලු අඟපසෙඟින් හොබනා මනහර රූ ඇති මද්දී රජඳූ තොපට මැ බිරිය කොට දෙමි. තෙපි මැ මද්දී හට මනාව ගැලපෙන්නාහු යැ. මද්දී තොමෝ ද තොප වන් හිමියෙකු හා වසන්ට පමණක් මැ නිසි යැ.

643. කිරි යම් සේ ද දොවාගත් සංඛය ද එසේ යැ. දෙක ම පිවිතුරු යැ. සම පැහැ ඇත්තේ යැ. එසෙයින් මැ තෙපි දු මද්දී දු සමසිත් ඇත්තහු යැ. ඉතා මනා යැ.

644. තෙපි මාපිය දෙපසින් සුජාත වව් යැ. ගොත්සපන් ක්ෂත්‍රිය වහු යැ. සියරටින් නෙරනා ලද තෙපි

දෙදෙන මේ වනයෙහි වසන්නාහු මනා යැ. යළි යළිත් දෙන් දෙමින් පොහොනා පමණින් පින් මැ රැස්කරව්.

645. භවත්නි, මම් යැ සක්දෙවිඳු. තොප සමීපයට ආමි. රාජඍෂිවරය, රිසි වරයක් ගනුව. මම් තොපට වර අටක් දෙමි" යි,

කියමින් සක්දෙව් රජතෙමේ දිව්‍ය ආත්මභාවයෙන් දිලෙමින් ළහිරු මඬලක් සෙයින් අහස්හි සිටියේය. අප බෝසත් තෙමේ වර පිළිගන්නේ මෙය කීය.

646. "හැම සත්නට අධිපති සක්දෙවිඳුනි, ඉදින් මා හට වර දෙන්නෙහි නම් මේ වෙනෙන් නික්මැ සිය නිවෙස්නට ගිය කල්හි පියරජතෙමේ මා කෙරෙහි නොකිපී මා පිළිගනීවා! මා හට රාජ්‍යය ලබාදී සිහසුනෙන් පවරාවා! මේ යැ මා ඉල්ලන පළමු වරය.

647. කිසිදු පුරුෂයක්හු කෙරෙහි මරණ දණ්ඩනය නොරිසියෙම්වා! මරණ දඬුවම් ලද රාජාපරාධ-කාරයක්හු නමුත් ඒ මරණ දණ්ඩනයෙන් මුදවන්නෙක් වෙම්වා! මේ යැ මා ඉල්ලන දෙවන වරය.

648. යම් වෘද්ධයෝ සිටිත් ද, ළපැටියෝ සිටිත් ද, මධ්‍යම පුරුෂයෝ සිටිත් ද, ඔවුහු මා නිසා සුවසේ දිවි ගෙවත්වා! මේ යැ මා ඉල්ලන තෙවන වරය.

649. වාසව නමැති සක්දෙවිඳුනි, මම් අන්‍යයන්ගේ බිරියන් කරා නොයන්නෙක් වෙම්වා! සිය ඇඹෙණිය

හා පමණක් තුටු වන්නෙක් වෙම්වා! කිසි කලෙකත් ස්ත්‍රීන්ගේ වසඟයට නොපත් වෙම්වා! මේ යැ මා ඉල්ලන සිව්වෙනි වරය.

650. සක්දෙව්ඳුනි, මා නිසා පුතෙක් උපදීවා! හේ දිගාසිරි ලබාවා! පොළොවෙහි දැහැමින් රජ කෙරේවා! මේ යැ මා ඉල්ලන පස්වෙනි වරය.

651. ජයතුරා නුවරට මා ගිය කල්හි රෑ නිමා වී හිරු නැගෙත් මැ දිව්‍ය වූ ආහාරපානයෝ පහළ වෙත්වා! මේ යැ මා ඉල්ලන සවැනි වරය.

652. මා කොතෙක් දන් දුන්න ද, දාන වස්තු අවසන් නොවේවා! මම් දන් දී නො පසුතැවෙම්වා! දන් දුන් කල්හි මා සිත මැ මනාව පැහැදේවා! මේ යැ මා ඉල්ලන සත්වෙනි වරය.

653. දෙව්ඳුනි, මා මේ මිනිස්ලොවින් චුත වූ කල්හි වේගවත් ගමන් ඇති තුසිත දෙව්ලොව උපත ලබම්වා! තුසිත භවයෙන් චුත වැ යළි මනුසත් භවයට ආ කල්හි මට පුනර්භවයෙක් නොවේවා! බුදුබව ලබම්වා! මේ යැ මා ඉල්ලන අටවෙනි වරය."

654. සක්දෙව්ඳු තෙමේ අප මහබෝසතුන්ගේ වදන් අසා මෙය කීය. "වෙසතුරු නිරිඳාණෙනි, ඒකාන්තයෙන් ම සඳමහරජතෙමේ නොබෝ කලෙකින් තොප දකින්ට එන්නේ ම යැ.

වෙසතුරු නිරිඳුනි, වැඩි කලෙක් නැත්තේ යැ. තොප පිය සඳමහරජතෙමේ තොප දකිනු රිසි වැ එන්නේ යැ මෙහි. අවුත් තොපට ශ්වේතච්ඡත්‍රය දී ජයතුරා නුවරට

පමුණුවා ගන්නේය. එසඳ තොපගේ සියලු මනෝරථයෝ මුදුන්පත් වන්නාහ. නොසිතුව මැනව මහරජ, නොපමා වව."

මෙසේ පැවසූ සක්දෙව්රජතෙමේ එහි මැ නොපෙනී ගියේය. මේ අරුත් පවසමින් ශාස්තෘන් වහන්සේ මේ ගය වදාළහ.

655. මෙවදන් කී සුජම්පතී මඝ නම් සක්දෙව්රජතෙමේ වෙසතුරු නිරිඳු හට අටවරයක් දුන්නේය. ඉක්බිති හේ තව්තිසාවට ගියේය.

සක්දෙව් පවත නිමා විය.

අප මහබෝසත් තෙමේ සක්දෙවිඳු විසින් නිර්මිත අසපුවෙහි මද්දී බිසව් හා තුටු සිතින් යුතු වැ වාසය කළෝය. ජූජක තෙමේත් දරුවන් ගෙන සැට යොදුන් අධන්මගට පිළිපන්නේය. දේවතාවෝ දරු සිඟිත්තන්ට රැකවල් දුන්හ. ජූජකයා හිරු අස්තයට ගිය කල්හි දරුවන් ගසෙක බැඳ බිම හොවී. හේ සැඩ වනමෘගයන්ට බියෙන් රුකෙකට නැගැ අතුපතර හිඳ සැතැපුණේ යැ.

එකෙණෙහි එක් දේවතාවෙක් වෙසතුරු වෙසින් ආයේය. තව දෙව්දුවක් මද්දී ලෙස ආවාය. ඔවුහු සිඟිත්තන් බැඳුමෙන් මුදවාලූහ. අත් පා මිරිකා මැඩ පහසු කොට නහවා සරසවා මියුරු දිවබොජුන් වළඳවා දිවයහන්හි සතපවාලූහ. අරුණ නැගෙන වේලෙහි බමුණහු විසින් රුකෙහි බැඳ තිබූ අයුරින් මැ හොවා නොපෙනී යන්නාහුය.

මෙසේ දෙවියන් විසින් සුවපත් කරන ලද දෙදරුවෝ නීරෝග වැ ගමන් කරත්. ජූජක තෙමේ කලිඟු රට

යන්නෙමි යි සිතා අඩමසෙකින් දේවානුභාවයෙන් මැ ජයතුරා නුවර ආයේය. එදින අළුයම් යාමයෙහි සඳමහරජ එක්තරා ස්වප්නයෙක් දුටුයේය. එය මෙබඳු සිහිනයෙකි. 'එකල්හි රජතෙමේ මහවිනිසුරු අසුනෙහි හුන්නේය. එක්තරා පුරුෂයෙක් මනරම් පියුම් දෙකක් ගෙනවුත් රජහුගේ අත්ලෙහි තැබීය. රජතෙමේ ඒ පියුම් ගෙන සිය දෙකන්හි කුණ්ඩලාභරණ සෙයින් පැළැඳගත්තේය. ඒ පියුමෙන් රේණු වැගිරැ රජහුගේ ළයෙහි වැටෙයි.'

සඳමහරජ හිමිදිරියේ ම පිබිද බමුණන් කැඳවා ස්වප්නය විමසීය. බමුණෝ මෙසේ පිළිවදන් දුන්හ. "දේවයන් වහන්ස, චිර කලක් දුරු රටැ වුසූ ඤාතීහු දෙදෙනෙක් නුඹවහන්සේ වෙත එන්නාහ" යි සිහිනය තෝරා දුන්හ.

ඉක්බිති සඳමහරජතෙමේ නා නා රසයෙන් යුතු හීල බොජුන් වළඳා විනිසුරු අසුනෙහි හුන්නේය. දේවතාවෝ ජූජකයා රැගෙනවුත් රාජාංගනයෙහි තැබුවාහුය. සඳමහරජ එදෙස බලන්නේ දරුවන් දුටුයේය.

656. හා...! අර බලව්. ගින්නෙන් තවන ලද රනක් සෙයින් දිලිසෙයි. උදුනෙහි දමා පැහැගැන්වූ රන්කොඩොලක් වැන්න. අර බලනු ඒ කවරක්හුගේ මුව ද?

657. දෙදෙන ම ඉතා පියකරු යැ. මනරම් රූ ඇත්තේ යැ. පින් සිරි ලකුණෙන් හෙබියේ යැ. හා...! එක් දරුවෙක් අප ජාලිය වැන්න. දැරි වනාහී කණ්හාජිනා බඳු යැ.

සිරිමත් වෙසතුරු දාව 189

658. මනහර රුවින් සම වූ මේ දරු දෙදෙන වනාහී පර්වත ගුහායෙන් නික්මැ ආ සිංහ පෝතකයන් බඳු යැ. මේ දරුවෝ රනින් නිමැවූ සෙයකින් දිස්වන්නාහ.

මෙසේ තුන් ගාථායෙකින් දරුවන්ගේ රූ වැණූ සඳමහරජතෙමේ ඇමතියෙකු අමතා "අමාත්‍යය, වහා යව. අර සිටින බමුණාත් දරුවනුත් මෙහි කැඳවාගෙන එව" යි කීය. හේ වහා ගොස් බමුණු කැඳවා ආයේය. රජතෙමේ මෙසේ විමසීය.

659. "භවත් භාරද්වාජයෙනි, තෙපි කොතැනින් නම් මේ සිඟිත්තහු රැගෙන එව් ද? අද ජයතුරා නුවරට තෙපි කොහි සිට එව් ද?"

660. "දේවයන් වහන්ස, දානයෙහි ලා ඉතා පහන් සිතැති අයෙකු විසින් තුටු සිතින් යුතු වැ මේ දෙදරුවෝ මවෙත දෙන ලද්දාහ. යම් දිනෙක දරුවෝ ලබන ලද්දාහු ද, එතැන් සිට අදට පසළොස් රැයෙකි."

661. "එම්බා බමුණ, තා විසින් කවර නම් ප්‍රිය වදනෙකින් මේ දරුවෝ ලබන ලද්දාහු ද? මුසා බස් නොකියව. සැබැවක් ම කියව. අපව අදහාලව. කවරක්හු නම් තොපට උතුම් ධනක් කොට දරුවන් දන් දුන්නාහු ද?"

662. "හැම සත්නට පොළෝ තලය යැ පිහිට. එසෙයින් ම යදියන් හට යමෙක් තෙමේ පිහිට වූයේ ද ඒ වෙසතුරු නිරිඳු යැ. මහවෙනෙහි වැඩහුන් හෙතෙමේ මා හට සිය දරුවන් දන් දුන්නේය.

663. හැම නදීහු සාගරය කරා යන්නාහුය. එසේ මැ යදියන්ගේ ගමන යමෙකු කරා වූයේ ද ඒ වෙසතුරු නිරිඳු යැ. මහවෙනෙහි වැඩහුන් හෙතෙමේ මා හට සිය දරුවන් දන් දුන්නේය."

ජූජක බමුණුහුගේ වදන් ඇසූ සැණින් ඇමතියෝ වෙසතුරු නිරිඳු හට ගරහන්ට පටන් ගත්තෝය.

664. යහහ! භවත්නි, බලව්. ඒකාන්තයෙන් මැ නොකටයුත්තෙක් කරන ලද්දේ යැ. සැදැහැතිව ගිහිගෙයි සිටිය යුතු රජක්හු විසින් රටින් නෙරපන ලදුව සිටත් වෙනෙහි වෙසෙමින් කෙසේ නම් සිය දරු සිඟිත්තන් දන් දුන්නේ ද?

665. භවත්නි, මෙහි යම්තාක් දෙනෙක් රැස්වූවාහු ද, මනාව අසව්! වෙසතුරු රජතෙමේ මහවෙනෙහි වසන්නේ කෙසේ නම් සිය දරුසිඟිත්තන් දන් දුන්නේ ද?

666. හේ දාසයෙකු දීම මැනවි. දාසියක දීම මැනවි. අශ්වයෙකු හෝ අශ්වතරීන් යෙදූ රියෙක් හෝ උතුම් ඇතෙකු හෝ දේවා! අහෝ... හේ කෙසේ නම් සිය දරුසිඟිත්තන් දන් දුන්නේ ද?

ඇමතියන් විසින් සිය පිය වෙසතුරු නිරිඳු හට ගරහනු අසා සිටීම ජාලී කුමරුට නො ඉවසිය හැකි දෙයක් විය. පවනින් පහර කෑ සිනේරු පර්වතයට සිය බාහුව ඔබා දමන සෙයින් මේ ගාථාව කීය.

667. මුත්තණුවෙනි, කිමැ... යමක්හුගේ කුටියෙහි නැත්තේ නම් දාසයෙක්, නැත්තේ නම් දාසියක්, නැත්තේ

නම් අශ්වයෙක්, නැත්තේ නම් අශ්වතරයන් යෙදූ රියෙක්, නැත්තේ නම් හස්තිකුඤ්ජරයෙක්, හේ අන් කුමක් නම් දන් දෙන්නේ ද?

එකල්හි සඳමහරජතෙමේ මෙසේ කීය.

668. "දරුවෙනි, අපි වෙසතුරු පුතුගේ අසිරිමත් දනට පසසම්හ. නොගරහම්හ. වැලිඳු යාචකයෙකුට තොප දන් දුන් කල්හි කෙසේ වූයේ දෝ ඔහුගේ ළය?"

669. "මුත්තණුවෙනි, මා නැගෙණි කණ්හා කී වදනෙකින් මපියාණන් හදට මහත් දුකෙක් ආයේය. එසඳ ඔහුගේ ළය උණු වී ගිය සෙයක් පෙනිනි. රෙහෙණ නකත් තරු යුවලක් සේ තඹ පැහැගත් මපියාණන් පුළුල් නෙතින් එසඳ කඳුළු ධාරාවෝ වැගිරුණෝ යැ.

670. එසඳ කණ්හාජිනාවෝ මෙවදන් කීවාය. 'අහෝ පියාණෙනි, සිය ගෙයි උපන් දාසී කෙල්ලකට සෙයින් මේ බමුණු තෙමේ හුණ දණ්ඩෙන් මට කෘරතර වැ තලනවා නොවැ.

671. අහෝ පියාණෙනි, මොහු බමුණෙක් නොවේ. බමුණෝ යාපත් යැ. මූ යකෙකි. බමුණු වෙසින් අවුත් අපව කන්ට ගෙන යයි. පිසාචයෙකු විසින් ගෙනයනු ලබන්නා වූ අප දෙස නෙත් විදහා උපේක්ෂායෙන් බලා සිටිනුයේ මන්ද පියාණෙනි?'

මා නැගෙණිය කීවාය මෙසේ. එකල්හි මපියාණන්ගේ හද උණු වී කඳුළු ධාරාවෝ වැගිරුණෝ යැ." මෙසේ පැවසූ නමුත් දරුවෝ වනාහී බමුණහු අත්නොහළහ.

බමුණු අසළට ම වී සිටියෝය. එය දැක සඳමහරජ මේ ගාථාව කීය.

672. "අහෝ දරුවෙනි, නොදන්නහු ද? තොප මව් රජදූ යැ. තොප පියාණෝ රාජපුත්‍රයෙකි. තෙපි වනයට යන්ට පෙර මා ඇකයෙහි නැගැ හුන්නාහු නොවෙත් ද? දැන් වනාහී කිම දුරින් මැ සිටින්නාහු?"

673. "එසේය මුත්තණුවෙනි, අප මව් රජදූ යැ. පියාණෝ රාජපුත්‍ර යැ. එනමුදු දැන් වනාහී අපි බමුණක්හුගේ දාසයෝ වම්හ. එහෙයින් අපි දුරින් සිටිමු."

674. "අහෝ මා දරුව, එසේ නොකියව. තොප වදන් මහද කකියයි. දැන් මා කය ගිනි අඟුරු මත හෙලූ කලෙක සෙයින් දවයි. අසුනෙහි ද සැපයෙක් නොදැනෙයි.

675. අදරැති දරුවෙනි, අහෝ එසේ නොකියව්. තෙපි මා තුළ දැඩි සෝතැවුල් දනවන්නහුය. ධනය දී මම් දාස බවෙන් තොප නිදහස් කරන්නෙමි. එසඳ තෙපි දස්හු නොවන්නහුය.

676. දරුවෙනි, තොප පියාණෝ කොතෙක් අගයකට මිල තබා තොපව මේ බමුණහුට දුන්නේ ද? වූ වීරූ අයුරු මැ පවසව්. බමුණහුට ධනය පිළියෙල කරත්වා!"

677. "මුත්තණුවෙනි, මපියාණෝ රන් නික දහසකට මිල තබා මා බමුණහුට දන් දුන්හ. කණ්හාජිනාවන් හස්තීන් සියයක්, අශ්වයන් සියයක් ආදී හැම සියයේ මිලක් කොට දන් දුන්නෝය."

සඳමහරජතෙමේ කාරිය කරවන ඇමතියාට මෙය පැවසීය.

678. එම්බා ඇමතිය, නැගී සිටුව. වහා මොහුට දිය යුතු තාක් දෙව. එසේ යැ. සියයක් දස්සන්, සියයක් දැස්සන්, සියයක් ඇතුන්, සියයක් ගවයන්, සියයක් දෙනුන්, දහසක් රන් නික දෙව. දරුවන්ට තැබූ මිල දෙව.

679. ඇමති තෙමේ යුහුසුළු වැ ඒ හැම පිළියෙල කොට දුන්නේය. සියයක් දස්සන්, සියයක් දැස්සන්, සියයක් ඇතුන්, සියයක් ගවයන්, සියයක් දෙනුන්, දහසක් රන් නික ඈ හැම මිල දුන්නේය.

සඳමහරජතෙමේ සියයක් බැගින් සියල්ල කණ්හාජිනා උදෙසාත්, දහසක් රන් නික ජාලිය උදෙසාත් දුන්නේය. එසේ මැ සත්මහල් පහයක් ද දුන්නේය. ජූජකට මහපිරිවරක් ලැබුණි. හේ තමන් ලද ධනය තැන්පත් කොට පහයට නැගී අනගි බොජුන් වළඳා සුබ සයනයක වැදැහොත්තේ ය. එකල්හි රජතෙමේ දරුවන් ද නහවා මියුරු බොජුන් වළඳවා අලංකාර කරවා එක් දරුවෙකු මුත්තණුවන්ගේ ඇකයටත් එක් දරුවෙකු මිත්තණියගේ ඇකයටත් නංවා ගත්තේය.

680. දරුවන් දාස බවින් මුදවා, ස්නානය කරවා, මියුරු බොජුන් වළඳවා, අලංකාරයෙන් සරසවා ඇකයෙහි හිඳුවාලූහ.

681. සුවඳ පැන් නහන ලද, නව පිළී හඳින ලද, සව්බරණින් සුසැදි දරුවන් ඇකයෙහි හිඳුවාගත් මුත්නා සඳමහරජ මෙසේ ඇසීය.

682. රැව්දෙන කොඬොල් අබරණ ඇති, පැළැඳි සුවඳ කුසුම් දම් ඇති, පළන් අබරණ ඇති දරුවන් ඇකයෙහි වඩාගත් සඳමහරජතෙමේ මෙසේ ඇසීය.

683. "කියග ජාලියෙනි, කිමැ... තොප මාපිය දෙදෙනා නීරෝග වූවෝ ද? කිම.. ඔවුහු වනමුල්ඵල අහරින් යැපෙත් ද? කිම... තොප සිටි වෙනෙහි ඇත්තේ ද බොහෝ ඵල වැල?

684. කිම ඒ වෙනෙහි ඩැහැ ලේ බොන මැසි මදුරුවෝ, සර්පාදී දීර්ඝ ජාතීහු අල්පයහ ද? බිහිසුණු වන-මෘගයන් ගැවසී ගත් වෙනෙහි තොපට හිංසායෙක් නොවී ද?"

685. "එසේ යැ දේවයෙනි, මපියාණෝ ද මැණියෝ ද නීරෝගයහ. එසේ යැ, ඔවුහු වනමුල්ඵලයෙන් අහරකිස කෙරෙත්. බොහෝ යැ ඒ වෙනෙහි ඵලවැල.

686. එසේ යැ. ඩැහැ ලේ බොන මදුරු මැසි කැළන්, සප් ඈ දීර්ඝ ජාතීහු අල්පයහ. බිහිසුණු වනමෘගයන් ගැවසීගත් වෙනෙහි ඔවුනට නැත්තේ මැ යි හිංසා.

687. එහි අප මැණියෝ හිමිදිරියෙහි වන වදින්නී යැ. පොළොව සාරා අල, හූරුඅල, කටුඅල, කෙකටිය අල ගෙනාවාය. එසේ මැ ඩෙබර, බදුලු, බෙලි ඈ ඵලත් ගෙනාවාය. ඕ එයින් අපව ඇතිදැඩි කළාය.

688. එකල්හි අප මැණියෝ යම් මැ වනමුල්ඵලයෙක් ගෙන ආවා ද, අපි හැම එක් වැ රැයෙහි බුදින්නෙමු. දහවල් නොවේ.

689. අහෝ... මුත්තණුවෙනි, දැන් අප අදරැති මෑණියෝ ඉතා සිහින් යැ. පඬු පැහැ ඇත්තී යැ. මහවෙනෙහි ඇවිදැ ඇවිදැ රුක්ඵල නෙළන්ට යන්නී අව් සුළඟින් පහර කන්නී සුදුමැලි වූවාය. ඕ දැන් අතින් තලාලූ පියුමක් වැන්න.

690. අහෝ... දැන් වනාහී අප මෑණියන්ගේ බඹර පැහැගත් කලු කෙහෙ තුනී යැ. ඕ වනමෘගයන්ගෙන් ගැවසීගත්, කඟවෙහෙණුන්, දිවියන්ගෙන් ගැවසීගත් වෙනෙහි ඇවිද යන සඳ රුක්ශාඛාවෝ ඇගේ කෙස් පැහැර ගනිති. එහෙයිනි.

691. කෙහෙවැලින් කළ ජටා හිසැ බැඳ, දෙකිසිලියෙහි දැලි දරා, අප මෑණියෝත් සම්වැහැර හඳනී යැ. පත් එලූ රළු බිමැ සැතැපෙන්නීය. ගිනි දෙව් පුදනී යැ."

මෙසේ ජාලී කුමරු සිය මව් විඳිනා නේක දුක්ඛ දෝමනස්සයන් පවසමින් මුත්නා සඳමහරජුට චෝදනා කරන්නේ මෙය කීය.

692. "මෙලොවෙහි දරුවෝ වනාහී මිනිසුන් හට ඉතා ප්‍රිය වැ පෙම්වත් වැ උපදිත්. එහෙත්, අහෝ අපගේ මුත්නා හට සිය දරු කෙරෙහි සෙනෙහෙ නූපන් වනැ යි සිතම්හ."

693. "අහෝ පුත ජාලී, මා අතින් කෙරුණේ නොකට යුත්තෙකි. අභිවෘද්ධිය නැසූ බවක් යැ මා අතින් කෙරුණේ. ඒ මම් සිවි රටවැස්සන්ගේ බස් ගෙන නිදොස් වෙසතුරු පුතු පිටුවහල් කෙළෙම් නොවැ.

694. අදරැති පුත, මෙහි මා සතු යම් මැ දැයෙක් ඇත් ද, ධන ධාන්‍යයෙක් ඇත් ද, ඒ සියල්ල තොප පිය හට දෙමි. වෙසතුරු පුතු පැමිණේවා! මේ ජයතුරා නුවර රජ වැ අනුශාසනා කෙරේවා!"

695. "නැත දේවයෙනි, සිව්වැස්සන්ට උතුම් වූ මපියාණෝ මාගේ වදනින් නොඑන්නාහ. දේවයෝ තුමූ මැ යනු මැනව. ගොස් සිය සම්පතින් සිය පුතු අභිෂේක කළ මැනව."

696. එකල්හි සඳමහරජ සෙන්පති ඇමතීය. "ඇත්, අස්, රිය, පාබල සිව්රඟ සේනාවෝ සන්නද්ධ වෙත්වා! නිගම්වැස්සෝ ද පුරෝහිත බමුණෝ ද මා අනුව එත්වා!

697. එසේ මැ සොඳුරු දසුන් ඇති සැටදහසක් යෝධයෝ නන් පැහැයෙන් අලංකෘත වැ සන්නද්ධ වැ වහා එත්වා!

698. ඇතැම්හු නිල්වත් ධර වැ, ඇතැම්හු කසා පැහැ ධර වැ, අන්‍යයෝ රතුවත් ධර වැ, නළල්පට ධර වැ, සුදුවත් ධර වැ, මෙසේ නා නා වතින් සුසැදි වැ සන්නද්ධ වැ වහා එත්වා!

699. සුවඳ ධරන හෙයින් ගන්ධමාදන නාමය ලද යම් පර්වතයෙක් ඇද්ද, එය නා නා රැකින් වැසී ඇත්තේය. යක් රකුසු ආදී මහා භූත සමූහයාට නිවෙස් වැ ඇත්තේය. හිමවත් පව්ව යම් සේ ද එසේ යැ.

700. දිව්‍ය ඖෂධීන්ගෙන් එහි දිශාවෝ බබළත් ද, සුවඳ හමා ද, එසෙයින් මැ සන්නද්ධ වැ වහා එත්වා!

පළන් අබරණින් දිශාවෝ බබුළුවත්වා! අලෙවි දුන් සුවඳින් පවන් හමාවා!

701. එසේ මැ රන් බඳපටියෙන් සරසන ලද රන් වතින් සුසැදි කුඤ්ජර හස්තීහු තුදුස් දහසෙක් යොදත්වා!

702. තෝමර, අංකුස ගත් අතින් යුතුවැ අතැරුවන් විසින් ඇත්කඳ මත අරා හිඳුවන ලදු වැ සන්නද්ධ වැ වහා එත්වා!

703. එසේ මැ ශීඝ්‍ර ගමන් ඇති ආජානේය සෛන්ධව අශ්වයෝ ද තුදුස්දහසක් යොදත්වා!

704. දුනු හී ධරාගත් අසරුවන් ඒ අසුපිට අරා හිඳුවනු ලදුව සන්නද්ධ වැ වහා එත්වා!

705. එසේ මැ මනාව කරන ලද අයෝමය නිම්වළලු ඇති රන්කමින් අලංකෘත රිය අවයව ඇති තුදුස් දහසක් රථයෝ යොදත්වා!

706. ඒ රථයන්හි ධජ නංවත්වා! එහි සම්කවච ද නංවත්වා! පහර දෙන දුනුවායෝ දුනුදිය නගත්වා! රියදුරෝ රථයන්හි නැඟී වහා එත්වා!"

මෙසේ සඳමහරජතෙමේ සිව්රඟ සේනා හසුරුවා "මාගේ වෙසතුරු පුතු ආගමනය කෙරෙන වංකගිරියේ සිට ජයතුරා නුවර තෙක් මග සමකොට මේ මේ දැයින් සරසව්" යි අණ කරන්නේ මෙය කීය.

707. "ඒ මගැ ලදපස්මල් විසුරුවාලව්. වියන් බැඳ සුවඳ විලවුන් මුසු මල්දම් පළඳවාලව්. මපුතු එන දෙපස මල්ටැම්, රුවන්ටැම් සිටුවාලව්.

708. මපුතු යම් මැ මගෙකින් එන්නේ ද ඒ මගැ ගම්දොරක් ගම්දොරක් පාසා රහමෙර පිරවූ සියයක් කළ තබත්වා!

709. මපුතු යම් මැ මගෙකින් එන්නේ ද ඒ මගැ පිසින ලද මස් ද කැවුම් ද ආස්මී ද මත්ස්‍ය රසයෙන් මුසු වූ පිට්ටු ද තබත්වා!

710. මපුතු යම් මැ මගෙකින් එන්නේ ද ඒ මගැ ගිතෙල්, තලතෙල්, මීකිරි, කිරි හා තණහාල් පිටියෙනුත් හාල්පිටියෙනුත් කළ බොහෝ සුරා ද තබත්වා!

711. බත් පිසන්නෝ ද සූප ව්‍යංජන පිසන්නෝ ද නෘත්‍ය දක්වන්නෝ ද ගී කියන්නෝ ද අත්පොළා නටන්නෝ ද කළබෙර වයන්නෝ ද පිණුම් ගසන්නෝ ද විසුළු කරන්නෝ ද එත්වා!

712. සියලු වීණාවෝ ද, උඩැස් බෙර ද, ගැටබෙර ද වයනු ලබත්වා! දක්ෂිණාවෘත සංඛයෝ පිඹිනු ලබත්වා! පුෂ්කර වාද්‍ය වයත්වා!

713. මෘදංග බෙර, පණා බෙර, ජය සංඛ, ධිං ධිමානි කුටුම්භ ධිං ධිමානි යන නදින් ගසන බෙර ද මේ සිව් තූර්යයෝ වයනු ලබත්වා!"

ඉක්බිති සඳමහරජ තෙමේ සිය පුත් වෙසතුරු නිරිඳු කැඳවාගෙන එනු ලබන මංපෙත් සැරසිලි විචාළේය. එසඳ ජූජක තෙමේත් පමණ ඉක්මැ පිණී බොජුන් බිදීම හේතුයෙන් දිරවාගන්ට නොහැකි ව එහි මැ මරුමුවට පත්වූයේය. එය දැනගත් රජතෙමේ ඔහුගේ අවසන් කිස කරවා "ජූජක බමුණාහුගේ කිසියම් ඤාති කෙනෙක් මෙ

පුර සිටිත් නම් ඔහුගේ මේ සම්පත් ගනිත්වා!" යි බෙර හැසිරැවීය. එහෙත් ජූජකයාගේ කිසි නෑයෙක් එහි නොදක්නා ලදී. ධනය නැවතත් රජුට මැ අයත් විය.

ඉන් සතිවෙනිදා සියලු සේනාවෝ රැස්වූවාහුය. රජතෙමේ මහත් පිරිවරින් යුතු වැ ජාලී කුමරු මාර්ග නායකයාණන් කොටැ නික්මැ ගියේය.

714. සිවිරජු උසුලා යන සේනාවෝ ඉතා මහත් වූහ. ඔවුහු යා යුතු මග පෙන්වා දෙන ජාලිය කුමරු ද සමගින් වංකගිරිය බලා නික්මැ ගියාහුය.

715. සැට වසකින් මෙපිට සවිබල නොපිරිහෙන හස්ති කුඤ්ජර තෙමේ සිය රජු දකින රිසියෙන් කුඤ්චනාද කෙළේය. රන් බඳපටි බඳනා කල්හි ඇත් තෙමේ කුඤ්චනාද කෙළේය.

716. ආජානේය අස්හු හේෂාරව කළාහුය. රථයන්හි නිම්වළලු හඬ රැව්දිණ. අහසැ ධූලි වැසින. සිවිරටැ සේනාවෝ නික්මැ ගියාහුය.

717. නීල තෘණ පලසින් හෙබි පොළොව මත ගමනේ යෙදුනු සේනාවෝ ඉතා මහත් යැ. ඔවුහු යා යුතු මග පෙන්වා දෙන ජාලිය කුමරු ද සමගින් වංකගිරිය බලා නික්මැ ගියෝය.

718. බොහෝ රුක්ගොමු වැළැඳ සිටි, බොහෝ දිය තඩාග ඇති, පිපීගිය මල් ඇති, බරවී ගිය ඵල ඇති රුකින් හෙබි බහල වනයට ඔවුහු පිවිසියෝය.

719. එවෙනෙහි කැටි වූ ස්වරනාද ඇති, මියුරු හඬ නංවන, නා නා පැහැයෙන් දිලෙන බොහෝ

සියොත්හු සෘතු සමයෙහි පිපී ගිය රුක් අතු මත හිඳැ කූජනය කරන්නවුන්ගේ නාදය අල්ලමින් කූජනය කරත්.

720. දිව රැ ඉක්මැ ගියේය. සැට යොදුන් අධන් මග ද ගෙවී ගියේ යැ. යම් පෙදෙසක වෙසතුරු නිරිඳු වාසය කළේ ද, ඔවුහු ඒ පෙදෙසට පැමිණියෝය.

වෙසතුරු නිරිඳු විසින් දන් දුන් ඇත්රජු රැගත් බමුණු පිරිස කලිඟු රට බලා ගියෝය. ඇතු පැමිණි සැණින් මහවැසි ඇදහැලී දුර්භික්ෂය පහවිය. හස්තිදානයට කිපුණු සිවිරටවැස්සන් වෙසතුරු නිරිඳුන් වංකගිරියට නෙරපා හළ බව ඇසූ ඔවුහු නැවතත් ඇත්රජු රැගෙන අවුත් සඳමහරජහුට භාරදුන්නෝය. ඒ පච්චය නමැති ධවල හස්ති තෙමේ සිය ස්වාමියාණන් යළි දකින්ට ලබන්නෙමි යි තුටු වැ කුඤ්චනාද කෙළේය.

සඳමහරජු පවත නිමා විය.

ජාලිය කුමර තෙමේ මුචලින්ද විල් තෙර සියලු පිරිස කඳවුරු බැන්දවීය. තුදුස් දහසක් රථ සේනාවෝ පැමිණි දෙසට ම මුහුණ ලා තැබ්බවීය. ඒ ඒ තන්හි සිටි සිංහ, ව්‍යාඝ්‍ර, කඟවේණ, මුවන් කෙරෙහි ද රැකවල් තැබ්බවීය. එකල්හි හස්ති ආදීහු විසින් නගන ඝෝෂාව ඉතා මහත් විය. මහබෝසත් තෙමේ එය අසා 'අහෝ... කිමැ මේ? මාගේ සතුරු කෙනෙක් මපියාණන් මරවා මා ද අල්ලා-ගනු පිණිස ආවාහු දෝ හෝ?' යි මරණ භයෙන් සලිත වැ වහා මද්දී ද රැගෙන පව්වට නැගැ සේනා දෙස බැලීය.

721. වෙසතුරු නිරිඳු තෙමේ ඔවුන්ගේ මහත් වූ ඝෝෂාව අසා භයට පත්විය. බියෙන් තැතිගත් හේ වහා පව්වට නැග එදෙස බැලීය.

722. "එම්බා මද්දී, මනාව සවන් දෙව. මේ මහවෙනෙහි යම් බඳු අමුතු ඝෝෂායෙක් ඇද්ද, එය යැ. ආජානේය අස්හු හේෂාරව කෙරෙත්. හස්ති කුඤ්ජරයෝ කුඤ්චනාද කෙරෙත්. රථයන්හි නැංවූ සැලෙන ධජ දිස්වේ.

723. මද්දී, වන අරණෙහි වෙසෙන මුව රැළ වරදැලින් වටකොට සිසාරා ප්‍රපාතයෙහි හෙළා, එකෙණෙහි මැ "අරේ... දුෂ්ට මුවන් මරව්! නසව්!" කියමින් ඒ මුවන් අතර හුන් උතුම් උතුම් මුවන් තියුණු අවියෙන් නසත් ද, එසෙයින් මැ මොවුහු ද අපව නසති යි සිතම්හ.

724. සිව්රටින් නෙරනා ලද නිදොස් අපි මෙ වෙනෙහි වසන්නමෝ අහෝ... සතුරන් අතට පත්වූවම්හ යි සිතම්හ. දුබලයින් නසනා අයුරු බලව."

එසඳ මද්දී බිසොව වෙසතුරු නිරිඳහුගේ බස් අසා සිටියාය. වඩ වඩාත් සොඳින් නෙත් අයා බලා සිටියාය. ඒ වනාහී සිය සේනාවන් විය යුතු යැයි සිතා මහසත්වයන් අස්වසමින් මෙසේ කීවාය.

725. දේවයන් වහන්ස, තණහුලින් ගත් ගින්න ගැඹුරු දිය කඳ නොමැඩැලිය හැක්කේය. එසෙයින් මැ සතුරෝ නුඹවහන්සේ නොමඩිත් මැ යි. සක්දෙවිඳු විසින් නුඹවහන්සේට වර දෙන කල්හි සඳමහරජහු

නොබෝ කලෙකින් එන්නේ යැයි කීයේ නු! මෙ බලසෙන් අපට සෙත සදන්නෝ යැ.

එසඳ මහබෝසත් තෙමේ සුසුමක් හෙළා ළයෙහි බර මුදාහැරියේය. පව්වෙන් බැස අසපුවට වැදී කුටි දොරැ හිඳගත්තේය. මද්දීත් වෙසතුරු නිරිඳු අසලින් පන්සල් දොරැ හිඳගත්තාය.

726. වෙසතුරු නිරිඳු තෙමේ පර්වතයෙන් බැසැ පන්සල් කුටියෙහි දැඩි කොට ගත් සිතින් යුතුවැ හිඳගත්තේ යැ.

එකෙණෙහි සඳමහරජතෙමේ ඵුසති දේවී ඇමතුවේය. "සොඳුරී, ඵුසතී... අප සියලු දෙන එක්පැහැර ගිය කල්හි ළය පැරී ශෝකය මහත් වන්නේය. පළමු වැ මම් යන්නෙමි. ඉනික්බිති දැන් සෝතැවුල් නිවා උන්නාහු වන්නේ යැයි සලකා පසුවැ තී මහත් පිරිවරින් යුතුව එව. යළි මඳ විරාමයෙන් පසු ජාලී, ක්‍රිෂ්ණජිනා පැමිණෙත්වා! යි කියා රිය නවතා පැමිණි මගට අභිමුඛ කොට ඒ ඒ තන්හි රැකවල් තබා සරසන ලද උතුම් ඇතුපිට නැගී ගියේය. ඇතුපිටින් බැස අසපුවට පිවිස වෙසතුරු පුතු වෙත ගියේය.

727. සඳමහරජතෙමේ රිය නවතා සෙනෙවියන් හට කඳවුර රක්නට පවරා වෙනෙහි එකලා වැ වසන සිය වෙසතුරු පුතු කරා එළැඹියේය.

728. හේ ඇත්කඳින් බැස්සේය. උතුරු සළුව එකස්කොට පොරොවා ගත්තේය. ජනයා විසින් කරන ලද වැඳුම් ඇතිව, පිරිවරාගත් ඇමැතියන් ඇතිව, වෙසතුරු පුතු අභිෂේක කරන්ට පැමිණියේය.

729. සඳමහරජතෙමේ අසපුවෙහි කුටි දොරැ රම්‍ය ස්වරූප ඇති, ඒකාග්‍ර සිත් ඇති, දැහැන් වඩනා, කිසි ලෙසකිනුත් බියක් නැති, බවුන් වඩනා ඉරියව්වෙන් නිසල වැ සිටින සිය වෙසතුරු පුතු දුටුයේය.

730. වෙසතුරු නිරිඳු ද මද්දී දේවී ද දරු කෙරෙහි ගිජු වැ එන්නා වූ පියරජු දැක පෙරගමන් ගොස් වැන්දෝය.

731. "දේවයන් වහන්ස, මම් තොප ලෙහෙළි මද්දී වෙමි. තොප පාසඟල වඳිමි" යි කියා සිය මාමණ්ඩියගේ පා හිසින් වැන්දාය. එකල්හි සඳමහරජ ඈ වැළැඳ අත්ලෙන් පිට පිරිමැද්දේය.

ඉක්බිති ඔවුනොවුන් හඬා වැලැපී ශෝකය සංසිඳී ගිය කල්හි සඳමහරජ ඔවුන් හා පිළිසඳර දොඩමින් මෙය කීය.

732. "කිමැ පුත, තෙපි නීරෝග වැ සිටිව් ද? කිමැ... දුකෙක් නැද්ද? වනමුල්ඵලයෙන් අහරකිස කරව් ද? මෙ වෙනෙහි ඵලවැල බොහෝ ඇත් ද?

733. කිමැ ඩැහැ ලේ බොන මැසි මදුරු කැළන්, සප් ඈ දීර්ඝ ජාතීහු අල්ප වෙත් ද? ව්‍යාළමෘගාකීර්ණ වූ මෙ වෙනෙහි ඔවුන් කෙරෙන් තොපට හිංසා නැත්තේ යැ හො?"

734. "දේවයෙනි, අපගේ දිවි පවත්නේය. එද යාන්තමට යැ. වනමුල්ඵලයෙන් අහරකිස කරම්හ. දුකින් මැ දිවි ගෙවම්හ.

735. මහරජ, අසුන් දමනය කරන්නෙකු විසින් දමන කරන ලද අසුන් සෙයින් දිළිඳු බව විසින් පුරුෂයා

දමනය කරයි. ඇපි දු දිළිඳු වූවෝ දමනය වූම්හ. දිළිඳු බව විසින් අපව දමන කෙරේ.

736. අපට මව්පිය දැක්මෙක් නැත්තේ යැ. ජීවශෝකී වැ වෙසෙන අප ඇඟ මස් තුනී වැ ගියේය. සිවිරටින් නෙරනා ලද අපි නොපහ වූ ශෝක ඇති වැ වෙනෙහි වෙසෙන සඳ කිමැ සැපයෙක් ඇත්තේ ද?

737. එසේ මැ අනිකක් කියමි. යම් ඒ සිවිරජහුගේ දායාදය නොපත් සිතින් යුතු, නොපිරිපුන් මනෝරථ ඇති ජාලී ක්‍රිෂ්ණජිනාවෝ එක්තරා රුදුරු බමුණක්හුගේ වසඟයට ගියාහු ය. ගෙරින්ට පහර දෙන්නේ යමෙක් ද, එසෙයින් ම හේ දරුවනට දැඩි වැ තැලීය.

738. ඉදින් පියාණෙනි, තෙපි ඒ දරුවන් තතු දනිව් නම් මේ රාජපුත්‍රියට පවසාලව්. සර්පයෙකු විසින් දෂ්ඨ කරන ලද මාණවකයෙකුගේ සිරුරෙහි පැතිරැ ගිය විෂ සැණෙකින් නසන මන්ත්‍රයක් සෙයින් වහා අපට කියව."

739. "ප්‍රිය පුත, බමුණහුට ධනය දී ජාලී, ක්‍රිෂ්ණජිනා දෙදරුවෝ නිදහස් කරවා ගන්නා ලද්දාහ. බිය නොවව පුත. අස්වැසිලි ලබව."

ඉක්බිති ලබන ලද අස්වැසිලි ඇති අප මහබෝසත් තෙමේ පියරජු හා පිළිසඳර දොඩන්ට වන.

740. "පියාණෙනි, කිම... තෙපි නීරෝග වව් ද? පියාණෙනි, කිම... දුකෙක් නැත්තේ ද? පියාණෙනි, කිම... මා මෑණියන්ගේ නෙත් සඟල නිතොර ගැලූ කඳුළින් නොපිරිහිනි ද?"

741. "එසේ යැ මපුත, මම් නීරෝග යැ. එසේ මැ නිදුක් යැ. එසේ මැ තොප මෑණියන්ගේ ද නෙත් සඟල නොපිරිහී ඇත්තේ යැ."

742. "පියාණෙනි, කිම... තොප ධූර උසුලන්නවුන් නීරෝග ද? කිම ඔවුහු ඇත්, අස් ඈ වාහන උසුලන්නාහු ද? කිම... ජනපදයෝ සමෘද්ධිමත් ද? කිම... වැසි දහර නොසිඳ පවත්නේ ද?"

743. "එසේ යැ මපුත, ධූර උසුලන්නෝ නීරෝගයහ. ඔවුහු වාහන උසුලත්. එසෙයින් මැ ජනපදයෝ සමෘද්ධිමත් යැ. වැසිදහර නොසිඳ පවතියි."

මෙසේ සල්ලාපයෙහි යෙදී සිටින කල්හි ඵුසතී දේවී තොමෝ දැන් ඔවුන්ගේ ශෝකය තුනී වූයේ හුන්නාහු වනැ යි සිතා මහපිරිවරින් යුතුව සිය වෙසතුරු පුතු වෙත ආවාය.

744. මෙසේ මධුර සල්ලාප දොඩමින් සිටින සඳ ඵුසතී මව් දේවී වහන් නොපැළඳූ පා ඇතිවැ අසපුව වෙත එන්නී ඔවුනට දිස් විය.

745. දරු කෙරෙහි ගිජු වැ මව් එන්නිය දැක වෙසතුරු රජු ද මද්දී දේවී ද පෙරගමන් අවුත් මවුට වැන්දෝය.

746. ඉනික්බිති මද්දී තොමෝ "ආර්යාවෙනි, මම් තොප ලෙහෙලී වෙමි. තොප පාසඟල වඳිමි" යි සිය නැන්දණියගේ පා හිසින් වැන්දාය.

747. එසඳ දුර සිට සුවසේ එමින් සිටින දරු සිඟිත්තෝ මද්දී ව දැක ළදරු වසුපොව්වෝ මව් දෙන වෙත හඬාඑන සෙයින් හඬාගෙන පෙරට දිව ආහ.

748. මද්දී ද දුරැ සිට සුවසේ එන්නා වූ සිය දරු සිඟිත්තන් දැකැ භූතාවේශ වූ එකියක සෙයින් වේගයෙන් සැලෙමින් දරු වැළැඳගනු පිණිස දිව ගියා යැ. එසඳ ඈගේ තනයෙන් නික්මැ ගිය කිරි දහරින් දරුවෝ තෙමී ගියෝය.

එසැණින් මද්දී වනාහී මහහඬින් වැලැපෙමින් සැලී සැලී සිට සිහිසුන් වැ මිහිතෙලෙහි ඇදවැටුනාය. දරුවෝත් වේගයෙන් සිය මව් වෙත අවුත් සිහිසුන් වැ මව් මත මැ ඇදවැටුණෝය. එකල්හි මද්දී දෙතනෙන් නැගි කිරි දහර දරුවන්ගේ මුවෙහි වැටුණේය. ඉදින් මෙපමණෙකින් හෝ අස්වැසිල්ලෙක් නොලද්දේ නම්, ඒ දෙදරුහු හද වියැලී නැසී යන්නාහ. වෙසතුරු නිරිඳු ද සිය නෙතු සඟල වන් දෙදරු දැක උසුලාගත නොහැකි ශෝක දුකින් එහි මැ සිහිසුන් වැ ඇදවැටුණේය. මෙය දුටු මාපියෝ ද උසුලාගත නොහැකි ශෝක දුකින් සිහිසුන් වැ ඇදවැටුණෝය. වෙසතුරු නිරිඳු පිළිසිඳ ගත් දා දෙව්ලොවින් චුත වැ මනුලොව ආ සැටදහසක් ඇමැතියෝ ද ඒ බැගෑ දුක උසුලනු නොහැකිව පියොවින් නොසිටිය හැකිව යුගාන්ත සැඩපවනින් පහර ලද සල්වනයක් ඇදවැටෙන සෙයින් සිහිසුන් වැ ඇදවැටුණෝය.

එකෙණෙහි වංකගිරියේ සියලු පර්වතයෝ බැගෑහඬ නැංවූහ. මිහිකත ද හඬන්නියක සේ සැලී ගියාය. මහසමුදුර දැඩි පවනින් කැළඹී ගියේය. සිනේරු පර්වත රාජයා පහතට නැමී ගියේය. කාමාවචර සදෙව් ලොවැ ඒකකෝලාහල විය. මෙය දුටු සක්දෙව්රජතෙමේ 'ක්ෂත්‍රියයෝ සය දෙනාත් ඔවුන්ගේ සැටදහසක පිරිසත්

සිහිසුන් වැ වැටුණෝය. ඔවුන් අතරින් එකෙකු හෝ නැගිට දිය ඉසින්ට සමතෙක් එහි නැත්තේය. එහෙයින් මම් මැ ගොස් පොකුරු වැස්සෙක් වස්සවන්නෙමි' යි සිතා ඒ සය ක්ෂත්‍රිය සමාගමෙහි පොකුරු වැස්සෙක් වැස්සවීය.

ඒ වැස්සට තෙමෙනු කැමැත්තෝ තෙමෙත්. නොතෙමෙනු කැමැති වූවන් මත එක් දිය බිඳකුදු නොවැටෙයි. පියුම්පතින් රූරා වැටෙන දිය බිඳු සෙයින් රූරා වැටෙයි. මෙසේ පියුම් වෙනෙහි වට වැස්සක් සෙයින් වැස්ස ඇදහැලුනේය. පිරිස් සහිත ක්ෂත්‍රියයෝ සය දෙන සිහි ලැබුවාහුය. මහජනතාවෝ "වෙසතුරු ඤාතීන්ගේ සමාගමෙහි පොකුරු වැස්සෙක් ඇදහැලුනේය. මහපොළොව කම්පා වීය. පෙළහැර පෑය" යි ගුගුළහ.

749. රුස්වූ නෑසියන්ගේ මහා ඝෝෂායෙක් උපන. පර්වතයෝ හඬ තැලූහ. මිහිකත කම්පා වූවාය. එකෙණෙහි වැසි ධාරා හෙළමින් පොකුරු වැස්සෙක් වට.

750. එකල්හි වෙසතුරු රජ සිය නෑයන් හා එක්වැ ගියේය. මුණුබුරහුත්, ලෙහෙලියත්, පුතුත්, පියරජුත්, මව්දේවියත් එක්වැ ගියෝය.

751. යම් දවසෙක ඔවුහු එකට එක් වූවාහු ද එකල්හි ලොමුඩහගැනුමෙක් ඇතිවූයේය. ඒ බිහිසුණු වෙනෙහි රුස්ව හුන් සියලු රටවැස්සෝ ඇදිලි බැඳ වෙසතුරු නිරිඳුට ආයාචනා කළෝය.

752. වෙසතුරු රජු වෙත ද මද්දී දේවිය වෙත ද රුස්වූ සියලු රටවැස්සෝ පාමුල්හි වැඳ වැටී

"මහරජාණෙනි, නුඹවහන්සේ අපගේ අධිපතියාණන් වන සේක. දෙදෙන ම යළි සිවිරට අවුත් රාජ්‍ය විචාළ මැනව" යි ආයාචනා කළෝය.

ක්ෂත්‍රියයන් සය දෙන පිළිබඳව නිමා විය.

එයට සවන් දුන් මහබෝසත් තෙමේ සිය පියරජු සමග දොඩමින් මේ ගාථා කීයේය.

753. "පියරජුනි, තෙපි ද නියම්ගම් වැස්සෝ ද එකට එක්වැ ධාර්මික වැ රාජ්‍ය කරමින් සිටි මා සියරටින් පිටුවහල් කළාහුය."

754. "අදරැති පුත, නොකට යුත්තෙක් යැ මා අතින් කෙරුණේ. අභිවෘද්ධිය නැසූ බවෙක් යැ මා අතින් කෙරුණේ. අහෝ... ඒ මම් සිවිරටවැස්සන්ගේ රළු බස් ගෙන නිදොස් තොප පිටුවහල් කළෙම් නොවැ.

755. පුත, දරු විසින් සිය දිවි පරදුවට තබා හෝ මාපියන්ගේ සෝදුක් දුරැලිය යුත්තේ යැ නු? එහෙයින් පුත, ම බස් කරව. මේ ඍෂි වෙස් අත්හැර දමව. තොපට උරුම වූ රාජවෙස් ගනුව පුත."

"එසේය පියාණෙනි" කියා මහබෝසත් තෙමේ සඳමහරජහුගේ බස පිළිගත්තේය. එය දැනැගත් තමා හා එක්වැ උපන් සැටදහසක් ඇමතියෝ අවුත් "මහරජාණෙනි, දැන් ස්නානයට කාලය යි. ධූලි රජස් දියෙහි පාකොට යැව්ව මැනව" කියා වැන්දෝය. එකල්හි මහසත් තෙමේ "මොහොතක් ඉවසව්" කියා කුටියට වැද ඍෂි වෙස් මුදා තැන්පත් කොටැ, නව වත් හැඳ කුටියෙන් පිටතට නික්මුණේය. "මෙතැන වනාහී මවිසින් නව මසෙකුත්

අඩමසෙක් පැවිදි දම් පිරූ තැනැ යැ. පාරමී මුදුන්පත් කෙරෙමින්, මිහිතෙලේ හඬවමින් දන් දුන් තැනැ යැ" කියා තුන් වරක් කුටිය පැදැකුණු කෙළේය. කුටියට පසඟ පිහිටුවා වැන්දේය. ඉක්බිති කරණවැමීහු පැමිණ හිස රැවුල් මනාව සැකසුවෝය. එ වෙනෙහිදී ම සර්වාභරණයෙන් විභූෂිත වැ දෙව්රජෙකු සෙයින් විරාජමාන වැ සිටි වෙසතුරු නිරිඳහු සිවිරාජ්‍යයෙහි අභිෂේක කළෝය.

756. එකල්හි වෙසතුරු නිරිඳු තෙමේ රජස් දැලි සෝධා හළේය. මැනැවින් ස්නානය කොට පවිත්‍ර වූයේය. පියෙවි වෙස් ගත්තේය.

වෙසතුරු නිරිඳහුගේ යසගී මහත් වැ පැන නැංගේය. බැලූ බැලූ තන්හි "මංගල්‍යයෙකි! මංගල්‍යයෙකි!" යි ඝෝෂා පැතිරිණ. සියලු තූර්ය වාද්‍යයෝ වයන ලද්දාහ. මහසමුදුරු කුසැ සැඩපවනින් උපන් ඝෝෂා බඳු විය. ඇත්රුවන අලංකාර කොට ගෙන ආහ. එකෙණෙහි තමා උපන් දා උපන් සැටදහසක් ඇමතියෝ ද සව්බරණින් සැරසී වෙසතුරු නිරිඳා වටකොට ගත්හ. මද්දී දේවිය ද ස්නානය කරවා අලංකාරයෙන් සරසා අභිසෙස් කොට ඇයට ද අභිෂේක දිය ඉස්සෝය. "වෙසතුරු නිරිඳාණෝ තී පාලනය කෙරෙත්වා!" යි මංගල වදන් බිණූහ.

757. හිසැ ස්නානය කොට නව වත් හැඳැ සව්බරණින් සුසැදිව පච්චය නමැති ඇලි ඇතු පිට නැගී පසමිතුරන් නසන මඟුල් කඩුව හිණැ රඳවා සිටි කල්හි,

758. වෙසතුරු රජු උපන් දා මැ උපන් සැටදහසක් යෝධයෝ මනරම් දැකුම් ඇත්තාහු රජු තුටු කෙරෙමින් පිරිවරා ගත්තෝය.

759. එහි එක්රැස්ව හුන් සිව්රට කන්‍යාවෝ මද්දී බිසව් නහවාලූහ. වෙසතුරු නිරිඳු ජාලිය, ක්‍රිෂ්ණජිනාත් තොප පාලනය කෙරෙත්වා! එසේ මැ සඳමහරජ තොප වෙසෙසින් රකීවා!

760. රාජ්‍ය ප්‍රතිෂ්ඨාපනය ලැබ, පෙර තමන් වෙනෙහි විඳින ලද අනේක දුක් කම්කටොලු ද සිහිකොට, රම්‍ය වූ වංකගිරි කුසෙහි ආනන්දභේරි නාදයෙන් සැණකෙළි කළාහුය.

761. රාජ්‍ය ප්‍රතිෂ්ඨාපනය ලැබ, පෙර තමන් වෙනෙහි විඳින ලද අනේක දුක් කම්කටොලු ද සිහිකොට, සොඳුරු ලකුණු ඇති මද්දී තොමෝ ද දරුවන් හා එක්වැ සොම්නස් වැ ආනන්දයට පත්වූවාය.

ඉක්බිති දෙදරු ලදින් ආනන්දිත සිතැති ඕ සිය දරුවන් අමතා මෙය කීය.

762. මා දරුවෙනි, තොප දැකුම පත පතා මම් පෙර එක්වේලේ වළඳින්නී වීමි. රළු බිමෙහි සැතැපීමි. මෙසේ මෙය මාගේ ව්‍රතය විය.

763. ඒ මාගේ ව්‍රත සමාදානය අද තොප හා එක්වීමෙන් සමෘද්ධිමත් විය. මා දරුවෙනි, මවගෙන් උපන් සොම්නසත්, පියාගෙන් උපන් සොම්නසත් තොප පාලනය කෙරේවා! එසේ මැ සඳමහරජු වෙසෙසින් තොප රකීවා!

764. මව්සිනුත් තොප පියා විසිනුත් කරන ලද යම් පිනෙක් ඇත් ද ඒ හැම පින් බෙලෙන් තෙපි දු නොදිරන සැහැවි ඇති ඒ අමා නිවන මැ ලබව් ! නොමියෙන සැහැවි ඇති ඒ අමා නිවන මැ ලබව් !

ඉක්බිති ඵුසතී දේවී සුමුගක් පුරවා මද්දිය වෙත එව්වාය. "මා ලෙහෙලිය මෙතැන් පටන් මෙ වත් නිති හඳීවා! මේ අබරණ පළඳීවා!" යි කියා ය.

765. යම් වතක් හැඳි කල්හි මද්දී බිසව් මනරම් වැ හොබනී ද එයට නිසි කපු පිළි, කසී සළු, කොමු පිළි, කෝදුම්බ රටැ පිළි ඈ උතුම් වත් සිය නැන්දණී ඵුසතී දේවී ලෙහෙලියට යැව්වාය.

766. යම් අලංකාරයක් පළන් කල්හි මද්දී බිසව් මනරම් වැ හොබනී ද එයට නිසි රනින් කළ ගෙල පළඳනා, අංග පළඳනා, මිණිමෙවුල් ඈ පළඳනා සිය නැන්දණී ඵුසතී දේවී ලෙහෙලියට යැව්වාය.

767. යම් අබරණක් පළන් කල්හි මද්දී බිසව් මනරම් වැ හොබනී ද එයට නිසි රන් මුදු, මැණික් වළලු, මිණි රුවනින් කළ ගෙල පළඳනා ඈ අබරණ සිය නැන්දණී ඵුසතී දේවී ලෙහෙලියට යැව්වාය.

768. යම් පළඳනාවෙකින් මද්දී බිසව් මනරම් වැ හොබනී ද එයට නිසි රන් වතින් කළ තනපට, රන් කර පළඳනා, මෙවුල්දම්, පාගිගිරි ඈ පළඳනා සිය නැන්දණී ඵුසතී දේවී ලෙහෙලියට යැව්වාය.

769. හූයෙන් ඇමිණූ අබරණ ද, හූ නොමැති අබරණ ද මනාව පිරික්සා, එයින් සැරසී ගත් මද්දී රජදූ තව්තිසායෙහි නන්දන වෙනෙහි දෙවඟනක සෙයින් මනරම් වැ හොබනී යැ.

770. හිසැ ස්නානය කොට මනාවැ නව වත් හැඳැ සව්බරණින් සැරසී ගිය මද්දී රජදූ තව්තිසායෙහි දෙව්ලියක සෙයින් මනරම් වැ හොබනී යැ.

771. බිඹුවල වන් ලවන් ඇති මද්දී රජදූ තව්තිසායෙහි චිත්‍රලතා වෙනෙහි උපන් මඳ පවනින් සැලෙනා රන් රඹරුකක් සෙයින් හොබනී යැ.

772. මිනිස් සිරුරින් උපන් මානුෂිණී නම් යම් කිඳුරි ලිහිණියක් ඇද්ද ඕ ගගනතෙලෙහි පැන නැගී පියාසලා යන සෙයින් ඉදී ගිය නුගඵල සේ බිඹුවල වන් ලවන් ඇති මද්දී රජ දූ මනරම් වැ හොබනී යැ.

773. එසේ මැ ගැඹුරු නාද ඇති, මහසිරුරු ඇති, රියහිස් වන් දළයුගල ඇති, සතුරු සැඩපහර ඉවැසිය හැකි, බර උසුලන, යොවුන් ඇත්රජෙකු මද්දී රජදූට ද පැමිණවූහ.

774. එකල්හි ගැඹුරු නාද ඇති, මහසිරුරු ඇති, රියහිස් වන් දළයුගල ඇති, සතුරු සැඩපහර ඉවැසිය හැකි, බර උසුලන, යොවුන් ඇත්රජු පිට මද්දී රජදූ ද නැංගාය.

775. එ වෙනෙහි යම් තාක් හැම සිව්පාවෝ වෙත් ද, වෙසතුරු නිරිඳහුගේ ගුණ තෙදින් ඔවුහු එකිනෙකා නොපමා වූහ.

776. එ වෙනෙහි යම් තාක් හැම පක්ෂීහු වෙත් ද, වෙසතුරු නිරිඳහුගේ ගුණ තෙදින් ඔවුහු එකිනෙකා නොපමා වූහ.

777. සිවිරට සිරි සෙත සදනා වෙසතුරු නිරිඳු වංකගිරියෙන් නික්මැ යන කල්හි එහි යම්තාක් සිව්පාවෝ වෙත් ද ඔවුහු එක් තැනෙක රැස්වූවෝ බලා සිටියෝය.

සිරිමත් වෙසතුරු දාව 213

778. සිවිරට සිරි සෙත සදනා වෙසතුරු නිරිඳු වංකගිරියෙන් නික්මැ යන කල්හි එහි යම්තාක් පක්ෂීහු වෙත් ද ඔවුහු එක් තැනෙක රැස්වූවෝ බලා සිටියෝය.

779. සිවිරට සිරි සෙත සදනා වෙසතුරු නිරිඳු වංකගිරියෙන් නික්මැ යන කල්හි එහි යම්තාක් සිව්පාවෝ වෙත් ද ඔවුහු එක් තැනෙක රැස්වූවෝ හඬ නොනගා බලා සිටියෝය.

780. සිවිරට සිරි සෙත සදනා වෙසතුරු නිරිඳු වංකගිරියෙන් නික්මැ යන කල්හි එහි යම්තාක් පක්ෂීහු වෙත් ද ඔවුහු එක් තැනෙක රැස්වූවෝ හඬ නොනගා බලා සිටියෝය.

781. වෙසතුරු නිරිඳු සිටියේ යම් තැනෙක ද එතැන් සිට ජයතුරා නුවර දක්වා සැටයොදුන් රාජ මාර්ගය ලදපස්මල් ඉස සරසන ලද්දේය.

782. සිවිරටැ සිරි සෙත සදනා වෙසතුරු නිරිඳු නික්මැ යන කල්හි මනහර දැකුම් ඇති සැටදහසක් යෝධයෝ නිරිඳු හාත්පසින් පිරිවරා ගත්තෝය.

783. සිවිරටැ සිරි සෙත සදනා වෙසතුරු නිරිඳු නික්මැ යන කල්හි අන්තඃපුරාංගනාවෝ ද රජකුමරහු ද අබිසරුලියෝ ද බමුණෝ ද නිරිඳු හාත්පසින් පිරිවරා ගත්තෝය.

784. සිවිරටැ සිරි සෙත සදනා වෙසතුරු නිරිඳු නික්මැ යන කල්හි ඇතැරුවෝ ද අසරුවෝ ද රියදුරෝ ද පාබල සේනාවෝ ද නිරිඳු හාත්පසින් පිරිවරා ගත්තෝය.

785. සිවිරටැ සිරි සෙත සඳනා වෙසතුරු නිරිඳු නික්මැ යන කල්හි දනව්වැස්සෝ ද නියම්ගම්වැස්සෝ ද නිරිඳු හාත්පසින් පිරිවරා ගත්තෝය.

786. සිවිරටැ සිරි සෙත සඳනා වෙසතුරු නිරිඳු නික්මැ යන කල්හි හිස්වැසුම් දැරුවෝ ද පළඟ දැරුවෝ ද කඩු දැරුවෝ ද සන්නාහ දැරුවෝ ද නිරිඳු හාත්පසින් පිරිවරා ගත්තෝය.

787. ඔවුහු ප්‍රණීත ඛාද්‍ය භෝජ්‍යයෙන් හා නෘත්‍ය ගීතයෙන් ද සජ්ජිත වූ බොහෝ ප්‍රාකාර තොරණ් ඇති ජයතුරා පුරයට පිවිසියෝ ය.

788. සිවිරට සිරි සෙත සඳනා වෙසතුරු නිරිඳු නුවරට සැපත් වූ කල්හි එහි රැස්වැ හුන් දනව්වැස්සෝ ද නියම්ගම්වැස්සෝ ද තුටු සිතින් පිනාගියෝය.

789. මහජනයා හට ධනය දෙන මහසත් තෙමේ නුවරට සැපත් වූ කල්හි හිසැ සිසාරා පිළී සොලවමින් ඔවුහු තුටු වූහ. "අද පටන් වෙසතුරු නිරිඳහුගේ අණැ" යි අණබෙර ලැවීය. හැම සත්හු බැඳුමෙන් නිදහස් වන්නෝයැ' යි ප්‍රීති ඝෝෂා කළෝය.

වෙසතුරු නිරිඳු තෙමේ නුවර සැපත් වූ දින හිමිදිරියේ මෙසේ සිතීය. 'දැන් රැය ගෙවී හිරු නැගි කල්හි මා ආ වග ඇසූ යදියෝ මා සොයා එන්නාහ. එකල්හි මම් ඔවුනට කුමක් නම් දන් දෙම් ද?' එකෙණෙහි සක්දෙවිඳුගේ අසුන උණුසුම් වැ ගිය සෙයක් දැක්වී යැ. හේ මනුලොව දෙස බලන්නේ රජමාළිගයෙහි ඉදිරි අංගණයත් පසු අංගණයත් ඉණ තාක් මැ පුරවමින් සත්රුවන් වැස්සෙක් වැස්සවීය.

සකල නගරය දණ පමණ සත්රුවනින් වැස්සවීය. පසු දින මහසත් තෙමේ ඒ ඒ ගෘහෝද්‍යානයන්හි, ගෘහාංගණයන්හි වට ධන රාශිය ඔවුනට මැ වෙත්වා! යි පවරා දී ඉතිරි රන් රුවන් කොටු අගුල්වල පුරවා එයින් නිති මහදන්වැට පිහිටුවීය.

790. සිව්රටෙහි සිරි සෙත සදනා වෙසතුරු නිරිඳු ජයතුරා නුවරට සැපත් වූ කල්හි එසැණින් සත්රුවන් වැස්සෙක් වැස්සේය.

791. තුටු සිත් ඇති වෙසතුරු තෙමේ සිය දිවි තිබෙනා තුරු අනවරතයෙන් මහදන් පවත්වා කය බිඳී මරණින් මතු තුසිත දෙව්ලොවැ සන්තුසිත නම් දෙව්රජ වැ උපන්නේය.

මෙසේ අප ශාස්තෘන් වහන්සේ දහසක් ගාථායෙන් ප්‍රතිමණ්ඩිත මහාවෙස්සන්තර ධර්ම දේශනය පවත්වා මෙ වෙසතුරු දායෙහි පූර්වාපර සන්ධි ගලපාලූ සේක. "පින්වත් මහණෙනි, එකල්හි ජූජක බමුණු වූයේ දෙව්දත් යැ. ඔහු අඹු අමිත්තතාපා චිංචි මාණවිකා යැ. වෙසතුරු නිරිඳු හට වංකගිරි වෙනෙහි රැකවල් දුන් චේතපුත්‍රයා ඡන්න යැ. වංකගිරියට යන තනිපිය මගෙහි වන කුටියෙක්හි බවුන් වැඩූ අච්චුත නම් ඍෂි වූවෝ අපගේ සාරිපුත්තයෝ යැ. එකල සක්දෙවිඳු වැ තව්තිසායෙහි වූවෝ අපගේ අනුරුද්ධයෝ යැ. එකල සඳමහ නිරිඳු අප පිය සුදොවුන් මහනිරිඳු යැ. ඵුසතී දේවී තොමෝ බුද්ධමාතා මහාමායා දේවී යැ. එසඳ මද්දී රජදූ බිම්බාදේවී රාහුලමාතා යැ. ජාලී කුමරු අප රාහුලයෝ යැ. කණ්හාජිනාවෝ උපුල්වන් යැ. සෙසු පිරිස බුදු පිරිස යැ.

මහණෙනි, එකලැ වෙසතුරු නමින් ඉපිද පාරමීදම් මුදුන්පත් කරගත් තැනැත්තේ මම් මැ වේ දැ" යි කියා මේ වෙසතුරු දා නිමවා වදාළ සේක.

සාදු! සාදු!! සාදු!!!

www.ingramcontent.com/pod-product-compliance
Lightning Source LLC
LaVergne TN
LVHW010204070526
838199LV00062B/4498